변증행동치료 잘하기

• 실행 가이드 •

Kelly Koerner 저

김원 · 김도훈 · 박준성 · 백지현 · 유재현 · 이성철 · 이현욱 · 임미정 공역

DOING DIALECTICAL BEHAVIOR THERAPY

학지사

역자 서문

현대 의학과 뇌과학의 발달이 눈부시고, 정신의학에서도 생물학적인 치료가 각광을 받고 있지만 여전히 심리치료의 역할은 중요하다. 심리치료의 현대화와 과학화의 흐름 속에서 근거기반치료라는 용어가 생겼고, 변증행동치료는 근거기반치료의 대표 중 하나라 할 수 있다. 인지행동치료를 기반으로 마음챙김 명상과 변증 철학의 정신을 접목하고, 이를 뛰어난 디테일로 다듬은 것이 변증행동치료다. 특히 변증행동치료는 심한 감정 조절의 어려움과 자해 행동을 가진 사람들을 충실히 치료하고 돌보는 과정을 통해 탄생하였으며, 이를 자세한 기법과 현실에 맞는 이론으로 정리하여 이론과 실제가 조화를 이루는 몇 안 되는 치료 중 하나다.

변증행동치료(Dialectical Behavior Therapy: DBT)는 개인 치료, 기술 훈련 집단, 자문 모임, 전화 코칭 등 여러 치료 모드가 있고 내용이 방대하고 자세하여 초심자는 두꺼운 책을 읽어도 개념이 잡히지 않는 어려움이 있다. 이 책은 DBT를 실행하도록 돕기 위해 중요한 점을 명쾌하고 비교적 간단하게 서술하여 매우 중요한 의미를 지닌다. 이 책만으로 DBT의 전모를 알 수는 없겠지만, 이 책을 기반으로 공부하며 실제 치료를 진행한다면 비교적 빨리 DBT의 진수를 경험할 수 있을 것이라 생각한다.

이 책의 한국어 번역에 참여한 여덟 명의 역자는 모두 대한정서인지행동의학회 산하의 변증행동치료연구회 회원이다. 정신건강의학과 의사 중에서도 심리치료를 더 열심히 수행하고 특히 변증행동치료를 통해 감정 조절 어려움과 자해 행동을 겪는 환자들을 더 돕고 싶어 하는 사람들이 이 연구회에 참여하고 있다. 변증행동치료연구회를 통해 회원들의 임상 역량이 향상되는 성과도 분명하지만, 이 책의 번역은

연구회의 가시적인 첫 성과로서 의미가 있다. 또한 10여 년 전 처음 읽으며 영어 해석에 어려워하던 기억을 뒤로 하고, 여러 회원의 협력을 통해 수려한 번역이 된 것 같아 기쁘다.

　물론 번역이란 많은 제약이 있을 수 있고, 우리의 부족함으로 오역이 있을 수 있음에 대하여 미리 독자 여러분의 양해를 구한다. 하지만 좋은 책이 한글판으로 나오게 되어 기쁜 마음이 좀 더 앞선다. 변증행동치료연구회 회원 모두와 그들과 함께하는 환자들에게 감사드린다.

역자들과 변증행동치료연구회를 대신하여
김 원

저자 서문

이 책은 개인 심리치료에서 변증행동치료(Dialectical Behavior Therapy: DBT)의 원리와 전략을 왜, 언제, 어떻게 사용해야 하는지를 보여 준다. 리네한(Linehan)의 첫 DBT 책(1993a)이 치료 매뉴얼인 반면, 이 책은 치료자가 내담자와 DBT를 사용하는 방법을 쉽게 이해할 수 있도록 임상 삽화와 단계별 설명으로 가득 채운 사용자 가이드다.

제1장에서는 개인이 어떻게 전반적인 감정 조절 어려움을 겪게 되는지, 그리고 이것이 어떻게 내담자의 삶의 질을 파괴하고 치료 변화 노력을 저해하는 문제로 이어질 수 있는지 설명한다. 그리고 전반적인 감정 조절 어려움의 핵심 문제를 해결하기 위해 DBT가 어떻게 구성되어 있는지에 대한 개요를 제공한다. 제2장에서는 감정 조절 어려움에 대한 이러한 일반적인 이해를 개별 내담자의 사례를 공식화하여 치료를 계획하는 핵심 단계로 변환하는 방법을 설명한다. 이후 내담자의 치료 목표를 달성하기 위해 DBT에서 사용되는 세 가지 핵심 치료 전략인 행동 변화 전략, 수인 전략 및 변증 전략에 대해 설명한다. 이 전략은 제3, 4, 5장에서 각각 자세히 설명된다. 전반적인 감정 조절의 어려움은 감정 의존 행동과 위기로 이어지기 때문에 DBT 치료자는 종종 행동 변화 전략을 적절하게 조정해야 한다(즉, 기술 훈련의 인지 행동 기법, 노출 치료, 수반성 관리 및 인지 수정). 이러한 사항은 제3장에 자세히 설명되어 있다. 감정 조절에 전반적인 어려움을 가진 내담자는 종종 변화 지향적인 개입을 비수인적으로 경험하기 때문에 DBT는 수인 전략을 능동적이고 잘 훈련된 방식으로 정확하게 사용해야 한다고 강조한다. DBT의 수인 전략은 리네한의 첫 매뉴얼

이 출판된 이후 계속 추가적으로 설명되었다. 이렇게 갱신된 내용과 무엇을 어떻게 수인할지(혹은 무엇을 수인하지 말아야 할지) 보여 주는 광범위한 임상 사례는 제4장에서 자세히 다룬다. 제5장에서는 치료자가 내담자와 현재 순간을 있는 그대로 완전히 받아들이고 동시에 변화로 급하게 전환할 수 있게 돕는 변증적 자세와 전략을 기술한다. 이 세 번째이자 마지막 핵심 전략에는 행동 변화와 수인, 이성과 감정, 수용과 변화가 실제로 효과적으로 작동하는 조합을 찾기 위해, 과도한 단순화를 지양하고 절충을 넘어서는 능력이 포함된다. 제6장에서는 세 가지 전략을 함께 가져와 사례 구조화 및 치료 표적 우선순위의 맥락에서 전략들이 어떻게 이용되는지 보여 준다. 마지막으로, 제7장에서는 DBT 동료 자문 팀의 결정적인 중요성과 작동을 강조한다. 동료 자문 팀은 DBT를 치료자 자신에게도 적용하면서 내담자를 치료하고자 하는 치료자들의 모임이다. 이 팀은 치료자의 기술을 강화하고 내담자가 엄청난 고통과 정서적 고통에 직면할 때 발생하는 문제를 해결하는 데 필요한 정서적 지원을 치료자에게 제공한다. 이 책에 사용된 모든 임상 사례는 최고의 교육 자료를 만들기 위해 가상으로 구성된 내담자–치료자 사이의 대화다.

필자는 이 책을 쓰면서 두 가지 희망을 갖고 있다. 첫째, 필자는 치료자들이 DBT를 사용하는 방법을 배우도록 가르치고 상담하는 데 긴 시간을 보냈다. 대부분의 치료자는 DBT의 원칙과 전략이 특정 사례에 어떻게 적용되는지 보여 주는, 따라 하기 쉬운 임상 사례로 치료 매뉴얼을 보완했을 때 더 빨리 배웠다. 이를 위해 이 책에서는 당신이 DBT를 내담자에게 보다 쉽게 적용하는 데 도움이 되기를 바라는 방식으로 DBT의 주요 순간을 보여 주는 광범위한 임상 사례를 제공하고자 한다. 둘째, 포괄적인 DBT 프로그램 전체를 사용하지 않더라도 그 원칙이 복잡하고 심각하며 만성적인 문제를 가진 내담자와 작업하는 데 기초를 제공할 수 있는 방법을 보여 주고 싶었다. DBT 치료 프로토콜 및 매뉴얼의 방대한 내용은 압도적일 수 있다. DBT의 원칙과 전략은 복잡한 임상 상황을 일련의 체계적이고 개방형 사고 및 행동 지침으로 단순화하는 데 도움이 되는 매우 유연한 체험적·발견적 프레임워크를 제공한다. 로저 마틴(Martin, 2009)이 말했듯이 "체험적 지식(heuristics)의 아름다움은 가능성에 대한 조직적인 탐색을 통해 해결책으로 우리를 안내한다는 것"(p. 12)이다. 당신의 지향이 무엇이든, DBT의 전체 체계가 치료 요소를 종합적이고 개별화된 치료 계획으로 체계적으로 배열하는 데 어떻게 도움이 되는지 보여 줄 수 있기를 바란다.

마지막으로, 이 책을 쓰게 된 개인적인 동기는 내가 그토록 관대하게 받았던 것들을 전하기 위함이다. 나는 DBT의 개발자인 마샤 리네한(Marsha M. Linehan)뿐 아니라 DBT의 얼리어답터였던 놀랍도록 재능 있고 창의적인 치료자들과 긴밀하게 협력할 수 있는 엄청난 행운을 얻었다. 이 실무자 커뮤니티의 공동 작업과 내담자와 함께 일할 수 있는 무한한 영광은 나를 겸손하게 만들고 보폭을 맞추도록 영감을 준다. 이러한 노력이 당신에게 도움이 되기를 바란다.

차례

제1장

힘든 상황에 대처하는 기술

전반적 감정 조절 어려움의 핵심 문제

DBT가 전반적 감정 조절 어려움을 치료하는 방법

이 책을 고른 독자라면 치료 실패에 대한 암울한 통계치는 별로 새삼스러운 일이 아닐 것이다. 치료자로서 우리 모두는 온갖 노력에도 불구하고 실패했던 내담자들을 떠올릴 수 있을 것이다. 치료 관계에서 실패를 반복했고, 다양하고 심각한 만성화 문제가 동반되어 감정 조절이 어려운 내담자들이 찾아오면 치료 확률이 그리 높지 않다는 것을 우리는 알고 있기 때문이다.

"내가 열심히 노력해도 달라지는 건 없어요."

마리는 20대 중반의 여자 내담자다. 세 번째 회기에 와서는 "직장에서 완전히 정신줄을 놨어요."라고 짜증스럽게 말한다. 이는 마리가 곧 해고될 것이고, 집세를 내지 못해서 쫓겨날 것이란 뜻이다. 치료자가 무슨 일이 있었냐고 묻자 분노하며 몸을 떨고는 그 와중에 커피 테이블을 걷어찬다. 테이블을 찬 것이 고의인지 실수인지는 확실치 않다. 그러나 온몸이 빨개지면서 입을 닫고는 의자에서 몸을 웅크린 채로 팔걸이에 머리를 부딪치기 시작한다. 직장에서 있었던 위기 상황에 관해 치료자가 제공하는 도움들은 모두 내담자를 비껴가고, 치료 상황에서 생긴 상황은 마리에게 또 다른 수치거리가 된다. 치료자가 마리에게 머리 부딪치기를 관두도록 하는 와중에 마리는 조용히 "그냥 끝내야겠어요."라고 말한다. 마리의 치명적 자살 시도 경력을 감안하며 이제 치료자는 말도 없고 조만간 노숙자가 될 상황에 놓인 내담자의 임박한 자살 위험을 파악해야 한다.

파티에서 만나는 마크는 잘나가는 첨단 기술 회사에 다니는 아주 멋진 사람처럼 보일 것이다. 소프트웨어 프로그래머 임시직을 전전하면서 겨우 먹고 사는 사람이라고는 상상도 못 할 것이다. 불안과 단기간의 조증 상태를 겪고 나면 자기 혐오가 따라오고, 마크의 삶은 점점 더 위축된다. 여러 달 동안 마크는 마리화나, 술, 항불안 약물에 절어서 살고 있다. 음식을 사러 나갈 때는 제외하면 하루 18시간 동안 자면서 밖에 나가지 않는다. 15년간 여러 치료자를 전전하다 보니 삶이 비극적인 것이 자기 탓인지 치료자 탓인지도 잘 모르겠다.

마리나 마크처럼 정서적으로 아주 취약하고 정서적인 고통이 심한 사람은 질적으로 괜찮은 삶을 유지하기 힘들다. 계속되는 비극적인 상황 속에서 자살이나 죽지 않을 정도의 자해에 대한 생각만이 거의 유일한 구원책으로 보인다. 치료 실패가 반복되면서 치료 자체가 강한 절망감을 불러일으킨다.

이런 상황에서 치료 결정은 대단히 복잡한 일이다. 치료자가 변화에 초점을 맞출 때 내담자는 과거에 변화하려다 실패했던 경험으로 인해 공황 상태에 빠진다. 변할 수 있다는 언질만으로도 분노나 수치심이 유발될 수 있다. 치료자인 당신은 변화가 실제로 얼마나 어려운지 감을 못 잡거나, 다른 치료자들처럼 내담자의 동기 부족이나 인격적 결함이 문제라고 생각한다. 이에 대한 반응으로 치료자는 변화 방향을 보류하고 취약성과 한계점에 대한 수용에 초점을 맞추게 되는데, 이에 대하여 내담자는 변화가 절대로 일어날 수 없다는 절망감을 느끼며 또다시 공황 상태에 빠진다. 절망감 속에서 내담자는 당신이 제안하는 도움은 거부하고, 당신이 제공할 수 없는 도움을 요구한다. 자살 시도, 자살 위협, 치료자를 직접적으로 겨냥하는 분노는 큰 스트레스다. 우리 자신의 감정, 혼돈 혹은 기술 부족으로 인해 문제는 더욱 복잡해지면서 내담자 능력 밖의 변화를 요구하고 결국 필요한 만큼의 충분한 온정, 유연성, 지략을 제안하는 데 실패한다. 내담자의 취약성 수용과 변화 촉진 사이의 적절한 균형을 잡기 위한 끊임없는 노력 속에서 치료자는 진이 빠진다. 치료자들도 내담자들처럼 너무도 쉽게 이렇게 말했을 것이다. "더는 못하겠어. 내가 뭘 하든 아무것도 달라지지 않아."

변증행동치료(Dialectical Behavior Therapy: DBT)[1]는 바로 이런 상황에 놓인 내담자와 치료자를 돕기 위해 고안되었고, 많은 무작위 임상 연구에서 그 효용성을 점차 인정받고 있다(Lynch et al., 2006 참조). 내담자는 복잡하고 심각하며 만성화된 문제에 시달리고 있고 이미 다양한 치료를 받았다. 비극적인 삶에서 자살만이 유일한 해결책처럼 보인다. 이럴 때 DBT는 혼돈 속에서 질서를 찾도록 도와준다. DBT는 개인 치료, 집단 기술 훈련, 전화 코칭, 동료 자문 모임의 포괄적 치료 묶음으로 구성되어 있다. 이런 치료적 환경에서 DBT는 치료 우선순위에 대한 위계 및 이를 다루

---

1) 역자 주: Dialectical Behavior Therapy의 한국어 번역으로는 '변증법적 행동치료' 또는 '변증법행동치료'가 있으나, 역자들은 이를 '변증행동치료'로 번역하였다. dialectic이란 말은 본래 대화라는 뜻으로 기원을 거슬러 올라가면 소크라테스 시절부터 사용된 용어였는데, 이를 헤겔이 철학 법칙으로 사용하고 마르크스의 변증법적 유물론이 일본에서 번역되면서 '법적'이란 말이 붙은 것이다. 그러나 변증심리치료에서 말하는 dialectic은 법칙이라고 보기에는 어폐가 있어, 역자들은 몇 년간의 논의를 거쳐 '변증행동치료'라는 용어로 번역하기로 합의하였다.

는 핵심 전략으로 구성되어 있다. 이런 DBT의 특징은 삶에 위협이 되는 행동과 치료방해 행동, 그리고 이에 대한 감정적 반응을 다루는 치료자의 의사결정에 체계적인 가이드라인을 제공해 준다. 이 책은 DBT가 개인 치료자 관점에서 어떻게 수행되는지 제시하고 있으며, 치료적 진전을 위해 DBT 도구들을 언제, 어떻게, 왜 사용하는지 예시를 통해 보여 준다.

응급실에서 체계적인 조치를 위해 잘 짜인 프로토콜과 절차들이 필요하듯, DBT는 마리와 같은 자살 위기에 놓인 내담자들에게 필수적이다. 마크의 경우처럼 완전한 형태의 DBT가 필요하지는 않은 경우라도 기본적인 이론이나 치료 우선순위, 치료 전략은 여전히 유의미하다. 따라서 이 책은 두 가지 경우 모두에 도움이 되도록 구성되었다. 치료자와 내담자에게 당장 필요한 DBT의 요소만 취사선택할 수도 있고, 전반적인 DBT의 치료 프레임을 이해함으로써 치료환경 및 임상적 의사결정을 구성할 수도 있다.

이 책은 DBT가 뿌리를 두고 있는 과학이 항상 진화하고 있다는 점을 인식하고 있다. 최선의 치료를 위해 DBT에 대한 평가 및 발전에 관한 새로운 연구 결과뿐만 아니라 그간 DBT가 다뤄왔던 정신병리 및 질환의 데이터도 지속적으로 통합되어야 한다. 리네한은 처음에 만성적 자살 행동에 대한 DBT를 개발했고, 이는 점차 경계성 인격장애(Borderline Personality Disorder: BPD)를 위한 치료가 되었다. 그러나 경계성 인격장애의 진단 기준은 지금까지 광범위하게 검토·수정되었으며 앞으로도 그럴 것이다. 새로운 데이터가 쌓이면서 DBT의 구성요소나 치료 적응증도 변할 것으로 예상한다. 예를 들어, 최근까지 발간된 다양한 무작위 임상 시험에서 다양한 행동 문제에 대한 DBT의 치료 효과가 입증되었다. 자살 시도와 자해 행동(Koons et al., 2001; Linehan, Armstrong, Suarez, Allmon, & Heard, 1991; Linehan, Heard, & Armstrong, 1993; Linehan, Comtois, Murray et al., 2006; van den Bosch, Koeter, Stijnen, Verheul, & van den Brink, 2005; Verheul et al., 2003), 물질 남용(Linehan et al., 1999, 2002), 폭식증(Safer, Telch, & Agras, 2001), 폭식 행동(Telch, Agras, & Linehan, 2001), 노년 우울증(Lynch, Morse, Mendelson, & Robins, 2003; Lynch et al., 2007) 등이 그 예다. 이는 DBT가 만성 자살 행동이나 경계성 인격장애에만 국한된 치료법이 아니라는 의미다. DBT의 원리와 치료 방향은 감정 조절의 어려움을 특징으로 하는 여러 질환에 인지행동이나 다른 이론적으로 양립 가능한 전략들과 함께 광범위하게 활용될 수 있다. 따라서 이 책의 중요한 목적은 독자 여러분이 DBT의 포괄적인 치료 모음이나 구성요소를 유연하게 활용하고 최신 연구 성과들에 뒤처지지 않도록 하는 데 있다.

유연한 DBT 활용을 위한 첫 단계는 마리나 마크같은 내담자의 핵심 문제 이해다. 다음 장에 소개할 리네한의 생물사회 이론은 어떻게 이 핵심 문제가 이처럼 다양하고 어려운 2차적인 문제로 연결되는지 설명한다. DBT의 치료 요소는 전반적인 감정 조절의 어려움(emotion dysregulation)과 그 영향에 대한 이해에서 나온다. 이들 치료적 요소는 이 장의 후반부에 설명될 것이다. 중요한 점은 내담자의 문제가 삶의 질을 얼마나 심각하게 위협하냐에 따라 순위가 정해진다는 것이다. 이 치료 목표와 표적의 위계는 사례 개념화(제2장에 소개됨)와 회기 내 임상적 의사결정을 좌우한다. 치료자는 이를 이용하여 가장 중요한 과제를 우선 다룬다. 그 세 가지 핵심 치료 전략을 활용하여 내담자를 치료 목표로 이끈다. 이 핵심 전략인 행동 변화 전략, 수인 전략, 변증 전략은 이 장에서 처음 소개되고 이후 제3, 4, 5장에서 각각 자세히 다루어질 것이다. 제6장에서는 이 세 가지 전략을 한데 모아 사례 개념화와 치료 표적 위계 설정의 맥락에서 어떻게 활용하는지 보여 준다. 마지막으로 제7장에서는 동료 자문회의(포괄적 DBT의 필수 요소)의 중요성과 작동 방식을 강조한다. 자문회의는 스스로에게도 DBT 원리를 적용하는 치료자들의 공동체다. 치료모임은 치료자의 기술을 강화하고 엄청난 고통과 정서적 아픔을 겪는 내담자들을 치료하면서 마주하는 도전 과제들을 다루는 데 필요한 정서적 지지를 제공한다. DBT에 대한 이해는 핵심 문제(전반적인 감정 조절 어려움)에 대한 이해로부터 시작한다.

전반적 감정 조절 어려움의 핵심 문제

리네한은 경계성 인격장애의 병인과 증상 지속을 감정 조절 어려움에 대한 생물사회 이론으로 설명했다. 그 이후로 DBT는 다양한 질환과 환자(물질사용장애, 거식증, 반사회적 인격장애 및 기타 인격장애)를 치료하는 데 활용되고 있으나 생물사회 이론은 여전히 그 핵심으로 남아 있다(Crowell, Beauchaine, & Linehan, 2009). 이에 따르면 전반적인 감정 조절 어려움은 생물학적 취약성과 비수인적 사회 환경의 조합으로부터 생긴다. 감정 조절 어려움은 규범적 환경에서 최선의 노력에도 불구하고 정서적 신호나 경험, 행동, 언어적·비언어적 반응을 바꾸거나 조절하는 능력의 부족을 의미한다. 전반적인 감정 조절 어려움이란 이러한 감정 조절 능력 부족이 광범위한 정서, 문제, 상황적 맥락에서 나타나는 것을 말한다(Linehan, Bohus, & Lynch, 2007). 이런 조절의 어려움은 부적응적인 행동(자살 행동, 물질 남용 등)을 초래하는데, 이런 행동을 통해 감정을 조절하려고 하거나 감정 조절 어려움의 결과로 이런 행동이 나타나기 때문이다.

생물사회 이론: 취약한 생물학적 특성과 비수인적 사회 환경의 영향

취약한 생물학적 특성과 그 결과

리네한은 세 가지 생물학적 특성이 개인의 취약성에 기여한다고 가정했다. 첫째로 감정 조절에 실패하는 사람은 낮은 역치의 자극에도 반응을 보인다(높은 민감성). 둘째로 정서적인 경험과 그 표현이 강렬하다(높은 반응성). 또한 이러한 강렬한 각성 상태가 인지적인 처리 과정도 방해한다. 셋째로 각성 상태가 더 오래 간다(기준선으로 늦게 돌아옴). 사실 데이터를 보면 경계성 인격장애 기준에 해당되는 내담자는 더욱 빈번하고 강렬하며 오래 지속되는 불쾌한 상태를 경험하는 것으로 나와 있으며(Stiglmayr et al., 2005), 생물학적인 취약성이 감정 조절 어려움에 기여하는 것으로 보인다(예: Ebner-Priemer et al., 2005; Juengling et al., 2003).

이러한 생물학적 취약성의 영향을 따져 보자. 감정 조절의 어려움은 삶의 거의 전 영역을 조절하기 어렵다는 뜻이다. 우리가 행하는 거의 모든 것과 우리의 정체성은 기분의 안정성과 적절한 감정 조절에 달려 있다. 같은 행동이라도 기분에 따라서 때로는 쉽게, 때로는 어렵게 느껴진다. 칵테일 파티에서 낯선 사람과 어울리는 경우를 예로 들어 보자. 기분이 괜찮을 때는 방에 있는 제일 재미있어 보이는 사람과 기분 좋게 대화할 것이다. 기분이 불안하고 취약할 때는 벽에 기댄 채로 거의 시선 접촉도 하지 않을 것이다. 하기 꺼려지는 일은 몇 달이고 미룰 것이다. 나중에 기분이 괜찮으면(그렇지!) 오후에 바로 처리할 것이다. 감정 조절에 큰 어려움이 없는 사람은 이런 능력을 당연시할 것이다. 우리는 때로 기분에 따른 행동을 할 때도 있지만, 그래도 대부분은 어떻게든 그럭저럭 대처한다.

하지만 생물학적 취약성으로 인해 당신의 감정이 거칠게 요동친다고 상상해 보라. 당신이 어떤 기분 상태에 놓일지 예측할 수 없다. 사회적인 모임에서 기분 변동에 따라 행동이 요동친다면 당신은 수줍은 사람인가 혹은 외향적인 사람인가? 당신이 다른 사람들과 정서적으로 충분히 함께할 때 책임을 다할 수 있다면, 책임감을 조절할 수 없을 때 당신은 무책임하고 게을러지는가? 당신은 학교나 특정한 일에 딱 들어맞는 사람인가? 당신의 능력이 조절 범위를 넘거나 기분 상태에 좌지우지된다면 어떻게 될까? 이런 예측 불가능한 변동성은 삶의 모든 영역에 영향을 준다. 마치 악몽 속에 있는 것처럼 당신의 노력은 아무 소용없거나 처절하게 망가진다. 정서적으로 취약한 사람과 만성적으로 비수인적인 사회적 환경의 상호작용으로 인해 생물학적 취약성은 심해질 수 있으며, 어떤 경우에는 취약성이 만들어지기까지 한다.

비수인적 사회 환경과 그 결과

우선 최적의 수인적인 환경에서의 감정 발달에 대해 생각해 보자. 감정은 급격한 전신적인 반응으로 일어난다. 우리의 생리작용, 지각, 행동, 인지 과정이 적절히 연계되어 서로를 촉진하고 이는 우리 생체와 환경의 지속적인 변화에 적응하도록 이끌어 준다. 예측 못한 소음을 들으면 감정 반응이 즉시 촉발되고 이에 준비하도록 이끌어 준다. 건강한 감정 발달 과정에서는 양육자가 환경 신호, 1차 감정, 사회적으로 적절한 감정 표현의 연결 고리를 강화하는 방식으로 반응하고, 부적절한 반응과의 연결 고리는 약화시킨다. 양육자의 반응은 우리의 반응 중에 효과적이고 적절하고 앞뒤가 맞는 것은 수인[2]하고 비효율적이고 부적절하며 앞뒤가 안 맞는 반응은 비수인[3]한다. 예를 들면, 사회화 과정에서 특정한 소음을 흥미 혹은 두려움의 단서로 해석하는 것을 배우고, 우리가 느낀 것을 어떻게 표현할지 다듬는 법을 배운다. 타인의 수인적 반응을 통해 우리는 감정을 이용해서 우리 안팎에서 일어나는 것들이 주변 환경과 연관된 우리의 상태와 필요를 순간순간 해석하게 된다는 점을 배우게 된다. 적절한 환경에서 양육자는 강렬한 감정에 대해 일관되고 적절한 위로를 제공한다. 피양육자로 하여금 감정이 원래 지닌 적응적이고 체계화하며 소통하는 기능을 정제하고 강화하도록 돕는다.

물론 누구도 완벽히 최적화된 환경에서 살 수는 없다. 최고의 부모라도 지치고 스트레스를 받는다. 그들 자신도 습관적으로 불안하고 분노하거나 우울해진다. 이런 어려운 상황에서 부모들은 1차 감정의 타당한 표현에 벌을 주거나 억제한다. 그에 따라 우리는 감정을 표현하고 이해하는 부적절한 방법도 어느 정도 배울 수 있다. 그러나 양육자가 지속적이고 완고하게 1차 감정과 그 표현에 적절히 반응해 주지 못할 때 큰 문제들이 발생한다. 전반적이고 만연한 비수인은 양육자가 우리의 타당한 1차 반응을 틀린 것, 부정확하거나 부적절한 것, 병적인 것으로 여기거나, 진지하게 받아들여 주지 않을 때 많이 생긴다. 재미있어 하는 1차 반응이 묵살되거나 조롱받고, 위로받고 싶은 정상적 욕구는 계속 무시되거나 부끄러운 일로 치부된다. 솔직한 마음이 끊임없이 의심받고 오해받는다. 이에 따라 피양육자는 점차 자신의 자연스러운 성향과 1차적 감정 반응을 회피하거나 차단하거나 억제하게 된다. 바닥에 전기 충격기가 설치된 방 안의 생물처럼 고통이나 비수인을 유발할 가능성이 있는 어떤 과정도 회피하도록 학습한다.

예를 들면, 감정 조절이 잘 되는 내 형제들과는 달리, 부모들의 한계치보다 내가 더 애정을 갈구하고 감정 표현을 더 오래 강하게 한다고 가정해 보자. 이는 짜증, 경멸(비수인)을 계속 야기할 것이다. 결국 나는 스스로의 행동을 억제하려고 들 것이며 궁극적으로는 겉으로 드러나게 애정을 갈구하는 행동뿐 아니라 심지어 마음

---

2) 역자 주: validation을 번역한 용어로, 일반적인 공감보다 더 확장된 수용과 인정이라는 개념이다. 공감적 이해에 덧붙여 상대의 마음과 행동이 올바르고 타당하다는 것을 적극적으로 표현하는 것을 뜻한다.
3) 역자 주: invalidation을 번역한 용어로, 수인에 실패하는 것을 뜻한다.

속으로 이를 원하는 것까지 억제하려 들지도 모른다. 지속적으로 비수인적인 환경에서는 공포에 대한 조건화가 발생한다. 비수인이라는 전기 충격을 직접 회피하는 것뿐 아니라 그와 연관된 생각, 감각, 감정 등의 개인 경험을 모두 피하려 할 것이다. 우리는 비수인이라는 고통스러운 충격을 일으킬 가능성이 있는 어떠한 신호에도 극도로 예민하게 감작(感作)된 상태가 된다. 이로 인해 자기 자신의 타당하고 자연스러운 반응도 두려워하게 된다. 지속적으로 누적된 비수인은 타인의 비수인에만 과민하게 만드는 것이 아니라 타인의 비수인을 유발할 수 있다고 여겨지는 자기 자신의 반응에도 민감하게 만든다. 자신의 반응이 타당한 것이라도 말이다. 자연스러운 반응조차도 거미공포증이 있는 사람의 무릎에 거미를 떨어뜨린 것처럼 끔찍한 자극으로 여겨진다.

리네한의 이론에 따르면, 생물학적 취약성과 사회적 비수인의 다양한 조합이 상당히 유사한 경험으로 귀결된다. 사람들은 각자 다른 발달 경로를 거쳐 왔지만 비슷한 어려움에 봉착한다. 감정 조절 어려움에 대한 생물학적 취약성이 높은 사람에게는 '정상적인' 수준의 비수인도 심각한 문제를 일으킬 수 있다. 주의력결핍이 있는 사람처럼 그들은 크지만 감지하기 어려운 어려움에 직면한다. 예를 들어, 보통의 주의력을 가진 아이와 주의력결핍/과잉행동장애(Attention-Deficit Hyperactivity Disoder: ADHD)가 있는 아이가 보드게임을 하다가 소란스러워지는 상황에서 보통의 아이들은 어른이 엄격하게 "조용히 하고 있어!"라고만 말해도 충분할 것이다. 그러나 ADHD가 있는 아이들의 경우에는 어른이 와서 각 단계를 하나하나 지도해 주어야 할 수도 있다. "아니 네 차례가 아니야. 주사위를 조이(Joey)한테 줘. 날 봐. 주사위를 내려놔. 고마워, 잘 했어. 이제 보자. 조이 차례야. 아니 손은 무릎 위에, 그렇지. 어디 보자, 다섯이 나왔네." 등 시간이 가고 연습이 반복되며 이러한 코칭이 점차 자기 조절로 이어진다. 마찬가지로 전반적 감정 조절 문제를 다루려는 사람에게도 이와 비슷한 적극적인 코칭 방식이 필요하다. 주의력 조절 문제와 마찬가지로 감정 조절 능력을 기르기 위해 추가적인 지도와 구조화가 필요하다. 그러나 이런 도움을 제공할 수 있는 부모는 매우 드물다. 대부분의 부모는 아주 취약한 어린이들의 요구에 압도당하기 쉽다. 따라서 이렇게 감정적으로 불안정한 어린이들은 자신들의 압도적인 감정 경험을 다루는 효과적인 전략을 거의 배우지 못한다. DBT는 이러한 결함을 표적으로 삼아 감정 조절을 위한 기술을 명확하게 가르친다.

생물학적 취약성이 거의 없이 태어났으나 장기간에 걸친 극단적이고 지속적인 비수인을 경험하는 바람에 감정 조절에 문제가 생기는 사람들도 있다. 아동기 성적 학대는 BPD와 관련된 전형적인 비수인적 환경이다(Wagner & Linehan, 1997, 2006). 그러나 BPD 진단 기준에 해당되는 모든 사람이 성적 학대를 겪은 것은 아니다. 그리고 모든 성적 학대 피해자가 BPD가 되는 것도 아니다. 개인적 차이를 어떻게 설명할 수 있는지는 아직 불명확하다(BPD 증상과 아동기 성적 학대 사이의 매개 변수를 수집한 다음의 연구를 참조, Rosenthal, Cheavens, Lejuez, & Lynch, 2005). 그래서 리네한은 특정 형태의 트라우마가 아니라 지속적인 비수인이 원인이라고 주장했다. 그러한 경험으로 인해 사람이 극단적으로 비수인에 민감해진다는 것이다.

지금까지 이야기한 고통들은 감정 조절 어려움이라는 핵심 문제에서 비롯된다. 생물학적인 취약성이든 지속적 비수인이든, 환경이 우리의 요구를 제대로 충족시키지 못하면 문제가 많은 일련의 감정 조절 전략을 배우게 된다. 우리의 일반적인 경험과 감정 표현에 대해 다른 사람들이 불편을 느끼고, 이에 따라 우리를 돕고 지지하는 대신에 관심을 철회하거나 비난한다면, 우리는 나라는 존재가 대인관계의 거절을 유발한다고 학습하게 된다. 그래서 우리는 자신의 타당한 1차 반응을 회피하는 것을 배우고, 대신에 우리의 경험과 감정 표현을 감추거나 억제하거나 왜곡하는 패턴을 발달시킨다. 회피는 미묘하게 나타날 수 있다. 우리가 이야기할 때 친구가 살짝 관심 없어 보이면 우리는 말하던 주제를 덜 위험한 것으로 바꾸어서 우리를 보호한다. 우리는 자신도 모르게 순간적인 슬픔이나 수치심 같은 취약한 1차 감정에서 도피하며 짜증을 내기도 한다. 회피는 눈에 띄는 방식으로, 전면적인 도피로 나타날 수도 있다. 우리 감정 상태가 너무 힘들어서 감정적 고통을 끝내기 위해 자신도 모르게 해리 상태에 빠지거나 혹은 의도적 자해와 같은 절박한 방식을 찾게 된다. 이런 학습 과정은 누구에게나 영향을 주긴 하지만, 감정 조절이 취약한 사람은 이런 경우 더 많은 비수인을 겪고 감정과 그 표현에 대해서 과다 조절과 과소 조절 사이를 오가게 된다. 이런 문제 행동 패턴은 내담자의 삶과 치료에 악영향을 주게 되는데, 이에 대해서는 다음 절에서 논의할 것이다.

변증적 딜레마: 2차적 행동 패턴

감정적 취약성과 지속되는 비수인을 다루는 동안 내담자는 종종 감정 경험과 표현에 대한 과소 조절과 과다 조절 사이에서 좌초하게 된다. 리네한은 이런 패턴을 '변증적 딜레마'라고 표현했는데, 모든 하나의 주제나 입장은 그의 안티테제 혹은 반대 입장을 포함한다는 것이 '변증'의 핵심 개념이기 때문이다. 내담자들은 어쩔 수 없이 감정 조절에 실패하여 점차 비수인은 늘어나고("왜 그리 민감하니?", "넌 미쳤어!", 혹은 "극복하라고!"), 이로 인해 내담자는 추가적인 비수인을 막기 위해서 또 자기 조절을 늘린다. 반대의 극단에서 내담자는 자기 반응의 타당성을 전달하려고 애쓰는 과정에서 더욱 표현의 수위를 높이게 된다("나는 안 미쳤어! 넌 날 이해 못 해!"). 시간이 지나면서 내담자가 전반적 감정 조절 어려움에 수반된 딜레마를 해결하려고 애쓰는 과정에서 흔한 행동 패턴이 발달한다. 임상적 관찰을 통해 리네한은 내담자들이 감정 경험에 압도되어 나타나는 과소 조절에서 감정 경험에 대한 급격한 회피를 위해 나타내는 과다 조절로 급격히 전환하는 세 가지 패턴을 특징적으로 기술하였다.

감정적 취약성과 자기 비수인

생물학적 취약성과 누적된 전반적 비수인은 사람을 아주 예민하게 만든다. 아주 가벼운 자극도 감정적 고통을 유발하는데, 이는 3도 화상 부위를 건드리는 것과 같다. 내담자는 자신의 감정 반응을 촉발하는 사건의 시작과 끝을 조절할 수 없으므로 고통을 끝내기 위해서는 간절히 뭐든 하려고 든다. 많은 내담자에게 이는 마치 몸을 짓누르는 힘을 견딜 수 없는 것과 같다. 심지어 긍정적인 감정에 대한 조절 불능조차 고통을 유발한다. 예를 들어, 한 내담자는 다음과 같이 말했다. "친구들을 만났을 때 너무 신나서 참을 수가 없었어요. 너무 크게 웃었고 너무 많이 떠들었어요. 결국 내가 했던 모든 것이 친구들에게는 너무 과했어요." '감정적 민감함'은 극단적인 예민함뿐 아니라 그 예민함으로 인한 삶의 결과까지 포함하는 개념이다. 피할 수 없는 일상생활이 극단적인, 심지어 트라우마 같은 감정적 고통을 준다. 이런 상황에 놓인 사람은 언제 감정에서 풀려날지 알 수 없다. 스스로 전혀 조절할 수 없는 감정 상태와 일상 수행능력이 밀접하게 연관되어 있어서 전혀 예측할 수 없다. 이러한 예측 불능성으로 인해 내적 기대나 대인관계의 기대치를 충족시키지 못하므로, 내담자와 주변인들은 모두 실망하고 분노하게 된다. 내담자는 자신의 감정적 민감성을 타고난 기질의 일부로 여기고 절대 변할 수 없다고 생각해서 절망한다. 결국, 내담자는 조절 불능이라는 악몽의 덫에 사로잡힌 것을 깨닫는다. 삶은 이런 전형적인 일상을 견뎌야 하는 끝없는 투쟁이다. 고문과도 같은 고통을 막을 수 있는 유일한 수단이 자살인 것처럼 보일 것이다. 또한, 자살은 비정한 주변인들에게 보낼 수 있는 마지막 의사소통 수단이다. 유달리 민감한 사람들에게는 거의 모든 치료적인 시도가 마치 심각한 화상 부위에서 죽은 조직을 떼어 내는 시술을 할 때와 같은 감정적 고통을 유발한다. 비판에 대한 민감함으로 인해 필요한 피드백을 받는 것도 매우 고통스럽다. 앞에서 마리의 사례에서 봤듯이 치료 시간에 생기는 감정 조절 문제(해리, 공황, 강한 분노)가 치료 과제를 방해한다. 일상에서의 감정 조절 문제로 인해 치료 시간에 달성한 변화와 계획을 일상생활 일반에 적용하려는 시도는 자주 실패한다. 치료 시간에 유발되는 감정을 조절할 수 없어서 치료 그 자체가 트라우마가 될 수도 있다. 압도적인 감정에 봉착하면 내담자들은 스스로의 무력감에 대해 수치심을 느낀다. 감정적 취약성을 이해한다는 것은 치료자가 '감정의 피부'가 없이 살아가는 강한 고통을 이해하고 다뤄야 한다는 뜻이다.

내담자들은 감정 조절 어려움에 대하여 타인들이 자신에게 한 것처럼 스스로를 비수인하는 식으로 반응하게 된다. 자기 비수인은 최소한 두 가지 형태로 나타난다. 첫째, 내담자는 감정 조절 어려움을 가혹하게 비판한다("나는 이런 식으로 느끼면 안 돼."). 이때 자신의 자연스러운 1차 반응을 회피하고 조종하려 든다. 이 방법이 실패하면 내담자는 자기 비난과 자기 혐오를 통해 자신을 미워하게 된다. 의도적인 자해가 이 실패에 대한 처벌 형태로 사용된다. 둘째, 내담자는 감정 경험을 차단하고 비현실적으로 높고 완벽한 기대를 함으로써 감정 조절 어려움에 대해서 부정하고 무시하려고 든다("난 이런 사람이 아니야."). 그러면서 내담자는 일상 문제를 해결하는 어려움을 축소하고, 도움이 필요하다는 것을 인식하지 못한다. 내담자가 자기 조절 전략 획득을 위한 시행착오를 견디지 못하므로 이런 패턴은 변화에 대한 시도를 무력화시킨다.

적극적 수동성과 외현적 유능함

시간이 가면서 내담자들은 역량을 넘어서는 문제 상황에 닥쳤을 때 수동적으로 반응하면서 해결의 어려움을 축소하는 방식을 학습한다. 때로는 수동적인 것이 다른 사람들을 행동하게 만든다. 약해 보이는 여인이 위험한 길에서 타이어에 펑크가 나서 절망하고 있다면, 이를 본 당신은 돕고 싶은 마음이 들 것이다. 수리공이 도착하지 않으면 그녀는 아마도 더 많은 스트레스를 받고 미친 듯이 시계를 확인하거나 급기야 울음을 터트릴 수도 있다. 적극적 수동성은 문제 상황에 대한 부족한 도움에 대해 수동적으로 반응하면서 다른 이들의 활동을 촉구하는 방식으로 의사소통하는 것이다.

예를 들어서, 이 장 처음에 봤던 마크는 완벽주의, 완고함, 정서적 불안정성으로 인해 마감 기한을 자주 넘겨 프로그래머로 겨우겨우 먹고사는 형편이었다. 너무 심해서 마지막 고용주는 계약을 연장하지 않았다. 그는 이제 지치고 수치스러운 기분으로 집에 틀어박혀 전화도 받지 않고 편지는 뜯지도 않고 서랍 속에 넣어 두었다. 집주인의 인내심이 바닥나면 마크는 쫓겨난다. 새로 살 집을 알아보는 대신 마크는 침대에서 종일 뒹굴고 치료실에서는 적극적인 문제 해결을 위한 치료자의 촉구에도 아무 대답도 하지 않는다. 마크는 본인 스스로 필요한 행동을 할 능력이 없는 사람이라고 인식하게 되고, 실제로 더 많은 도움이 없이는 행동하기 어렵다. 만약 다리가 부러졌다면 도움을 기대할 수 있을 것이다. 그러나 눈에 띄는 결함이 없는 상태에서 타인들은 그냥 그가 게으르다고 여긴다. 도움을 청하는 방법도 효율적이지 못해서 다른 사람들은 그가 징징대고 우는 소리만 한다고 여긴다. 그러나 마크의 경험상 무엇을 해도 상황은 절망적이다. 치료자의 관점에서는 마크가 적극적으로 대처하면 (예를 들어서, 부동산 어플을 통해 살 집을 찾는 등) 쉽게 풀릴 상황이 위기 상황으로 번지곤 한다. 이런 적극적 수동성 패턴이 습관화되면 문제들이 해결되지 않으면서 일상생활의 스트레스가 증가한다. 도움을 주려는 사람들도 떠나가게 만든다. 그리고 도움이 필요하다는 의사를 전달하는 데 있어서 자살 이외에는 다른 수단이 안 보이게 된다.

외현적 유능함은 치명적이다. 어떤 때는 대처할 수 있는 것처럼 보이다가 (관찰자의 눈에는 당황스럽게도) 어느 순간에는 그 유능함이 애초에 없었던 것처럼 보이기도 한다. 내담자들은 '겉으로 유능해 보이는' 법을 학습했다. 즉, 감정과 취약성을 감춤으로써 관찰자들 눈에 감정 표현이 거의 드러나지 않게 한다. 종종 내담자들은 부정적 정서를 말로 표현하지만, 비언어적으로는 불편함을 거의 표현하지 않는다. 그러나 그들의 내적 경험은 불편함을 절규하고 있다. 자신의 표현에 너무나도 민감해져서 그냥 뭐든 말로 표현하는 것 자체만으로도 홀딱 발가벗은 것처럼 느껴진다. 언어 표현과 비언어 표현이 서로 상응하지 않을 때 우리는 대체로 비언어적 표현이 더 정확한 표현이라고 여긴다. 치료자들(그리고 내담자의 주변인들)은 이런 상황에서 오해하기 쉽다. 만약 내담자가 "그거 정말 성가시네요."라고 담담한 목소리로 말하면 치료자는 실제로는 별 문제가 없다고 오해하고 표현되지 않은 내담자의 극단적인 경험을 놓치기 쉽다. 또 다른 오해는 행동이 일반적이라는 전형적인 가정에서 생긴다(예컨대, 만약 내가 파티에서 친절하고 외향적이라면 다음 파티에서도 그럴 거라고 생각한다). 그러나 앞에서 보았듯이 내담자들은 그때의 기분 상태가 행동 수행 난이도에 영향을 미친다. 핵심적인 문제가 감정 조절 문제라면 내담자는 감정 상태를 거의 조절할 수 없고, 따라서 행동 능력에 대한 조절 능력도 거의 없다. 이로 인해 역량은 상황과 시간에 따라 마구 요동치게 된다. 그러나 관찰자들(심지어 내담자 자신도)은 일관성을 기대하며, 정서적으로 더 잘 조절되는 사람들에게서는 쉽게 기대할 수 있을 능력의 일관성이 어그러지는 것에 번번이 놀란다. 타인들은 오해로 인해 내담자의 불편함을 인식할 수 없고, 자신도 모르게 비수인적인 환경을 조성한다. 최악의 경우 다른 사람들은 내담자가 기대한 만큼 능력을 보이지 못할 경우, 타인을 조종하려 드는 행동으로 여기고 더욱 돕지 않으려고 한다.

끝없는 위기와 억제된 애도

끝없는 위기란 한 사람이 지속적으로 불쾌한 사건을 스스로 유발하고 또한 이에 좌지우지되는 영속적인 패턴을 의미한다. 감정적으로 취약한 사람은 고통을 줄일 목적으로 충동적인 행동을 할 수 있는데, 이는 의도치 않게 문제가 눈덩이처럼 더 커지는 방향으로 악화될 수 있다. 예를 들면, 마리는 회사에서 "정신줄을 놓았고", 해고될 것이며, 그로 인해 아파트에서도 쫓겨날 것이다. 다른 내담자는 사례 관리자에게 화가 나서 고함을 지르고 충동적으로 면담을 끝낸다. 이는 곧 주택 신청을 위한 절차를 끝내지 못한다는 뜻이다. 다른 약속을 잡지 못하면 이 내담자는 결과적으로 노숙자 쉼터로 가게 될 것이다. 노숙자 쉼터에 머물게 되면 내담자는 과거 강간 경험과 관련된 단서들에 노출되고 매일 플래시백과 공황을 겪을 것이다. 이런 끝없는 위기는 치료적 진전을 어렵게 만들 정도로 치료에 지배적인 영향을 끼친다.

억제된 애도는 고통스러운 감정 경험에 대한 비자발적이고 자동적인 회피, 자연스러운 감정 반응의 억제다. 내담자들은 살면서 견뎌 왔던 비극으로 인해 극도로 지치고 분노한 상태다. 내담자들은 어린 시절의 트라우마나 성인기의 재경험과 연관된 슬픔이든, 혹은 예외적인 불운이나 부적응적인 대처방식으로 인해 생긴 상실 때문에 촉발된 슬픔이든 무엇이든 억누른다. 감정적 고통을 멈출 목적으로 회피하고 도망가는데, 이는 의도치 않게 감정적 단서와 반응에 대한 과민성을 증가시킨다. 일부 내담자는 지속적으로 상실을 경험하고 애도 반응을 시작하고 나서, 바로 다음에 관련된 단서에서 도망치거나 주의를 분산함으로써 자동적으로 애도 과정을 멈춘다. 그리고 다시 그 과정으로 들어갔다가 관련 단서를 접하고는 달아나는 과정을 계속 반복한다. 이렇게 그는 고통스러운 이벤트에 대한 반응을 제대로 경험하고 통합하고 해소하는 과정을 제대로 밟을 수 없다.

여기까지 언급된 세 가지 패턴은 생물학적인 취약성과 사회적 비수인의 해로운 조합이 만들어낸 나쁜 발달적 결과다. 우리 모두가 감정적 고통에 대해 습관적이고 어느 정도 문제가 될 만한 행동 패턴을 가지지만, 이 세 가지 패턴은 그 피해가 심각하다. 일상생활과 치료 상황에서 이를 유발하는 자극 단서를 찾아볼 수 있다. 내담자 자신의 행동이나 타인의 행동이 감정 조절의 어려움을 유발할 수 있는데, 이 조절 어려움에 대한 2차적인 반응으로 내담자는 감정의 과소 조절과 과대 조절 사이에서 왔다갔다하면서 더 심각한 문제들을 만들게 된다. 결과적으로 이 행동 패턴들은 DBT의 치료 표적이 된다.

요약하자면, DBT의 첫 번째 핵심 요소는 질병의 생물사회 이론이다. 이 이론은, ① 문제 행동들, 특히 극단적 수준의 역기능적인 행동은 감정 조절 어려움 혹은 감정을 재조절하려는 노력의 결과이며, ② 비수인이 감정 조절 어려움을 지속시키는 역할을 하고, ③ 감정을 조절하고 비수인을 다루려고 애쓰는 과정에서 흔한 행동 패턴이 형성된다고 제안한다. 이 패턴은 그 자체가 치료가 필요한 문제가 된다. 따라서 DBT의 가장 중요한 치료 원칙은 감정 조절을 가르치고 돕는 것이며, 감정의 원래 기능인 구조화와 의사소통 기능을 회복시키는 것이다.

DBT가 전반적 감정 조절 어려움을 치료하는 방법

DBT는 전반적 감정 조절 어려움과 내담자가 이에 반응하다 발생한 흔한 패턴을 다음과 같은 방법으로 치료한다. 핵심 치료 전략(〈표 1-1〉에 정리되어 있는 변화, 수용, 변증 전략)과 내담자 문제의 범위에 따라 치료 환경을 구조화하고 치료 목표와 표적의 우선순위를 정하는 지침의 틀이 그것이다.

핵심 치료 전략

변화 전략

DBT의 첫째 핵심 전략은 변화에 초점을 둔다. 이는 행동주의 원칙과 인지행동치료 프로토콜, 그리고 전반적 감정 조절 어려움의 치료에 적절한 다른 이론들의 전략을 조합해서 만들었다. 행동 사슬 분석(일종의 기능 분석)은 자해와 같은 구체적 문제 행동에 역할을 하는 변수를 찾아내는 데 이용된다. DBT 사례 개념화는 이러한 사슬 분석에서 얻은 기능적 패턴에 기반한다. 치료 계획은 행동 사슬의 어떤 지점에 변화를 줘서 내담자가 문제 행동에 엮이지 않게 하기 위해 만들어진다. 이 장 초반에 나온 마크와 같은 몇몇 내담자는 감정 조절을 위한 기본적인 역량이 결여되어 있으므로 이런 결핍을 채우기 위해 기술을 가르치는 것도 DBT의 중요한 부분이다. 이 기술 훈련은 이 장의 후반에서 다룬다.

그러나 새로운 기술을 배우는 것만으로는 충분치 않다. 예를 들어, 마크의 역량은 미미한데, 그나마 얼마 안 되는 역량마저 조건화된 감정 반응, 문제 있는 수반성, 역기능적 인지 과정에 의해 방해를 받는다. 따라서 DBT의 변화 전략은 기술 훈련뿐 아니라 노출 치료, 수반성 관리, 인지 재구성이라는 세 가지 다른 인지행동 기법을 포함한다. 그러나 전반적 감정 조절 어려움이 감정 의존 행동과 위기를 자주 일으키므로, 성공적인 치료를 위해 DBT 치료자는 이들 표준화된 인지행동치료(Congnitive-Behavioral Therapy: CBT) 기법들을 융통성 있게 응용하여 사용해야 한다. 이런 응용에 대해서는 제3장에 자세히 기술하였다. 변화 전략은 또한 변화를 위한 내담자의 동기와 전념을 향상시키는 기술을 포함한다. 이러한 전념 전략은 장단점 비교하기, 악마의 변호사, 조형, 그리고 〈표 1-1〉에 기술된 다른 것들을 포함한다. DBT에는 행동심리학에 대한 전문지식이 필요하다. 행동에 대한 전문지식 부족은 DBT의 틀에서 작업하고자 하는 치료자에게 큰 장애물이 된다.

〈표 1-1〉 한 눈에 보는 DBT 핵심 전략

행동 변화 전략 (변화 기반)
• 행동 사슬 분석
• 과제 분석
• 해법 분석
• 기술 훈련 (〈표 1-2〉 참조)
• 자기 관찰: DBT 다이어리 카드
• 노출
• 수반성 관리
• 인지 수정

- 직접 교육 전략(심리교육)
- 오리엔테이션
- 전념 전략
  - 장단점 비교하기
  - 발 들이밀기
  - 면전에서 문 닫기
  - 선택할 자유: 대안의 부재
  - 현재 전념에 과거 전념 연결하기
  - 악마의 변호사
  - 조형하기

수인 전략 (수용 기반)

- 공감 + 내담자의 견해가 어떤 면에서는 타당하다는 점을 대화하기
  - 수준 1: 완전히 의식하면서 경청: 깨어 있기
  - 수준 2: 내담자의 말을 정확하게 반영하기
  - 수준 3: 언급되지 않은 감정, 생각, 행동패턴을 말하기
  - 수준 4: 과거 상황으로 보아 현재 행동이 이해가 됨을 대화하기
  - 수준 5: 현재 상황으로 보아 현재 행동이 이해가 됨을 대화하기
  - 수준 6: 철저하게 진정성 있게 대하기

변증 전략

- 변증적 전제와 변증적 자세
- 변증적 균형 잡기
  - 변화와 수인 전략
  - 대화 스타일 전략: 상호 존중 방식과 불손한 방식
  - 사례 관리 전략: 내담자에게 맡기기와 환경적 개입
- 구체적 변증 전략
  - 변증적 평가
  - 역설로 들어가기
  - 은유
  - 악마의 변호사
  - 확장하기
  - 지혜로운 마음 작동하기
  - 레몬에서 레모네이드 만들기
  - 자연스러운 변화를 추구하기

수인 전략

DBT의 두 번째 핵심 전략인 수인은 수용을 강조한다. 예를 들어서, 마크는 과거 경험으로 인해 비수인에 극도로 민감하다. 이 민감성 때문에 마크는 상사의 변화 요구를 감당할 수 없었고 결국 실직하게 됐다. 나쁜 실적 평가에 대한 마크의 반응을 적절하게 변화시키려고 노력한 이전 치료자의 시도조차 그에게는 극심한 고통으로 느껴졌다. 마크의 반응은 대부분 효과가 없고 변화가 필요했지만, 마크와 같은 내담자들에게 변화를 위한 개입은 감당하기 어렵게 느껴진다. 따라서 수인 전략이 필수적이다. 수인은 내담자 중심 치료의 전통(Bohart & Greenberg, 1997; Linehan 1997b)에서 비롯되었다. DBT는 수인을 공감과 내담자의 관점이 어떤 면에서 타당하다고 이야기하기를 더한 것으로 정의한다. 공감을 통해 내담자의 관점에서 본 세상을 정확히 이해하고, 수인을 통해 내담자의 관점이 일리가 있다는 점을 적극적으로 전달하고 대화한다.

수인을 다소 부주의하게 '관계 증진을 위한 수단' 혹은 '보편적 요소' 정도로 취급하거나 내담자를 '진정한 변화 전략'의 길로 끌어들이는, 마치 '약을 삼키게 도와주는 설탕' 정도로 여기기 쉽다. 그러나 적극적이고 숙련되고 정확한 수인은 그 자체로 강력한 변화를 일으킬 수 있다. 진정성 있게 기술적으로 사용하면 수인은 비수인으로 인해 흔히 생길 수 있는 생리적 각성을 줄이고 좀 더 적응적인 감정을 조율할 수 있도록 해 준다. 수인 전략에 사용되는 기술은 수인할 것과 수인하지 않을 것, 그리고 수인하는 방법에도 중점을 둔다. 리네한은 〈표 1-1〉에 나온 여섯 단계의 수인 목록을 제시하고, 치료자들이 가능한 한 높은 단계의 수인을 하도록 조언한다. 수인 전략은 제4장에서 자세히 다룬다.

변증 전략

내담자의 심한 민감성을 수용하면서도 필요한 변화를 촉구해야 하는 긴장 상태는 치료자의 영원한 딜레마이며, 종종 치료적 정체의 시발점이 된다. 항해를 지속하기 위해 치료자는 변증적 자세를 취하고 변증 전략을 사용한다. 변증은 현실의 본질에 대한 관점인 동시에 설득을 위한 방법이다. 두 경우 모두 핵심 개념은 어떠한 주제나 위치도 그의 안티테제 혹은 반대 위치를 포함한다는 것이다. 진보는 두 반대되는 위치(정과 반)가 합으로 융합함으로써 이루어진다. 달리 말하면 치료의 진전은 내담자에 대한 수용과 변화 촉구를 함께하는 것이다. 양극단은 자연스럽고 예상되는 것이다. 양측의 극단을 함께 유지할 때 치료적 움직임이 생긴다. DBT에서 치료적 정체가 발생했다는 것은 변증적 긴장의 양측을 탐색할 필요가 있다는 신호다.

변증 전략은 치료자와 내담자 모두에게 갈등 상황과 심지어 모순되는 '진실들' 사이에서 유연성을 유지할 수 있는 실용적인 수단을 제공한다. 예를 들어, 마크의 이전 치료자가 변화를 너무 강하게 밀어붙였을 때, 마크는 다음 치료를 빼먹곤 했다. 이전 치료자가 마크의 취약성을 수용하고 변화를 포기했을 때 마크는 절망감에 빠져서 치료자의 무능을 강하게 비난했고 역시 다음 치료 약속을 어겼다. 이런 취약성에 대한 수용과 변화 필요성 사이의 긴장은 마리 같은 내담자의 경우 더욱 뚜렷하게 드러난다. 마리와 치료자는 이번 장 초반에 나온 힘든 치료 회기를 견뎌 냈다. 회기 말미에 자살 시도 예방을 돕기 위한 위기 계획을 만들어 냈다. 비록 마리가 좀 더 나아진 상태로 진료실을 나섰으나, 치료자는 내담자가 더욱 위험한 행동을 할 것을 걱정했다. 나중에 오후 시간에 마리는 약물치료자를 만났다. 속이고 싶지 않은 마음에 마리는 죽고 싶었던 강한 욕구를 그대로 드러냈다. 새 치료자가 마음에 들었으나, 위기 관리 계획을 그대로 따를 수 있을지 확신이 들지 않고, 자살 행동을 조절할 수 있는 능력에 대해 겁을 먹었다고 말했다. 약물치료자는 마리가 입원해야 한다고 결정했고, 가장 가까운 응급실에서 평가받도록 했다. 다음날 아침 개인 치료자는 마리의 도착 문자 대신에 근처 주립 병원의 담당 간호사의 메시지를 받았다. 약물치료자를 만나고 응급실로 가기 전에 마리는 약물을 과다복용했고 72시간 보호 입원조치를 받았다.

변증적 관점을 취한다는 것은 마리처럼 자살하려는 내담자는 죽고 싶으면서도 동시에 살고 싶어 할 때가 종종 있다는 점을 이해한다는 뜻이다. 자살 시도를 하는 대신 치료자에게만 "죽고 싶어요."라고 크게 말하는 것은 그 자체로 "살고 싶다."라는 반대 입장을 내포한다. 이는 "살고 싶다."가 죽고 싶은 마음보다 더 크다는 뜻은 아니다. 내담자는 진정으로 삶을 지속하기 싫어한다. 자살 수단이 덜 치명적인 것으로 보아 정말로 죽고 싶지 않은 거라 생각해서도 안 된다. 심지어 죽고 싶다와 살고 싶다를 오가는 것도 아니다. 내담자는 죽고 싶은 동시에 살고 싶은 것이다. 내담자는 고통스러운 삶에서 벗어날 수단이 자살밖에 없다고 여기고 있다. 한 극단의 입장을 취하는 대신 변증적 접근을 통해 치료자는 내담자의 삶이 견디기 힘들고 내담자가 거기서 빠져나와야 한다는 것에 동의하고 진정으로 살 만한 삶을 만들기 위한 치료법을 통해 또 다른 길을 제시한다. 제5장에서 더 자세히 다루겠지만, 변증적 자세는 내담자와 현재 순간을 있는 그대로 완전히 수용하면서도 동시에 변화를 위해 빨리 조치를 취한다는 자세를 유지하는 세계관을 가진다는 뜻이다. 이 마지막 세 번째 전략은 과도한 단순화를 경계하고 변화와 수용의 제로섬 게임을 넘어서 문제 해결과 수인, 이성과 감성, 수용과 변화의 진정으로 효과 있는 조합을 찾는 것이다.

반복된 자살 위기와 입원을 겪은 내담자들은 종종 서로 연결된 복잡한 문제에 직면한다. 이런 복잡하고 위험한 환경에서는 지금까지 언급된 생물사회 이론과 핵심 전략 이상의 뭔가가 필요하다. 예를 들어, 시설에 거주하는 어떤 내담자가 수련이 부족하고 과도한 업무에 시달리는 치료진과의 비수인적 상호작용으로 인해 입원이 촉발되었다. 치료진의 주의를 끌고 도움을 얻을 수 있는 유일한 방법은 조절 범위를 벗어난 행동과 극단적인 감정 표현뿐이었다. 이런 경우, 급한 불을 끄기 위해 임시방편으로 위기 관리를 제공하면 치료가 이런 임시적인 방향으로 계속 흘러서 효과적인 치료를 기대하기 어렵다. 아마도 치료진을 더 잘 훈련시키는 것이 더 나은 장기적 해결책일 것이다. 그러나 치료진이 너무 자주 바뀌어서 제대로 훈련된 치료진도 한 달을 못 채우고 나가기 일쑤라면 대신에 내담자가 치료진의 비수인에도 감정을 조절할 수 있을 정도가 될 때까지 훈련시키는 것이 더 효과적일 수 있다. 그러나 시간이 오래 걸릴 것이며, 솔직히 그런 혼란스러운 생활 환경에서 감정을 조절하는 것은 누구에게도 힘든 도전일 것이다. 확실한 변화가 없이 내담자를 그 거주 시설에 두면 계속된 위기 및 입원이 반복될 게 뻔하고, 그 생활 환경에서 필요한 변화를 만들어 내는 것은 불가능하지는 않지만 아주 어렵다.

아마도 내담자에게 현재의 거주 환경에서 나오도록 격려하는 것이 더 나은 선택일 수도 있다. 그러나 거주 시설에서 제공되는 규칙적 활동이 없어지면, 그녀는 무활동과 반추의 나락으로 떨어질 수도 있다. 그녀의 부모는 그녀가 구조화된 환경에서 살지 않을 경우 벌어질 사태를 수습할 생각만으로도 공포에 질릴 것이다. 또한 그런 식으로 이사하는 것을 금전적으로 지원할지도(그런 제안을 하는 치료자에 대한 치료비도!) 확실치 않다. 구조화된 환경 외에서 제대로 된 사회 활동을 하려면 우정이 필요한데, 이를 위해 그녀는 지금보다 더 나은 사회 기술이 필요하다. 이는 또한 사회 기술을 수정하라는 치료자의 피드백도 견뎌야 한다는 뜻이고, 집단 기술 훈련에서 비수인에 맞닥뜨려도 치료실 밖으로 뛰쳐나가지는 않을 정도로 감정 조절을 할 수 있어야 한다는 뜻이다.

어디서부터 시작해야 할까? 호르스트 리텔의 '사악한 문제'라는 용어(Rittel & Webber, 1973)가 이런 복잡한 문제들이 지닌 특징을 잘 잡아낸다. 이 문제들은 상호의존성이 심해서 한 문제를 해결하려고 하면 다른 문제가 생기고 마는 바람에 해결 방법을 고안하기조차 힘들다. 사악한 문제들 사이에는 너무도 많은 복잡한 관계와 의존성이 도사리고 있어서 한 문제를 해결하려고 들면 다른 여러 문제를 자동적으로 손대게 된다.

이런 사악한 문제에 대한 DBT의 해결책은 구조를 추가하는 것이다. DBT는 치료 환경을 내담자의 장애 수준에 따라 구조화한다. 내담자의 행동에 문제가 심할수록 더 많은 도움과 더 포괄적인 치료가 필요하다. 더욱이 마리처럼 반복적 자살 위기를 겪는 내담자들의 경우, DBT는 치료자의 임상 결정을 구조화하는 프로토콜과 과정의 틀을 도입해서 마치 급하고 불확실한 상황에서 잘 조율된 행동을 하도록 돕는 응급실의 프로토콜처럼 작용한다.

치료환경 구조화하기

표준적이고 포괄적인 DBT는 장애가 심한 내담자가 괜찮은 정도의 삶을 가지게 하는 데 필요한 모든 치료 기법을 제공하도록 구조화되어 있다. 이런 관점에서 심한 장애를 겪는 내담자를 위한 포괄적 치료는 앞서 언급한 전반적 감정 조절 문제 때문에 영향을 받는 다음의 다섯 가지 기능을 회복하도록 해야 한다.

① **내담자의 역량 키우기.** 전반적인 감정 조절 어려움이 있는 내담자들은 대체로 효과적으로 감정을 조절하는 능력이 부족하다. 이들은 새로운 기술을 배울 필요가 있으며, 때로는 역량을 키우기 위해 약물치료도 필요하다.

② **변화에 대한 내담자의 동기 향상하기.** 앞에서 언급된 바와 같이, 내담자들은 종종 변화에 대한 희망이 없고 문제 상황에 처할 때 수동적 태도가 되도록 학습되었다. 이들에게는 새로운 대처 방법을 배우고 사용하는 데 있어 동기 부여가 필요하다.

③ **내담자가 새로 익힌 역량을 자연적인 실제 상황에서도 적용할 수 있도록 일반화하기.** 내담자는 새로 배운 대처 방법을 실생활에 폭넓게 적용해야 하는데, 이때 감정 조절이 안 되어 방해받기 쉽다. 그러므로 다른 상황이나 환경에서 이를 일반적으로 적용하도록 하는 작업을 직접적으로 수행해야 한다.

④ **내담자를 효과적으로 치료하기 위해 치료자의 역량과 동기를 향상하기.** 내담자의 감정 조절 어려움, 지속되는 위기, 자살 행동은 치료자를 지치게 하고, 이에 치료자의 동기가 위축되고 치료 기술이 한계에 봉착하기도 한다. 따라서 치료자들도 지지와 동기 부여가 필요하고, 스스로의 기술을 향상시킬 방법도 있어야 한다.

⑤ **내담자와 치료자의 역량을 지지하기 위해 꼭 필요한 방식으로 환경을 구조화하기** (Linehan, 1996, 1997a; Linehan et al., 1999). 특히 강한 감정과 위기가 일상인 치료 환경이므로, 명확하고 일관되며 잘 조직화된 치료를 위해 모두가 자신의 역할을 잘 알아야 하고, 무엇을 하고 무엇을 하면 안 되는지도 잘 알아야 한다. 치료가 실패할 경우는 대체로 앞의 방법 중 하나 혹은 그 이상이 제대로 기능하지 못해서 내담자나 치료자의 요구가 충족되지 않았기 때문이다.

표준적이고 포괄적인 DBT에서 이 기능들은 여러 가지 형태의 치료 모드에 전개되어 있다. 〈표 1-2〉는 치료 모드의 예를 통해서 이 치료 기능을 요약하고 있다. 예를 들어, 포괄적인 치료를 받는 내담자는 주 1회 개인 치료, 주 1회 집단 기술 훈련, 기술에 대한 전화 코칭을 받으며, 치료자는 매주 혹은 격주로 DBT 동료 자문 팀 회의에 참석한다. 내담자와 개인 치료자가 치료 팀의 핵심을 이루고, 이들이 다른 치료자와 주변 지인들을 개입시켜서 팀 내에서 필요한 역할을 하게 만든다. 모든 팀 구성원은 DBT의 기본 철학을 공유해야 한다. 각자의 치료 과제는 치료 팀 각 구성원에게 명확히 배정되어야 하며, 개인 치료자와 내담자는 모든 치료 표적이 각 구성원에게 적절하게 배정되었는지를 확인해야 한다.

〈표 1-2〉 포괄적 DBT의 기능과 치료 모드

기능	모드
내담자 역량을 향상시키기: 효율적인 기능 수행을 위한 대응 방법을 익히도록 돕는다.	기술 훈련(개인 혹은 집단), 약물치료, 심리교육
동기를 증진하기: 치료적인 발전을 강화하고 이를 저해할 요소들을 줄일 수 있도록 돕는다 (예: 감정, 인지, 행동, 환경 요인).	개인 치료, 환경 치료
일반화 촉진하기: 기술적인 반응 레퍼토리를 치료 시간뿐 아니라 내담자의 자연적 환경에도 적용하도록 하고 이런 자연적 환경을 변화시키면서 기술적 반응을 통합하도록 돕는다.	기술 코칭, 환경 치료, 치료 공동체, 현장 개입, 치료 회기 녹음 복습, 친구나 가족 개입시키기
치료자의 기술과 동기를 향상시키기: 치료의 효과적 적용을 위해 인지, 정서, 행동 및 언어 레퍼토리를 익히고 통합하고 일반화한다. 치료적으로 도움이 되는 반응은 강화하고 효과적인 치료 적용에 방해가 되는 반응은 줄인다.	슈퍼비전, 치료자 자문 회의, 지속적인 교육, 치료 매뉴얼, 출석 및 역량 모니터링, 치료진 인센티브
치료 환경을 구조화하기: 수반성 관리를 통한 전반적인 환경 구조화를 치료 프로그램 내에서뿐만 아니라 내담자의 공동체 내에서도 이루어지도록 함.	임상 감독. 혹은 관리적 상호작용, 사례 관리, 가족이나 배우자 개입

기술 훈련의 역할

개인 치료 회기는 우선순위가 높은 과제와 위기 상황들을 다루기 바쁘기 때문에 단계별 기술 훈련을 수행하기가 어렵다. 이에 따라 기술 훈련은 집단 형태의 수업으로 교육한다. 리네한(Linehan, 1993b)은 다양한 근거기반 기법을 도입해서 이들을 네 가지 기술 카테고리로 정리했다. 내담자가 배우고 연습할 수 있는 이 네 가지 기술은 마음챙김, 감정 조절, 고통 감내, 대인관계 효율성이다.

〈표 1-3〉에는 전체 기술 목록을 분류해 놓았다. 앞서 언급된 수용과 변화의 변증이 기술교육을 시종일관 관통하고 있다. 마음챙김과 고통 감내 기술은 주로 수용에 기반한다. 마음챙김 기술을 연습하고 실행하면서 내담자는 점차 기꺼이 그리고 비판단적으로 자신의 순간순간 경험에 몰입하게 된다. 또한 마음챙김은 내담자가 충동적인 행동을 멈추고, 행동하게 된다면 '지혜로운 마음'을 바탕으로 행동하도록 돕는다. 지혜로운 마음이란 감성과 이성의 직관적인 결합으로, 순간순간을 있는 그대로 적극적으로 받아들이고 반응하는 마음이다. 고통 감내 기술은 충동적인 행동으로 상황을 악화시키지 않으면서 고통을 견디는 임시방편인 위기 생존을 포함한다. 또한, 명상의 심리적 행동적 버전인 현실 수용 기술도 포함된다. 이는 알아차림과 지혜를 바탕으로 삶에 참여하는 방식을 만들어 가기 위해 고안된 것이다.

〈표 1-3〉 DBT 기술

수용 기반 기술	변화 기반 기술
핵심 마음챙김	감정 조절
마음을 간직하기	감정 반응을 변화시키기
• 이성적 마음(논리적 분석)	• 사실관계 확인
• 감정적 마음(감정적 경험)	• (감정과) 반대 행동하기
• 지혜로운 마음(이성과 감정에 직관적인 지식을 더함)	• 문제 해결
	취약성 줄이기: ABC PLEASE
'무엇을' 기술	• 긍정적 경험 쌓기(Accumulate positives)
• 관찰하기	• 숙달감 만들기(Build mastery)
• 서술하기	• 미리 대처하기(Cope ahead of time)
• 참여하기; 경험을 허용하기	• 신체적 질병 치료하기(Treat Physical illness)
	• 균형 잡힌 식사(Balanced Eating)

'어떻게' 기술
- 비판단적으로
- 한 번에 하나씩
- 효과 있게

- 기분에 영향을 주는 약물 피하기(Avoid mood-altering drugs, 처방약 제외)
- 균형 잡힌 수면(Balanced Sleep)
- 운동(Exercise)

고통 감내와 수용	대인관계 효율성

위기 생존
- TIP 기술로 신체 화학반응 조절하기
  - 얼굴 온도 낮추기(얼음)
  - 강도 높은 운동
  - 점진적 근육 이완
- 지혜로운 마음으로 주의 분산: ACCEPTS
  - 활동하기(Activities)
  - 타인 돕기(Contributing)
  - 더 힘든 타인과 비교하기(Comparisons)
  - 반대되는 감정 사용하기[Emotions (use opposite emotions)]
  - 문제를 마음에서 잠시 밀어내기(Pushing away)
  - 다른 생각이나 정신활동하기(Thoughts)
  - 오감을 이용하기(Sensations)
- 오감을 이용한 자기 위안
  - 미각
  - 후각
  - 시각
  - 청각
  - 촉각
- 지금 이 순간을 증진하기: IMPROVE
  - 좋은 심상 떠올리기(Imagery)
  - 의미 찾기(Meaning)
  - 기도하기(Prayer)
  - 이완하기(Relaxation)
  - 한 번에 하나씩 하기(One thing at a time)
  - 휴가 떠나기(Vacation)
  - 스스로 격려하기(Encouragement)

목적 효율: DEARMAN
- 서술하기(Describe)
- 표현하기(Express)
- 주장하기(Assert)
- 상대를 강화하기(Reinforce)
- 주제에 집중하기(Mindfully)
- 자신감 있는 모습 취하기(Appear confident)
- 협상하기(Negotiate)

관계 효율: GIVE
- 정중하게(Gentle)
- 흥미를 가지고(Interested)
- 수인하기(Validate)
- 편안한 태도로(Easy manner)

자기 존중 효율: FAST
- 공평하게(Fair)
- 불필요한 사과 자제하기(Avoid apologies)
- 자신의 가치 지키기(Stick to values)
- 진실된 태도(Truthful)

- 장단점 비교
  - 현실 수용하기
  - 기꺼이 하기
  - 수용하기로 마음 돌리기
  - 완전한 수용
  - 현재 생각에 대한 마음챙김

반면에 감정 조절 기술과 대인관계 효율성 기술은 변화 기반 기술이다. 내담자는 부정적 감정을 변화시키거나 줄이고 긍정적 감정을 늘리기 위해, 감정의 적응적이고 자연스러운 기능을 배우고 감정 조절 어려움을 예방하기 위한 실용적인 기술을 배운다. 내담자들은 대인관계의 갈등을 관리하는 법을 배운다. 자신이 원하는 것을 요구하거나 거절하면서 자기의 목적을 얻는 동시에 좋은 관계와 자기 존중도 유지하는 방법을 배운다.

치료자는 가능하면 회기 중이나 전화 코칭 중에도 내담자가 역기능적인 대처를 적절한 DBT 기술로 바꿀 수 있도록 격려한다. DBT에서 개인 치료자는 기술들을 인사이드 아웃으로 배우는데, 자신의 삶에서 기술을 열심히 실행해 보고 이 기술을 힘든 상황에서 어떻게 사용하는지 설명할 수 있다.

개인 치료자와 자문 팀 회의

포괄적 DBT에서 각각의 개인 치료자는 동료 자문 팀에 참여한다. 자문 팀은 치료자가 동기를 가지고 효과적으로 치료하는 것을 돕는 역할을 한다. 자문 팀은 치료 상황의 어려움이 어떤 부분인지 명료화하고, 그것이 치료자의 기술 부족이든, 감정 문제, 인지 문제, 수반성 문제든 치료에 방해가 되는 요소를 고치도록 돕는다. 동료 자문의 과정은 DBT의 필수 요소이며, 제7장에서 자세히 다룬다.

개인 치료자와 DBT 자문 팀의 다른 멤버들은 〈표 1-4〉에 나온 내담자와 치료자와 치료에 대한 구체적 전제들에 대해 동의한다. 이것은 전제이고 사실에 대한 서술은 아니다. 이는 우리가 어떻게 치료할지에(특히 위험한 상황에서) 대해 동의한 기본적인 세팅이다. 이 전제는 마치 어둡고 복잡한 동굴 속의 가이드 밧줄처럼 치료자가 내담자의 입장에서 살아가는 것이 어떤지 진심으로 공감하도록 도와준다. 이 전제는 기본적으로 내담자는 다른 사람들과 마찬가지로 주어진 상황에서 늘 최선을 다하고 있으며, 개선을 원한다는 개념으로 시작한다. 그러나 불리한 여건과 진전이 너무나도 느려서 치료자들은 좌절하고, 내담자의 의지가 부족하고 변화에 대한 절실함이 없는 것이 문제라는 식으로 행동하기도 한다.

그러나 봄철 내내 첫 10미터 플랫폼 다이빙 대회를 위해 실내 수영장에서 연습한 아이를 떠올려 보자. 그는 어느 멋진 여름날 대회에 나선다. 플랫폼에 올라갈 때 가족들이 모두 관중석에 앉아서 지켜보고 있다. 플랫폼 끝에 나가서 아래를 내려다본다. 엄청난 공포와 어지러움이 휘몰아친다. 그는 내려가려고 계단 쪽으로 물러선다. 아버지와 눈을 맞추고 용기를 북돋아 주는 아버지의 미소를 보고는 다시 돌아서서 플랫폼 끝으로 간다. 거기서 다시 얼어붙는다. 봄에 연습하던 때와는 너무 다르

〈표 1-4〉 내담자, 치료, 치료자에 대한 전제

내담자에 대한 전제
• 내담자들은 최선을 다하고 있다.
• 내담자들은 나아지고 싶어 한다.
• DBT에서 내담자는 실패하지 않는다고 가정한다.
• 자살을 기도하는 사람들은 현재 살아 있다는 것 자체가 견디기 힘들다.
• 내담자들은 새로운 행동을 통해 모든 가능한 상황에 대해 배워야 한다.
• 내담자 자신이 모든 문제를 유발한 것은 아니지만, 어쨌든 그들 스스로 문제를 해결해야 한다.
• 내담자들은 더 잘해야 하고, 더 노력해야 하고, 변화를 위해 동기를 더 발휘해야 한다.

치료와 치료자에 대한 전제
• 치료자가 할 수 있는 최선의 돌봄은 내담자가 변화하도록 돕는 것이다.
• 명료함, 정교함, 연민이 DBT를 수행하는 데 가장 중요하다.
• 치료자와 내담자의 관계는 동등한 사람들의 실제 관계다.
• 치료자는 치료를 효과적으로 적용하는 데 실패할 수 있다. DBT가 효과적으로 적용되어도 기대했던 성과를 얻지 못할 수도 있다.
• 전반적 감정 조절 문제를 지닌 내담자의 1단계 행동을 치료하는 치료자에게는 도움과 지지가 필요하다.

다. 주변에서 농담을 주고받는 동료도 없고 끝까지 옆에서 격려하는 코치도 없다. 점차 두려워지고 부끄러워지는 와중에 침묵만이 가득하다. 아이는 플랫폼 끝에서 다시 물러선다. 자, 이 아이는 다이빙을 하고 싶은가? 그렇다! 그 어떤 것보다도 간절히 원한다. 그러나 공포가 방해한다. 필요한 행동을 모든 맥락과 상황 속에서 연습하지 않았기 때문이다.

이는 마치 우리 내담자들과 같다. DBT의 전제(내담자는 나아지기를 원하며, 어떤 순간에도 최선을 다하고 있다.)를 생각하면 우리는 다시 돌아가 필요한 행동을 방해하는 요인을 점검할 수 있다. 우리는 새로운 행동은 관련 있는 모든 상황에서 연습되어야 한다고 가정한다. 지지적인 치료 관계 맥락의 치료 회기에서 할 수 있는 것과 한밤중에 혼자 있을 때 할 수 있는 것은 다르다. 우리 중 어느 누구도 가장 힘든 내담자들과 자기를 바꾸고 싶지 않을 것이다. 그들의 삶은 변화가 없다면 정말로 견디기 힘든 삶이다. 비록 내담자들이 개선을 원하고 최선을 다하고 있으나, 종종 그것만으로는 충분치 않다. 사실 내담자는 더 노력하고 더욱 동기를 가져야 한다. 본질적으로 다이빙보드에 있는 소년은 정확히 있어야 할 장소에 있다. 현재 환경(소년을 얼어붙게 만들고 다이빙이냐 물러서느냐의 선택 사이에 붙들린)을 만드는 데 필요한 모든 요소는 발생했다. 이 소년이 다이빙을 하기 위해서는 어느 지점에서든 뭔가가 달라져야 한다.

그리고 우리는 그것이 내담자들에게 있다고 전제한다. 치료에서는 필요한 행동이 나타나기 위해서 무엇이 필요한지 찾아내야 한다. 비록 내담자가 모든 문제를 일으킨 것은 아니지만, 본인 스스로 어쨌든 해결해야 한다고 전제한다. 여기서 치료자는 내담자가 실패할 수 없으며, 대신 동기 부여 및 변화를 촉구하는 책임을 치료자와 치료 행위에 두기로 한다. 이는 항암치료와 비슷한 유추다. 항암치료에서 환자가 사망하면 환자에게 책임을 묻지 않는다. 그보다는 치료자가 프로토콜대로 하지 못했든, 치료 자체가 부적절하고 개선되어야 하든 '치료의 실패'로 보는 것이다. 이 전제들에 대해서 명확히 동의하고 그 입장으로 돌아감으로써, 치료자와 팀은 비생산적인 양극화 대치를 피할 수 있고, 현상학적 공감의 유용한 자세로 더욱 빠르게 돌아갈 수 있다.

변증적 자세는 치료자와 자문 팀간 대화의 기초를 구성한다. 이는 대치란 당연한 현상이며 피하기보다는 탐색해야 할 것으로 간주한다는 뜻이다. 어느 시점에서는 모든 이해란 부분적일 수밖에 없으며 뭔가 누락된 것이 있다고 전제한다. 예를 들어, 치료자가 자기 내담자와의 치료에 대한 자문을 요청한다. 치료팀은 즉각 그 내담자(습관적으로 남편과 자신의 건강에 대한 불평을 과도하게 드라마틱하고 절망적인 방식으로 토로해서 주변의 지지적인 사람들을 진이 빠지게 만든)를 기억해 낸다. 이 치료자는 몇 주간 이 내담자에 대해서 이야기하지 않았다. 치료팀이 알아차리지 못했지만, 이 내담자는 지난 여섯 주 동안 띄엄띄엄 개인 치료를 받았다. 이날 아침 내담자가 자살 시도를 했다는 메시지를 남겨서 치료자는 도움을 요청하고 있다.

내담자는 다소 과량의 애드빌(진통제)을 복용했고 응급실에 갔으며, 속임수를 써서 일대에서 가장 비싸고 지지적인 낮 병동에 자리를 마련했다. 개인 치료자는 이 상황에서 아무것도 할 수 없어서 화가 났다. 동료들이 지지를 보이고 다음 단계 계획에 대해서 도움을 주려는데, 변증적 기반인 팀의 한 동료가 의심스러운 점을 표현한다. 치료자가 자신도 모르게 그동안 낮은 단계의 의사소통에 반응하지 않았기 때문에 내담자가 이런 역기능적인 방식으로 불편함을 표현하게 된 것을 유도한 결과는 아닐까? 아니면 치료자가 다른 이들처럼 심하게 번아웃이 된 건가? 또 다른 팀원은 팀 자체가 치료자를 유도하는 역할을 한 게 아닌가 생각한다. 내담자가 빨리 호전되지 않아서 치료 팀이 초조해졌고, 이로 인해 이 치료자가 내담자가 띄엄띄엄 방문하는 문제나 자신의 번아웃에 대해 도움을 요청하는 걸 망설이게 된 것은 아닐까? 변증적 기반이 잡힌 팀에서는 이런 대화를 가치 있다고 여기고, 분열적 책동 혹은 내담자의 병리 때문으로 여기지 않는다.

개인 치료자의 역할(이 책의 주요 내용)은 심리치료를 제공하고 내담자와 함께 모든 치료 목표를 향한 진전을 만들어 내는 것이다. 다른 사람들도 기여하지만, 개인 치료자가 치료 계획과 위기 관리의 제일 큰 몫을 맡는다. 다음 절에서는 개인 치료 실행을 구조화하는 치료 우선순위의 틀을 요약한다. DBT에서 개인 치료자는 내담자의 장애 정도에 따라 치료를 구조화한다. 장애 정도가 심할수록 치료 환경은 더 구조화된다.

개인 치료를 위한 치료 목표와 표적의 위계

수많은 치료 과제의 우선순위를 정하고 구조화하는 데 있어서 개인 치료자가 활용하는 핵심 도구는 단계에 기반을 둔 치료 목표와 표적의 위계다. 치료 목표(treatment goal)는 한 단계의 치료 작업이 원하고 지향하는 최종 종착지다. DBT에서 표적(target)은 증가 쪽이든 감소 쪽이든 변화가 필요하다고 여겨지는 행동들이다. DBT는 상식적인 개념에 따라 치료를 단계화한다. 적절한 삶의 질에 위협을 주는 정도에 따라 문제의 우선순위를 정한다. 치료 작업은 위계적으로 구성됨으로써 가장 중요한 과제가 덜 중요한 것들에 비해 우선시된다. 리네한(Linehan, 1996)은 DBT를 5단계로 구성된 치료로 서술하였다. 〈표 1-5〉는 개인 치료의 치료 전 단계, 1단계, 2단계에서 1차 표적들의 위계를 보여 준다. 추가로 2차 치료 표적들도 있다. 이것들은 앞서 이야기한 행동 패턴, 변증적 딜레마다. DBT의 3단계와 4단계에 대해서는 서술이나 연구가 적다. 리네한은 3단계에서 치료자는 내담자가 앞 단계에서 배운 것들을 통합하고 자기 존중과 지속적인 연대감을 증강시키고 일상의 문제를 해결하는 것을 돕는다고 하였다. 4단계에서 치료자는 많은 사람이 삶의 문제가 근본적으로 해결된 뒤에도 경험하는 불완전감에 초점을 맞춘다. 이 단계의 과제는 '자아'를 내려놓고 전적으로 이 순간에 온전히 참여하면서 현실을 바꾸WW려는 필요성으로부터 자유로워지는 것이다. 여기에선 치료 단계가 선형적으로 제시되었으나, 진전은 때로 선형적으로 이루어지지 않고 각 단계들은 서로 겹치기도 한다. 문제가 발생했을 때 치료 목표나 방법에 대한 약속을 돌아보는 것과 같이 치료 전 단계에서 하던 논의를 다시 하는 것도 드물지 않은 일이다.

〈표 1-5〉 개인 치료 단계에 따른 1차와 2차 표적의 위계

1차 행동 표적
치료 전 단계: 동의와 약속 • 목표와 치료 방법에 대한 동의 • 동의한 계획을 완수하겠다는 약속

1단계: 심한 행동 조절 문제 ➡ 행동 조절

1. 삶을 위협하는 행동 줄이기
   - 자살 혹은 타살 위험 행동
   - 비자살적 자해 행동
   - 자살 생각과 자살에 대한 언급
   - 자살 관련 기대와 믿음
   - 자살 관련 정서
2. 치료 방해 행동 줄이기
3. 삶의 질 저하 행동 줄이기
4. 행동 기술 증진시키기
   - 핵심 마음챙김(Core mindfulness)
   - 고통 감내(Distress tolerance)
   - 대인관계 효율성(Interpersonal effectiveness)
   - 감정 조절(Emotion regulation)
   - 자기 관리(Self-management)

2단계 : 조용한 절망 ➡ 감정 경험하기

정해진 우선순위의 위계는 없음. 대신, 각 개인의 사례 개념화에 따라 우선순위를 정함.
감소시킬 것들:
   - 침습적 증상(예: PTSD 침습 증상)
   - 정서 회피(그리고 회피로 작용하는 행동)
   - 상황과 경험 회피(예: PTSD에서 볼 수 있는 회피를 포함, 그러나 트라우마 관련된 단서를 피하는 것에 국한되지는 않음)
   - 감정 조절 문제(과대와 과소 경험 모두 포함, 특히 불안/공포, 분노, 슬픔 혹은 수치심/죄책감과 관련된 경험)
   - 자기 비수인

2차 행동 표적(관계 있는 모든 단계에서)

감정 조율을 증진시키기 / 감정 반응성을 감소시키기

자기 수인을 증진시키기 / 자기 비수인을 감소시키기

현실적인 의사결정과 판단을 증진시키기 / 위기 유발 행동을 감소시키기

감정 경험을 증진시키기 / 억제된 애도를 감소시키기

적극적 문제 해결을 증진시키기 / 적극적 수동성을 감소시키기

감정과 능력에 대한 정확한 대화를 증진시키기 / 행동의 기분 의존성을 감소시키기

　치료를 종결하거나 잠시 쉬기 전에 특히 준비가 잘 되지 않은 내담자는 치료 1단계부터 다시 시작하는 경우가 있다. 1단계에서 2단계로 넘어가는 것도 대부분 힘들어하는데, 노출 작업이 매우 고통스러운 감정을 유발하고 이에 따라 행동 조절이 어려워지는 경우가 생기기 때문이다. 최근까지도 치료 전 단계, 1단계, 2단계만이 잘 서술되어 있으므로 이 책에서도 이 세 단계만을 다룬다.

치료 전 단계 : 오리엔테이션과 전념 약속

　DBT를 접하는 모든 내담자는 치료 전 단계에서 시작한다. 개인 치료자와 내담자는 이 구조화된 치료 전 단계에서 내담자가 경험한 문제를 개념화하고 치료 계획을 정밀하게 짠다. 목표는 내담자와 치료자가 한 팀으로 작업을 같이 할 수 있을지, 치료의 필수 목표와 방법에 동의할 수 있는지, 그리고 서로 약속된 치료 계획을 완수하는 데 함께 전념할 수 있는지 결정하도록 서로에 대해 충분히 알아가는 것이다.

　DBT는 강요된 합의가 아닌 자발적인 합의를 요구하므로, 치료자와 내담자 모두 DBT가 아닌 다른 선택지 대신 DBT를 자유롭게 선택하는 것이어야 한다. 예를 들어서, 감옥 혹은 법적으로 치료를 의무적으로 받아야 되는 경우에는 구두로 전념하기로 약속하기 전까지는 DBT를 시작하지 않은 것으로 간주한다. 서면 계약은 그리 중요하지 않은 반면, 치료에 대해 상호 간의 구두 합의는 중요하다. 구체적인 동의 사항은 치료 환경이나 내담자의 문제에 따라 달라질 수 있다. 예를 들어, 내담자가 특정 치료 목표에 대해서 특정 기간 동안 작업하고 모든 치료 회기에 참석하고 치료비를 내는 등의 형식이다. 치료자는 가능한 한 최선의 치료(필요한 만큼 치료자 본인의 기술도 향상시키는 것을 포함)를 제공하고 윤리적 원칙을 준수하고 치료자 자문 팀에 참석하는 것에 동의해야 한다. 같은 방식으로 치료 자문 팀 참여에 있어 치료자는 자문 팀에 합류하기 전에 자문 팀 동의 사항을 검토하고 이에 대한 동의 절차를 밟는 일종의 치료 전 단계를 거쳐야 한다(제7장에 언급). 이러한 모든 동의는 공식적인 치료가 시작되기 전에 이루어진다.

　다른 CBT 패키지나 마찬가지로, 내담자의 궁극적인 목표와 치료 방법을 명백히 연결시키는 오리엔테이션 전략(변화 기반)을 통해 치료자는 내담자가 무엇이 그리고 왜 제안되었는지를 이해하도록 돕는다. 오리엔테이션은 DBT에서 특히 강조되는데, 감정 조절 어려움이 치료 작업을 수행하는 데 방해가 될 수 있으므로 치료 초반뿐 아니라 치료 내내 강조된다. 세심하게 고려되고 부드럽게 제안된 치료적 개입조차 비수인적인 것으로 경험될 수 있다. 따라서 내담자의 목표 달성을 위해 특정 치료 과제가 왜 필요한지 자주 설명해야 하고, 또 내담자의 감정 조절 어려움에도 불구하고 어떻게 치료 과제를 수행해야 하는지 내담자에게 구체적으로 설명해야 한다. 또한 많은 내담자는 자신의 과거 치료 경험을 바탕으로 치료가 어떻게 진행될지 암묵적인 예상을 하고 치료를 시작한다. 내담자와 치료자의 역할, 책임과 기대에 대한 명시적인 오리엔테이션과 대화를 통해 오해와 실망을 예방할 수 있고, 치료를 시작하기 전에 충분한 정보에 근거한 동의를 받을 수 있다.

종종 내담자는 과거 치료 실패 경험으로 인해 치료를 통해 어떤 도움을 받을 수 있을지에 대해 의심스럽고 양가감정을 지닌 채로 치료 전 단계에 돌입한다. 따라서 내담자와 치료자는 양측 모두에게 제대로 효과를 볼 수 있는 치료적 합의에 도달할 수 있도록 걱정거리나 의혹에 대해서 철저히 의논할 필요가 있다. 치료자는 치료 전 단계에서부터 치료 내내 언제든 내담자의 동기에 대해서 적극적으로 평가하고 증진시키는 것을 자신의 역할로 삼아야 한다. 이는 DBT의 가장 중요한 목표 중 하나다. 몇몇 구체적인 전념 전략이 DBT에서 사용된다. 이는 〈표 1-1〉에 다른 변화 전략과 함께 수록되어 있다. 내담자는 치료에 대해서 적어도 최소한의 전념이라도 할 수 있어야 1단계 준비가 된 것이다. DBT 치료자는 일반적으로 달성 가능한 것을 추구하고, 그 정도에 만족한다. 치료자는 치료 과정 내내 점진적으로 더 많은 전념과 동기를 만들어 가는 방향으로 작업한다. 이 책 전반에 걸쳐 그 과정을 보여 줄 것이다.

1단계: 기본 능력을 획득하기(행동 조절 문제를 줄이기)

1단계 내담자는 가장 심한 정도의 장애가 있는 내담자들이며, 이들의 문제와 행동 조절 어려움은 너무도 만연해 있어서 삶의 질을 심각하게 저하시키고 치료를 방해하며 삶에 위협이 된다. 이들은 포괄적인 DBT가 필요한 내담자들이다. 1단계의 첫 치료 목표는 내담자가 죽지 않고 계속 살아 있고, 꾸준히 치료에 참여하는 기본적인 능력을 얻도록 돕는 것이며, 그다음으로 삶의 질을 향상시키기를 추구하게 된다. 개인 치료자는 다음과 같은 우선순위에 따라 회기 내 치료 시간을 배분한다. ① 삶을 위협하는 행동, ② 내담자 혹은 치료자의 치료 방해 행동, ③ 내담자의 삶의 질을 심각하게 저해하는 행동, ④ 삶을 변화시키는 데 필요한 행동 능력의 결핍이다.

　최우선순위인 삶을 위협하는 행동 내에서도 좀 더 자세히 우선순위가 정해진다. (제일 중요한 순서대로) 자살 혹은 타살 위기 행동, 비자살적 자해 행동, 자살 생각과 자살에 관한 언급, 자살 관련 기대와 믿음, 자살 관련 정서. 이들은 〈표 1-5〉에도 기술되어 있다. 치료 방해 행동은 내담자 측에서든 치료자 측에서든 치료적 관계에 악영향을 주거나 치료 효과를 제한하는 행동을 말한다. 내담자 측면에서는 치료 시간에 빠지거나 과도하게 입원하거나 치료 작업 거부 혹은 능력 부족, 치료자에 대한 과도한 요구를 포함한다. 치료자 측면에서는 약속을 잊거나 지각하기, 전화 요청에 답하지 않기, 부주의함, 임의적인 치료 원칙 변경, 동기 부족이나 자포자기 등이 있다. 삶의 질에 관한 표적은 기분장애나 불안장애, 물질 남용, 식이장애, 정신병적 혹은 해리 현상 같은 주요한 정신건강 문제가 있고, 안정된 주거를 유지하지 못하거나 건강 문제에 무관심하거나 가정 폭력 등의 일상 문제도 해당된다.

● 다이어리 카드

　개인 치료자는 이런 행동과 기타 핵심적 행동을 매일 작성하는 다이어리 카드를 통해 확인한다. 매 회기를 카드 검토로 시작하게 되면 치료자가 그 회기에서 어떤 치료 표적에 집중할지 결정하는 데 도움이 된다. 만약 내담자가 카드를 작성하지 못하거나 가져오지 못하는 경우, 이는 치료 방해 행동으로 간주된다. 치료자는 우선순위에 따라서 핵심 전략(변화, 수인, 변증)을 조합해서 치료 표적들에 대한 작업을 수행한다. 표적의 우선순위와 치료 회기 내 시간 배분 분량을 항상 비례하도록 할 필요는 없다. 치료자의 목표는 각각의 임상적 상호작용에서 최대한의 성과를 내는 것이며 가장 중요한 것과 내담자의 역량 및 주어진 시간 사이에서 균형을 맞추는 것이다. 이는 제6장에 자세히 기술되어 있다.

● 전화 상담의 우선순위

개인 치료자는 새로운 행동이 모든 관련된 환경에서 일반화되는지 확인할 책임도 가지고 있다. 치료자는 치료 관계를 통해 내담자가 새로운 반응을 배우고 적용하기 위한 장을 마련해 줄 뿐 아니라 내담자가 배운 것을 모든 상황에서 일반화할수 있도록 면밀하게 치료를 구조화한다. 이를 위해 치료자는 전화 상담과 현장 치료(예: 진료실 밖에서 치료)를 활용하는데, 자살 위험도가 높고 감정적으로 불안정한 내담자를 다루는 표준 DBT에서 이는 치료의 필수 요소다. 전화 상담은 개인 치료 회기와는 우선순위가 좀 다르다. 전화 상담에서는 치료자의 우선순위가 다음과 같다. ① 자살 위험 행동 줄이기, ② 기술의 일반화 늘리기, ③ 치료자와의 갈등, 소외감, 거리감 줄이기다. 이런 코칭 통화는 대체로 5~10분 정도 지속되는 간단한 형태다. 전화 코칭에 더해서 치료자는 환경 기술 코칭과 치료, 치료 공동체, 현장 개입(사례 관리), 회기 녹음 검토, 시스템 개입 등도 활용한다. 이런 일반화의 기능은 내담자의 가족과 사회적 네트워크에 있는 사람들을 포함시킨다(Miller, Rathus, DuBose, Dexter-Mazza, & Goldberg, 2007; Fruzzetti, Santisteban, & Hoffman, 2007; Porr, 2010). 치료자는 내담자가 치료 시간에 배운 것을 일상생활에 적용하도록 돕는다.

2단계: 트라우마 감정 경험에서 벗어나기(외상후 스트레스와 연관된 행동 줄이기)

내담자가 안정되고 행동이 조절되고 점차 기능을 회복하면서, 치료 2단계로 접어들 수 있다(Wagner & Linehan, 2006). 2단계에서 내담자는 외상후 스트레스 장애(Post-Traumatic Stress Disorder: PTSD) 반응과 트라우마 감정 경험을 다루게 된다. 여기서 치료 목표는 침습적 증상(예: PTSD의 침습 증상) 줄이기, 감정 회피(회피 기능을 하는 행동들)과 상황 및 경험의 회피(예: PTSD에서 보이는 회피지만, 꼭 트라우마와 연관된 단서를 피하는 것에 국한시키지는 않음) 줄이기, 감정 조절 어려움(과도하거나 억압된 정서경험을 모두 포함, 특히 불안·공포, 분노, 슬픔, 수치·죄책감과 관련된 경험) 줄이기 그리고 자기 비수인 감소시키기를 포함한다. 1단계와는 달리 2단계의 치료 표적은 위계에 따를 필요는 없고, 표적의 우선순위는 그 문제의 심각도 및 삶에 미치는 파괴적 영향의 정도, 내담자의 목표, 표적 간의 기능적 관련성에 따라 결정된다. 예를 들어, 침습적 이미지가 자살 생각을 증가시킨다면 이 증상이 우선 표적이 된다. 만일 심한 자기 비수인과 자기 혐오가 자살 생각 증가와 가장 관련이 높은 경우라면 이들 증상을 먼저 다룬다.

경계성 인격장애로 치료를 받으러 오는 내담자들은 높은 PTSD의 평생 유병률 (36~58%: Linehan, Comtois, Murray et al., 2006; Zanarini et al., 1998; Zanarini, Frankenburg, Hennen, & Silk, 2004; Zimmerman & Mattia, 1999)을 보이고, 성인기의 새로운 성추행 경험 보고도 높기 때문에(Golier et al., 2003; Zanarini, Frankenburg, Reich, Hennen, & Silk, 2005), 지속노출치료(Prolonged Exposure: PE)와 같은 노출 기반의 CBT 프로토콜을 고려할 필요가 있다(예: Foa et al., 2005; Foa, Rothbaum, Riggs, & Murdock, 1991). 그러나 불행히도 감정 조절 어려움이 있는 내담자들에게 많은 회피, 심한 우울, 압도적 불안감, 죄책감, 수치심, 분노, 과도한 신체적 긴장, 멍해짐, 해리 등의 행동과 증상은 지속노출치료의 효과가 좋지 못한 결과와 상관관계에 있다.

강렬한 감정을 견디고 조절하기 어렵기 때문에, 몇몇 내담자는 노출 기반 치료를 하는 동안 충동적이고 자기 파괴적인 행동의 위험이 커질 수 있다. 따라서 DBT에서는 내담자와 치료자가 노출 기반 치료(2단계)에 돌입할 준비가 잘 되었는지 신중히 평가하도록 권고한다. 변수가 있긴 하지만, 대체로 준비가 되었다고 여길 수 있는 지표로는 자살 행동과 비자살적 자해 행동을 조절할 수 있는 능력(예: 이런 행동을 2~4개월 정도 하지 않음), 앞으로 이런 행동을 하지 않겠다는 확고한 약속, 이런 행동 욕구를 효과적으로 다루는 기술 사용 능력이 확실한 경우다. 내담자와 치료자는 2단계 치료를 시작할 준비가 되었는지 여부를 알아보기 위해, 노출 위계에서 덜 힘든 주제를 하나 골라서 내담자가 이를 어떻게 다루는지를 시험해 볼 수 있다. 내담자가 트라우마 단서에 노출될 때마다 항상 해리 증상이 발생하거나, 현재 치료 참여를 방해하는 위기 혹은 현실적 문제가 있는 경우에 노출 치료는 하면 안 된다.

전반적 감정 조절 어려움과 자살 행동이 있는 내담자들에게 노출 기반의 치료를 적용하기 위해 많은 치료가 개발 중인데, 고통 감내를 증진시키고, 노출할 때 불안과 여러 감정을 달래 주며, 자살을 줄일 수 있는 기법이 필요하다. 상대적으로 심각도가 적은 내담자(자살 및 비자살성 자해 행위가 없는 내담자)들은 짧게 DBT 기술 훈련 과정을 한 후 노출 치료를 해 볼 수 있고(예: Cloitre et al., 2002), DBT 기반 노출 치료(예: Becker & Zayfert, 2001; Zayfert et al., 2005) 혹은 준비 작업이 없이 바로 표준 노출 치료를 하는 것도 괜찮다. 하나드와 리네한(Harned & Linehan, 2008)의 초기 자료에 따르면, DBT 치료 1단계 초입에 있는 내담자들도 오리엔테이션이 잘 되어 있고 행동이 안정되고 충분한 감정 조절 기술을 갖추고 있는 경우에는 PTSD에 대한 지속노출치료를 성공적으로 수행할 수 있다고 한다. 노출 치료를 진행하는 동안 낮음에서 중간 단계의 자해나 자살 욕구를 지속적으로 겪을 것으로 예측된다. 이런 욕구가 너무 강렬해지면, 노출 치료를 잠시 연기하고 그 사이에 1차 치료자가 내담자의 행동 조절을 강화하거나 다시 회복하도록 도와준다. 이런 이유로 다른 치료자가 노출 치료를 수행하면서 개인 치료자는 일반적인 DBT 회기를 함께 진행하는 것도 좋은 방법이다.

내담자의 장애 정도에 따라 치료 단계를 결정하고 내담자 행동 문제의 우선순위를 결정함으로써 치료자는 혼란스러운 카오스 상황에서도 치료 우선순위를 명확히 할 수 있다. 치료의 모든 단계에 걸쳐서 DBT는 감정 조절을 배우는 것을 강조한다. 내담자의 장애 정도에 따라 치료 환경을 구조화하는 정도가 달라지지만, 생물사회 이론과 핵심 치료 전략은 동일하다. DBT의 핵심 치료 전략(변화, 수인, 그리고 변증)을 적용시키는 것은 처음에는 간단하고 직선적으로 보이지만, 악마는 디테일에 숨어 있다. 변동이 심하고 종종 위험하며 감정적으로 힘든 임상 상황에서 간단한 개념을 적용하는 것조차 매우 복잡해진다. 거의 무한에 가까운 조건을 따져야 하는 치료 환경은 여러 치료 원칙을 동시에 생각하면서 작업해야 한다는 뜻이다. 모든 순간이 마치 수작업으로 복잡한 직물을 짜는 것과 같다. 모든 씨줄과 날줄을 잡은 채로 눈앞의 작은 부분을 짜면서 동시에 전체 그림을 마음에 두고 나아가야 하고, 이런 작업을 하다 보면 제대로 하고 있는지 스스로에 대한 의심이 든다. 사실 리네한이 처음 DBT를 교육하기 시작하면서 리네한의 임상 시연을 본 사람들은 종종 이렇게 말했다. "당신은 정말 타고난 치료자군요. 당신은 놀라울 정도로 내담자를 잘 이해하고 당신의 개인적인 스타일도 치료에 효과적인 것 같네요. 그렇지만 당신 말고는 아무도 이렇게 어려운 걸 할 수는 없을 겁니다." 하지만 수백 명의 치료자가 훈련과 연습을 통해 정말로 "해내고 있다". 말콤 글래드웰(Gladwell, 2008)이 성과가 뛰어난 사람들을 분석하여 주장했듯, 타고난 재능이 중요하지만 그 재능이 성과의 차이와 좋은 결과를 설명하지는 못한다. 이것은 실행이다. 그리고 실행의 첫 번째는 DBT 원칙을 사용하여 내담자의 문제를 개념화하는 것이다. 제2장에서는 DBT에서 사례 개념화가 치료자의 임상 결정과 치료 계획을 세우는 데 어떻게 사용되는지 서술할 것이다. 포괄적 DBT의 풀버전을 사용하든 혹은 DBT의 원칙과 전략만을 활용하든, 사례 개념화는 개인 치료자의 첫걸음이다.

제2장

사례 개념화 및 치료 계획을 탐색하기

이 장에서는 변증행동치료(Dialectical Behavior Therapy: DBT)가 치료 계획과 임상적 결정 과정에서 어떻게 이론에 기반한 사례 개념화를 활용하는지 설명한다. 사례 개념화는 한 사람의 고통의 원인에 대한 일련의 가설이며, 일반적 치료 프로토콜을 개인에 맞춘 치료 계획으로 전환하는 데 도움이 된다. '공식화' 및 '치료 계획' 같은 용어는 지도(map)와 비슷하게 정적 개념을 의미하는 경향이 있다. 하지만 DBT의 사례 개념화 및 치료 계획은 동적(動的)이어야 한다.

좋은 기본 치료 모델은 마치 좋은 지도처럼 다양한 지형을 탐색하는 데 도움이 된다. 예를 들어, 당신은 내담자가 거미, 사회적 거절, 불안한 생각이나 신체 감각 등에 대한 다양한 공포와 회피에 대해 발로우의 통합 프로토콜(Allen, McHugh, & Barlow, 2008)을 사용하여 공식화 및 치료 계획을 만들 수 있다. 당신은 여전히 특정 내담자를 위한 평가 및 노출 훈련 수준을 조정해야 할 수도 있다. 그러나 이러한 상황에서 개념화 및 치료 계획을 탐색하는 것은 마치 화창한 날에 진입로를 찾는 것과 같다. 지도와 함께 진행 방향의 익숙한 지점을 확인하면 당신은 그 즉시 원하는 길로 갈 수 있다.

길을 찾는 과정은 그 사람이 여러 가지 만성적이고 심각한 문제를 가지고 있을 때 기하급수적으로 복잡해진다. 당신은 연구 문헌이나 주변의 동료가 자신 있게 방향을 제시하기 어려운 미지의 영역에 있는 경우가 많다. 또한, 치료가 올바른 방향으로 가고 있는지 평가하는 일반적인 방법도 효과가 없다. 왜냐하면 당신의 개입은 극심한 비수인으로 느껴지고, 극단적인 감정 조절 어려움을 유발하기 때문이다. 이런 상황에서 무슨 일이 일어나고 있고 무엇이 필요한지를 아는 것은 아무것도 보이지 않는 눈보라 속을 헤매는 것과 같다. 당신은 앞으로 나아가는 움직임을 느낄 수 있지만 의미 있는 진전을 확신할 수 없는 경우가 많다.

그러므로 DBT에서 당신은 동적이어야 한다. A 지점에서 B 지점으로 가는 길을 찾는 데 필요한 활동을 제시하는 오리엔티어링이 DBT에서 사례 개념화 및 치료 계획을 수립하는 것에 대한 가장 적합한 은유다. 당신은 내담자를 이해할 수 있어야 하고, 당신이 어디에 있는지 알아야 하며, 방향을 제시하는 적절한 과학과 치료법을 사용해야 한다. 또한 당신은 가지고 있는 것들을 확인하고, 필요한 경우 경로를 수정하되 목적지에 계속 집중해야 한다. 도중에 마주치는 장애물의 수와 복잡성에 따라서 더 유연하면서도 절제된 탐색이 필요할 수 있다. 제1장에서 소개된 세 가지 개념은 DBT에서의 길 찾기를 돕는다.

- 표적의 위계는 문제의 심각도에 따라 무엇을 평가하고 치료할지 우선순위를 정해 준다.
- 생물사회 이론은 전반적 감정 조절 어려움의 핵심 문제를 이해하는 데 사용된다. 우리는, ① 생물학적 취약성과 사회적 비수인이 감정 조절 어려움에 기여하는 요인이라고 가정한다. ② 1차 및 2차 표적 행동은 감정 조절 어려움의 결과(예: 해리)이거나 감정 조절 어려움에 대한 내담자의 해결책으로 기능한다(즉, 혐오 상태에서 일시적인 완화 제공).
- 변화에 대한 행동 이론은 1차 표적 행동에 대한 통제 변수와 기여 요인을 식별하는 데 사용된다. 여기에는 비수인 및 감정 조절 어려움, 특정 기술 결핍, 문제 있는 조건화된 감정 반응, 수반성, 인지 요인이 포함된다. 행동 이론은 보다 적응적인 대안 반응을 강화하는 데 사용되는 개입 방법을 알려 준다.

우리는 이러한 개념을 변증적으로 사용하여 문제에 대한 사례 개념화를 시행하고 치료를 계획한다. 핵심 아이디어는 진실은 변화한다는 것이다. 개인 치료자는 길을 찾기 위하여 일련의 불변의 사실들만으로 추론하지 않는다. 그렇다고 해서 임상적 추론이 모든 것이 다 가능한 상대주의적 과정인 것도 아니다. 대신 변증적인 입장을 취해야 한다. 이는 내담자뿐 아니라 치료 작업에 중요한 다른 사람들(예: 내담자의 중요한 대상 및 치료 자문 팀)과 꾸준히 대화한다는 것을 의미한다. 이러한 대화는 과학적 근거와 각자의 삶의 경험에 기반하여 이루어진다. 이런 대화들을 통해 종합을 이끌어 낸다. 내담자의 문제를 개념화할 때 당신은 '진실'의 일부만을 파악할 수 있다. 다른 사람들의 관점(예: 내담자의 부모 또는 정신과 의사) 또는 다른 시점(예: 좋은 기분 대 위기 상태)의 내담자를 직접 관찰하는 것도 커다란 전체 중의 일부다. '평균적인 내담자'에 대한 과학적 지식은 이 특정한 내담자에게 적용될 수도 있고 적용되지 않을 수도 있다. '알려진' 것은 시간이 지남에 따라 변한다. 모든 이해는 부분적일 수 있고 중요한 것이 빠졌을 가능성이 높지만 우리는 대화를 통해 우리 자신의 입장에 내재된 모순을 경험한다. 대화를 통해 우리는 변화를 돕는 보다 전체적이고 조리 있는 진실에 도달한다.

즉, DBT에서 사례 개념화 및 치료 계획의 목적은 궁극적인 '올바른' 이해에 도달하는 것이 아니라 반대되는 사례 개념화의 긴장에 건설적으로 직면하는 것이다. 다른 하나를 희생하여 하나를 선택하는 대신 둘 사이의 긴장을 이용하여 각 관점에서 타당한 것들로 더 완전한 세 번째 모델을 만들어 낸다. 예를 들어, 내담자가 사회 공포증으로 고통받고 있다고 가정해 보자. 그녀에게 기술 훈련 집단에 참석하기 위해 버스를 타는 것은 매우 어렵다(일요일에 버스로 교회에 가기는 하지만). 치료 계획은 그녀의 취약성을 수용하는 데 기반을 두고 있으므로 기술 훈련 집단에 참여를 요구하지 말아야 할까? 아니면 필요한 변화를 만들기 위해 출석을 요구하여 회피를 막아야 할까? DBT에서 이러한 딜레마를 개념화할 때, 당신은 집단 참석이 굉장히 어려운 동시에 필요하다는 입장을 취하게 될 것이다. 변증적 평가와 치료 계획은 두 입장을 동시에 유지하여 해법이 각각의 입장에서 모두 타당함을 지지한다. 예를 들어, 초기 치료 계획은 내담자의 상태가 정기적으로 기술 훈련 집단으로 가는 버스를 타지 못하는 정도라는 점을 수용하는 동시에, 매주 집단에 가는 버스에서 현장 기술 코칭을 제공함으로써 변화를 향해 움직이도록 할 수 있다. 이와 유사하게, 변화는 때때로 너무 느리고 내담자의 고통이 너무도 지속되어 당신이 비효과적인 치료 계획을 계속 고수하고 있는 것인지 아니면 실제 주어진 상황에서 할 수 있는 만큼 잘 진행되고 있어 치료 계획을 유지해야 하는 것인지 확신할 수 없다. DBT의 아이디어는 성급하게 하나의 입장(치료는 효과가 없어, 혹은 치료는 효과가 있어.)을 취하기보다 두 입장을 동시에 염두에 두고 진실은 변화한다는 입장으로 각각에서 타당한 것을 찾는 것이다. 모순되는 것처럼 보이는 요소가 합쳐질 수도 있고, 어떤 것들은 현재의 지식을 뛰어넘는 것들이 있기 마련이다.

임상에서 이 개념을 세 절차로 나누어 사용하면 사례 개념화와 치료 계획을 세우는 데 매우 효과적이다. 첫째, 내담자의 행동장애의 정도에 따라 적절한 치료 단계를 결정하기 위해 평가를 시행한다. 특히 치료 전 단계 및 1단계 표적 행동의 예시를 찾아보라. 둘째, 이러한 치료 전 단계 및 1단계에서의 1차 치료 표적에 영향을 미치는 변수를 찾아보라. 특히 생물사회 이론으로 감정 조절 어려움을 유발할 수 있는 비수인 혹은 다른 사건들을 확인해 볼 수 있다. 표적 행동 사이의 패턴이나 시간 경과에 따른 패턴을 주의 깊게 살피라. 마지막으로 해법 분석 및 과제 분석을 사용하여 1차 치료 표적을 유발하는 핵심 변수를 변화시키기 위한 작은 치료 계획을 생성하라.

이제 초기 사례 개념화를 만드는 방법과 임상적 상호작용에서 이 사례 개념화를 어떻게 사용하는지를 절차별로 살펴보려 한다.

STEP 1: 치료 단계와 치료 표적을 사용하여 평가하기

사례 개념화 및 치료 계획을 향한 첫 번째 작업은 적절한 치료 단계를 결정하기 위해 충분한 병력을 수집하는 것이다. 이 중요한 작업으로 내담자를 적절히 돕기 위해 포괄적인 치료가 필요한지 여부를 결정한다. 첫 번째 만남에서도 제1장에 서술한 치료 단계와 1차 표적의 틀에 따라 표준 평가 질문을 구성하고, 내담자의 행동 장애의 정도에 맞게 치료 단계를 정한다. 〈표 2-1〉은 표적 위계에 따라 구성된 초진 질문의 예를 보여 준다. 예를 들어, "지금 치료를 시작하게 된 계기는 무엇인가요?"라고 물은 후, 당신은 마음속으로 표적 위계를 떠올리며 경청한다. 적절한 순간에 각 표적 영역에 대한 정보를 명료하게 하도록 요청할 수 있다. 예를 들어, "상황이 너무 나빠져서 죽음에 대해서 많이 생각하거나 심지어 자살도 생각했습니까?", "이전 치료는 어땠었나요?" 등이 그것이다.

내담자의 반응이 치료 단계 중 하나에 맞는 것 같다면(예: 1단계, "예, 자살을 시도했고 중환자실에 갔습니다." 또는 "지난 번 치료자와는 끝나 버렸죠." 또는 "나는 많은 치료를 받았지만 아무 변화가 없어요. 치료에 대한 희망도 별로 없어요. 하지만 달리 뭘 해야 할지도 모르겠어요."), 다음엔 상응하는 표적 위계를 사용하여 각 표적 영역에 대한 추가 평가를 유도한다. 예를 들어, 내담자가 특정 행동을 바꾸는 것에 대해 혹은 치료 자체에 대해 확신이 없어 보이면, 치료 전 단계의 표적을 이용하여 질문을 이끌어 간다. 그 사람이 죽음에 대해 많이 생각했거나, 죽는 것이 낫다고 생각했거나, 이전 치료들이 효과가 좋지 않았다면, 1단계 표적을 사용하여 보다 포괄적인 문제 목록에 대한 질문을 만든다. 어떤 어려움이 내담자가 의도적인 자해 및 기타 생명을 위협하는 행동을 하게 만들었을까? 이전 치료는 어떻게 진행되었고 그들의 삶에서 치료자 및 다른 사람들로부터 필요한 도움을 얻지 못하도록 방해한 것은 무엇일까? 만약 내담자가 치료에 실패한 경험이 있다면 반드시 포괄적인 치료 중에 어떤 기능이 빠졌거나 문제가 있었는지 평가해야 한다(예: 기술을 증진시키고 및 일반화하는 데 대한 충분한 관심이 있었는지, 동기 부여에 대한 충분한 일대일 작업이 있었는지, 치료자는 충분한 도움과 지지를 받았는지). 어떤 중요한 삶의 질 문제가 이 사람을 괴롭히고 있을까? 이것도 평가해야 한다. 마지막으로, 이 사람에게 필요하지만 부족한 기술은 무엇일까? DBT 기술 훈련은 마음챙김, 감정 조절, 고통 감내 및 대인관계 효율성의 흔한 결핍을 대상으로 수행된다. 이러한 영역들의 기술 부족이 내담자의 문제에 중요한 역할을 하는 사례에 대해 충분히 들어야 한다.

〈표 2-1〉 단계와 표적에 따른 평가 질문과 도움말

치료 전 단계

치료자와 내담자가 다음 사항에 동의할 수 있는가?
- 치료의 목표?
- 치료 방법?

치료자와 내담자가 모든 합의를 충실히 수행하기로 약속할 수 있는가?

어떤 방해물(만일 있다면)이 있는가?
- 치료 목표 및 방법에 대한 동의
- 치료에 대한 충분한 전념

의견 불일치 또는 양가감정이 한쪽 또는 양쪽에 있는지 확인하라.

영향을 미치는 변수들을 평가하라.

합의와 전념을 위해 작업하라.

1단계

생명을 위협하는 행동의 위험이 있는가?

의도적 자해의 위험이 있는가?

(내담자에게) 상황이 너무 나빠져서 죽음에 대해 많이 생각하거나 차라리 죽는 것이 낫다고 생각한 적이 있습니까?

(내담자에게) 자살을 시도한 적이 있습니까? 의도적으로 자해를 한 적이 있습니까?

자살 위기, 비자살적 자해 행동, 자살 생각, 자살 관련 기대 및 믿음, 자살 관련 감정을 탐색한다. 특히 거의 죽음에 이를 뻔한 자살 시도, 자살 의도가 높은 자해 및 기타 의학적으로 심각한 자해 행동을 잘 찾아야 한다.

내담자 및 치료자의 어떤 행동이 치료를 방해할 수 있는가?

이전 치료가 실패했다면, 그것이 포괄적 치료에 필요한 일부분이 부족해서 그런 것인가? (즉, 다섯 가지 기능이 모두 제공되었는가?)

(내담자에게) 당신에게 이전 치료는 어땠나요? 필요한 도움을 받지 못하게 어떤 것이 방해가 되었습니까?

(치료자/치료 팀) 이전 치료에서 다섯 가지 기능이 모두 잘 전달되었는지 평가한다.

내담자의 삶의 질을 저해하는 심각한 만성 문제는 무엇인가?

내담자를 방해하는 기술 부족은 무엇인가?

2단계
감정적 경험 자체가 트라우마가 되고 있는가?

내담자의 삶의 질을 저해하는 PTSD 반응이 있는가?

이제 DBT 진료를 새로 소개받은 두 사람, 사만다와 죠넬의 사례를 생각하면서 초진 또는 첫 회기 동안 어떻게 적절한 치료 단계를 평가하는지 함께 체험해 보자.

사만다

배경 및 병력

사만다는 24세 여성으로 주립 정신병원에서 DBT 프로그램으로 의뢰되었다. 그녀는 죽음에 대한 양가적 마음으로 자신의 팔과 다리를 칼로 긋고, 불로 지지는 행동을 보이고, 진통제를 과다복용하기도 하였다("만약 진짜 죽는다면, 뭐 죽는 거죠. 이건 러시안 룰렛 같은 거니까요."). 그녀는 등에 만성 통증이 있어서 아편계 진통제를 복용하고 있다. 그녀는 21세 때 음주 운전자에게 교통사고를 당해 심한 부상을 입었고, 동승자는 그 사고로 사망하였다. 그녀는 16세 때부터 폭식증과 손목 긋기 자해로 힘들었는데, 사고 이후 죽고 싶은 생각과 자살 시도가 더 심해지고, 불규칙한 식사로 인해 의학적인 문제도 심해졌다. 그녀는 폭식 후 구토나 설사 등의 제거 행동을 하는데, 최근에 심장 문제를 일으켜 근처 지역 병원에 응급 입원이 필요했을 정도로 제거 행동을 한다. 치료자는 주립 병원 의사와 사만다가 그녀가 DBT 프로그램에 참여할 수 있도록 이주해 이모와 함께 살기로 계획하는 등 많이 노력했다고 들었다.

치료 단계의 관점에서 생각하는 것은 치료자가 지금까지 알게 된 정보를 조직화하는 데 도움이 된다. 사만다의 배경과 병력을 고려할 때 치료자는 〈표 2-1〉의 질문들에 어떻게 대답할 수 있을까? 치료자의 처음 생각은 다음과 같다.

치료 전 단계: 내담자와 치료자가 치료 목표와 방법에 대해 동의할 수 있는가? 치료에 대한 충분한 전념에 방해물이 있다면 어떤 것일까

첫 번째 예약을 만들기 위한 내담자와 가족 및 주립 병원 의사의 노력은 그들이 이미 어느 정도 치료에 전념하고 있음을 보여 준다. 첫 회기에서 치료 전 단계의 최우선순위는 사만다 스스로의 목표를 알아보는 것이다. 자살 행동과 의도적 자해를 중단하려는 욕구, 잘못된 폭식을 멈추려는 욕구, 강렬한 감정을 조절하는 대체 방법을 배우려는 의지 등이 이에 해당한다.

1단계: 생명을 위협하는 행동의 위험이 있는가

이 단계에서는 철저한 평가가 반드시 필요하다. DBT 치료자는 다섯 가지 유형의 생명을 위협하는 행동에 대한 세부 정보를 필요로 한다. (우선순위 순서대로) ① 자살 위기 행동, ② 비자살적 자해 행동, ③ 자살 생각 및 표현, ④ 자살 관련 기대 및 믿음, ⑤ 자살 관련 정서가 그렇다. 치료자는 내담자가 치료 전이나 치료 초기 시점에 지난 1년 동안 의도적 자해 행동을 정확히 어떻게 행하였는지, 행동의 의도는 무엇이었는지, 의료 조치가 필요하였는지 등에 대해 세부 정보를 수집해야 한다. 이와 같은 병력은 자살 위험도를 정확하게 평가하고, 자살 생각 및 의도적 자해를 유발하는 상황을 식별하고, 자살 위기를 관리하는 데 필수적이다. 특히 치료자는, ① 거의 죽을 뻔 했던 자살 시도, ② 죽을 의도가 있는 기타 자해 행위, ③ 기타 의학적으로 심각한 자해 행동과 관련된 상태를 파악해야 한다. 우리가 사만다에 대해 가진 정보 는 추가 평가가 필요함을 분명히 보여 준다.

1단계: 치료 방해 행동의 과거력이 있는가

1단계의 두 번째 주요 표적인 치료 방해 행동에는 제1장에서 설명한 것처럼 치료 관계에 부정적인 영향을 미치거나 치료 효과를 손상시키는 내담자 또는 치료자의 행동이 포함된다. 이러한 표적에 대한 정보는 이전 치료 기록 및 수련 지도 기록에 서 얻어야 한다. 우리는 아직 사만다의 이전 치료에 대한 정보가 많지 않기에 더 수 집할 필요가 있다. 치료 자문 팀은 치료자가 새로운 치료 관계에서 자신의 치료 방 해 행동을 예상할 수 있도록 돕는다. 만약 사만다가 당신의 새로운 내담자라면 어떤 치료 방해 행동이 당신에게 생길 것 같은가? 당신의 흔한 약점(예: 지각하기, 너무 협 소한 한계 설정)은 무엇이며 사만다의 문제로 인해 구체적으로 촉발될 수 있는 것(예: PTSD나 통증의 경과 및 치료에 대한 최신 정보를 모름, 사만다의 나이와 비슷한 자녀를 둔 부모이기에 당신이 가질 수 있는 편견)은 무엇인가?

1단계: 내담자의 삶의 질을 심각하게 저해하는 행동이 있는가

세 번째 주요 표적 영역인 삶의 질에 대해 빠르게 평가하는 방법은 사만다가 경험 하는 문제 범위를 이해하기 위한 진단적 평가와 철저한 심리사회적 과거력 수집이 다. 기분장애와 불안장애, 물질 중독, 식이장애, 정신병적 현상과 해리 현상, 안정된 주거를 유지하지 못함, 의학적 문제에 대한 무관심 등이 어떻게 내담자의 삶의 질을 저해하고 의도적 자해에 영향을 주고, 치료를 방해하는지 평가가 필요하다. 현재까 지 치료자는 사만다의 불규칙한 식사, 만성 통증과 마약성 진통제 사용, 병원 이용, 생활의 안정성에 대해 평가가 필요하다는 것을 알고 있다.

사만다는 동승자가 사망한 교통사고에서 살아남았고 그녀의 문제가 사고 후 악화 되었기 때문에 치료자는 외상후 스트레스 장애(Post-Traumatic Stress Disorder: PTSD)

에 대한 평가를 원할 것이다. PTSD의 치료는 일반적으로 내담자가 유발된 심한 감정을 관리할 수 있을 만큼 감정 및 행동 조절이 가능해진 치료 2단계까지 미루어진다. 그러나 사만다의 경우 우리는 사고와 그녀의 현재 어려움 사이에 기능적 연관이 있는지 여부를 확인할 필요가 있다. 그녀의 현재 1단계 행동 중 일부가 사고와 관련된 감정이나 기억을 회피하거나 조절하는 기능을 하고 있을까? 만약 사고에 대한 기억이 계속 그녀를 힘들게 하고 의도적 자해를 유발한다면 이것이 치료 1단계의 우선순위 표적이 될 수 있다. 그러나 노출 기반 치료가 필요한 경우라고 해도, 노출 치료 중에 커지는 감정 경험에 대한 반응으로 1단계 행동을 하지 않는다는 보장을 할 수 있도록 평가와 주의가 필요하다(Harned & Linehan, 2008). 치료자가 사고에 대해 이야기할 때 사만다의 행동이 더 불안정해지거나 의도적으로 자해하려는 충동을 제어하기가 더 어려워지면, 이는 2단계 표적보다 1단계 표적을 먼저 다루어야 함을 의미한다. 1단계 행동이 줄어들고 재조절을 빨리 할 수 있게 되면(이런 행동이 전혀 일어나면 안 된다는 것이 아니라) 사만다가 PTSD 반응을 직접 다룰 준비가 되었는지 검토한다. 사만다와 치료자는 사만다가 노출을 안전하게 견딜 수 있는지 알아보기 위해 낮은 고통의 트라우마의 일부 측면에 대해 이야기함으로써 계획이 실행 가능한지 테스트해야 한다.

죠넬

배경 및 병력

이제 인터넷에서 치료자의 이름을 찾아낸 죠넬에 대해 살펴보겠다. 그녀는 28세의 법률 회사 비서다. 그녀와 처음 전화 통화를 했을 때, 치료자는 그녀의 4세 아들이 품행과 주의력 문제 때문에 두 번째 어린이집에서 쫓겨 났다는 것을 알게 된다. 죠넬과 아들은 그녀의 육아를 끝없이 비난하는 그녀의 어머니와 함께 살고 있다. 죠넬은 자신을 '미친' 딸이라고 이웃들에게 말하는 어머니에 대해 피해의식과 굴욕감을 느낀다고 말한다. 그녀의 어머니와 어머니의 남자 친구와의 다툼은 너무 시끄러워져서 이웃 주민들이 경찰에 신고하는 일도 있었다. 지난 말다툼에서 죠넬은 매우 화가 나서, 화장실에 들어가 문을 잠그고 진정될 때까지 자신의 다리를 주먹으로 쳤다. 당시 죠넬은 자살을 심각하게 고려했고, 화장실에 있던 어머니의 심장약과 수면제까지 손에 가득 부었다고 한다. 그러나 그때 자신의 행동이 아들에게 어떤 영향을 미칠지 깨닫고 멈출 수 있었다. 그녀는 그 암울한 순간에서 얻은 한 가지 좋은 점은 다시는 자살을 하나의 선택 사항으로 고려하지 않을 것이라는 확신이라고 말했다.

치료자가 그녀에게 늦은 오후 약속을 제안했을 때 죠넬은 새로 얻은 힘든 직장에서 시간을 내야 함을 걱정하면서 머뭇거린다. 학자금 대출을 갚고 있어 치료비도 만만치 않다. 그녀는 아들의 행동 문제에 자주 대처해야 하기 때문에, 24시간 이내 연락 없이 취소하면 취소된 회기에 대해 요금을 청구하는 치료자의 규칙도 그녀에게는 효과가 없다. 그녀는 인터넷에서 DBT에 집단 치료 요소가 있다는 것을 보았고, 집단 치료에 간다는 생각은 그녀를 주저하게 했다. 치료자가 DBT가 그녀에게 얼마나 어려운 일인지를 인정하자 그녀는 이렇게 말했다. "그래요. 나에게 정말 필요한 것은 결혼이에요. 그러면 내가 이 집에서 나갈 수 있고, 대출금을 갚을 돈이 생기고, 내 아들을 통제할 수 있는 사람이 생기니까요."

이제 치료자가 죠넬의 힘겨움에 대해 알고 있는 것들을 어떻게 표적 위계를 사용하여 조직화할 수 있는지 살펴보려고 한다.

치료 전 단계: 내담자와 치료자가 치료 목표와 방법에 대해 동의할 수 있는가? 치료에 대한 충분한 전념에 방해되는 것들이 있는가

죠넬은 경제 상태, 신입 사원인 상황 및 부모로서의 책임을 감안할 때 치료에 시간과 돈을 쓰는 것에 대해 당연하게도 양가감정을 가지고 있다. 당신은 확실히 죠넬이 가지고 있는 망설임을 평가하고 해결하고 그녀의 치료 목표를 명확히 하기를 원할 것이다. 치료자가 지금까지 얻은 데이터를 고려할 때, DBT는 죠넬에게 권장할 수 있는 치료 중 하나다. 그 데이터에는 아마도 비수인과 감정 조절의 어려움으로 인해 그녀에게 촉발된 자살 위기와 고의적 자해가 포함되어 있지만 치료자는 이것이 그녀의 행동 패턴인지 아직 확실히 알지 못한다. 추가 평가를 통해 동등하게 유효한 치료 옵션으로 어머니의 집을 떠나는 데 초점을 맞춘 단기 치료를 할 수도 있다. 키우기 힘든 아들의 육아에 대해 죠넬과 그녀의 어머니의 갈등을 중재하는 데 도움이 되는 부모 훈련에 초점을 맞출 수도 있다. 죠넬이 1단계에 적합하여 포괄적인 치료가 필요한지 여부는 추가 평가를 통해서만 알 수 있다.

1단계: 생명을 위협하는 행동의 위험이 있는가

앞서 설명한 대로 비자살적 자해 및 자살 행동의 범주를 평가한다(자살 위기 행동, 비자살적 자해 행동, 자살 생각 및 표현, 자살 관련 기대 및 믿음, 자살 관련 정서). 특히 당신은 그녀가 다시는 자살을 시도하지 않겠다는 것을 얼마나 확신하는지 알고 싶을 것이다. 당신은 또한 그녀의 어머니나 아들에게 신체적인 공격을 할 가능성이 있는지도 평가하고 싶을 것이다. 다시 말하지만, 만약 이것이 한 번만 있었던 위기 사건이라면 포괄적인 치료 모델을 제공하기보다는 치료 계획에 DBT의 요소를 포함시키는 정도로 치료를 할 수 있다. 하지만 자살 위기나 의도적 자해가 여러 번 있었다면, 죠넬에게는 포괄적인 DBT를 중요 옵션으로 고려해야 한다.

1단계: 치료 방해 행동의 과거력이 있는가

이 사례에서는 치료 방해 행동이 있을 가능성이 매우 높다. 죠넬의 상황은 이미 치료 방해 행동이 그녀와 논의해야 할 중요한 영역이 될 것임을 보여 준다. 행동 문제를 가진 어린 아들의 엄마이기 때문에 그녀는 갑작스러운 치료 취소 옵션이 필요할 것이다. 최근에 대학을 졸업하여 학자금 대출 상환 중이기 때문에, 그녀는 치료비 감면이 필요할 것이다. 그녀는 집단 기술 훈련에 대해 미지근한 태도인데, 이것이 치료 계획의 중요한 요소라고 생각된다면 여기서도 치료자는 죠넬을 이해하고 난관을 해결할 방법을 함께 찾아볼 필요가 있다. 치료자는 죠넬의 다양한 요청에 자신의 한계를 얼마나 맞출 수 있을지 명확히 해야 한다. 그들은 치료를 시작하기 전에 상호 동의할 수 있는 해결책에 도달해야 한다.

1단계 : 내담자의 삶의 질을 심각하게 저해하는 행동이 있는가

훌륭한 진단적 면담과 심리사회적 과거력의 평가와 함께 1차 표적 영역 각각에

대한 세부 정보도 필요하다. 이를 통해 죠넬의 어려움이 가끔 있는 상황적 갈등 때
문인지 아니면 전반적인 패턴 때문인지를 알 수 있다. 이때, 핵심 주문은 '가정하지
말라, 평가하라'다.

사만다와 죠넬의 두 사례에서 볼 수 있듯이, 표적 위계는 연락하는 첫 순간부터
치료의 초점을 정하고 포괄적인 치료가 필요한지 결정하는 것에 이르기까지 안내자
의 역할을 한다.

STEP 2: 각각의 1차 표적에 대한 조절 변수의 패턴을 찾기

내담자에게 개입이 필요한 특정 표적 행동이 있는 경우, 해당 표적 행동의 구체
적인 예시를 고르고 사슬 분석을 사용하여 조절 변수들을 찾는다. 이 조절 변수들
은 문제 행동뿐 아니라 행동 개선도 일으키거나 유지시키는 조건들이다. 행동 평가
(Haynes & O'Brien, 2000 참조)는 조절 변수를 찾아내는 데 중점을 둔다. 여기서는 각
개인의 문제 행동이 특정한 변수 패턴에 의해 조절될 가능성이 있으며 이러한 변수
들은 상황에 따라 달라질 수 있다고 가정한다. 예를 들어, 어떤 사람이 자살을 시도
하도록 이끄는 요인은 다른 사람의 요인과는 다르다. 같은 사람이라도 한 번의 시도
를 유발한 요인은 이후의 시도를 유발한 요인과 다를 수 있다. 따라서 엉망진창이고
문제가 많은 특정 행동을 이해하기 위해, DBT는 '사슬 분석'이라고 하는 특별하게
고안된 기능 분석 방법을 사용한다.

행동 사슬 분석

행동 사슬 분석은 표적 행동 전후의 사건과 상황 맥락적 요인에 대한 심층 분석이
다. 이 행동의 조절 변수들을 찾아내는 방법인 것이다. 당신과 내담자는 함께 합리
적으로 완전한 해석을 만들어 낸다. 여기서의 중요한 점은 실용성인데, 향후 문제

행동이 발생하지 않고 대신에 내담자가 원하는 결과를 얻을 수 있으려면, 일련의 사건이 어떻게 다르게 진행되어야 하고 여기엔 무엇이 필요할까?

사슬 분석을 수행하는 단계

문제 행동을 명확하게 정의하는 것과 분석할 사건을 하나 선택하는 것으로 사슬 분석을 시작한다. 예를 들어, 직장 상사가 어제 내담자의 실수를 지적했을 때 갑자기 그녀가 눈물을 터트린 것을 문제 행동으로 정할 수 있다. 다음으로, 치료자와 내담자는 촉발 사건과 취약성 요인이라는 두 가지 중요한 조절 변수 유형을 찾아본다. 촉발 사건은 문제 행동으로 이어지는 사슬을 바로 시작하게 만든 사건이다. 취약성 요인은 촉발 사건이 더 많이 영향을 미치도록 하는 상황 맥락을 만드는 것으로, 신체적 질병이나 수면 부족 같이 감정 반응에 영향을 미치는 요인들이다. 앞의 예에서 상사의 지적은 촉발 사건이다. 일반적으로 이는 그저 가벼운 자극을 유발하는 별일 아닌 일일 수 있다. 그러나 수면 부족과 함께 촉박한 마감 시간이라는 두 가지 취약성 요소의 맥락이 있을 때, 상사의 지적은 눈물 폭발을 촉발한다. 취약성 요인은 촉발 사건이 더 큰 힘을 가지게 되는 상황 맥락을 만드는 것이다.

다음으로, 치료자와 내담자는 촉발 사건과 문제 행동 사이의 여러 연결 고리를 찾아내어 내담자를 A 지점에서 B 지점으로 움직이게 만든 각각의 생각, 느낌 및 행동에 대한 자세한 설명을 도출한다. 이에 환경 사건과 내담자의 정서적 · 인지적 · 외적 반응 사이의 상호작용에 세심한 주의를 기울여야 한다. 마지막으로 치료자와 내담자는 문제 행동의 결과, 즉 문제 행동 이후 나타나는 내담자와 주변 사람들의 즉각적인 반응과 좀 늦게 나타나는 반응을 찾아본다. 사슬 분석은 시각적 그림으로 작성하는 것이 좋다. [그림 2-1]은 사슬 분석의 요소를 그리는 방법 중 하나를 보여 준다.

죠넬의 자살 행동에 대한 사슬 분석

이제 죠넬의 가장 최근 의도적 자살 위기 행동에 대한 사슬 분석을 살펴보자. [그림 2-2]는 이것을 이를 도식화한 것이다. 죠넬과의 회기에서 치료자는 문제 행동(어머

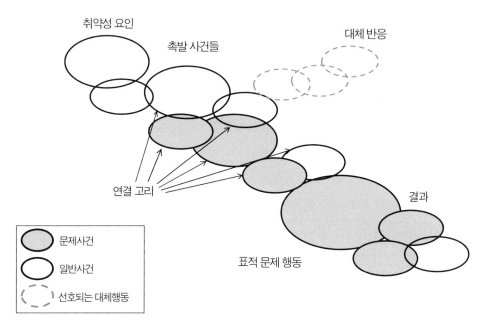

[그림 2-1] 행동 사슬 분석의 요소들

니의 약을 과다복용하려고 함)으로 시작하여, 그 시점에 이르게 된 원인과 그 이후의 일어난 일들을 죠넬과의 작업을 통해 자세히 알아냈다. 죠넬이 말한 사건을 시간 순서대로 하면 다음과 같다.

촉발 사건은 죠넬의 아들이 아파서 어린이집에 못 갔기 때문에 그녀가 새 직장에 결근하게 된 늦은 아침에 시작되었다. 그녀의 아들은 지루하다고 칭얼대면서 침실 옷장을 뒤지는 장난을 하고 있었다. 죠넬이 아들에게 옷장은 뒤지지 말고 다른 놀이를 하라고 말하려고 몸을 돌렸을 때, 자신의 어머니가 침실 문 앞에서 이 상황을 쳐다보고 있는 것(촉발 사건)을 느꼈다. 죠넬은 이때 짜증이 확 나서 신경이 곤두섰다. 그녀는 아들에게 "5분만 더 있다가 다른 곳에서 놀아라."라고 말하려던 참이었지만, 그녀의 어머니가 문 앞에 있는 것을 느끼자 낯선 목소리로 이렇게 말했다. "당장 나와, 옷장에서 노는 아이는 참을 수 없어." 그림을 보면 그 뒤에 벌어진 추가적 단계들, 즉 촉발 사건을 표적 문제 행동으로 연결하는 생각, 감정, 행동 및 사건을 알 수 있다.

그때, 죠넬은 그녀의 어머니가 "죠넬, 아이에게는 단호하게 대해야 한다."라고

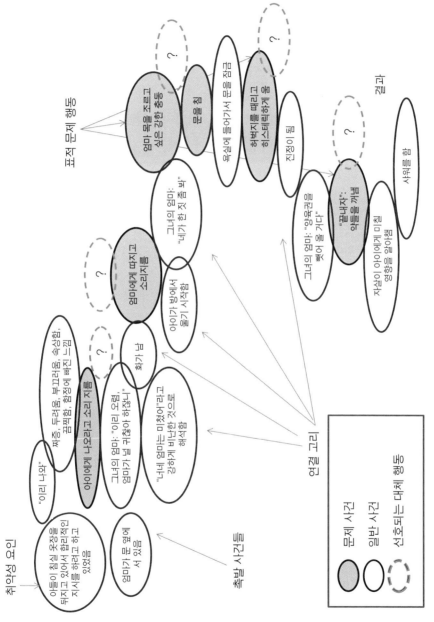

[그림 2-2] 조넬의 자살 위기에 대한 사슬 분석

말하는 장면이 상상되었다고 말했다. 그녀는 다음과 같은 감정의 홍수를 경험하였다. 예상되는 어머니의 비판에 대한 짜증과 두려움, 그녀가 "아이를 품어 주지 못한 것"에 대한 수치스러움, 다른 사람들, 특히 그녀의 어머니가 아이 양육이 얼마나 힘든 일인지 이해해 주지 못한다는 사실에 대한 속상함, 가슴 속에서부터 느껴지는 두려움, 그리고 함정에 빠진 느낌 등을 느꼈다. 죠넬의 아들이 그녀의 요청을 무시하자, 그녀는 자기도 모르게 "내가 당장 나가라고 했잖아!"라고 거칠게 소리쳤다. 죠넬의 어머니는 옷장으로 다가가서 손자에게 부드러운 목소리로 말했다. "이리 와, 아가야. 엄마가 너를 귀찮아 하잖니." 이 말은 죠넬에게는 자신을 매우 비난하는 말로 느껴졌다. 그녀가 듣기에 어머니는 죠넬이 아이에게 과잉반응을 하고 있고, 아이를 죠넬에게서 보호하겠다고 말하는 것처럼 느껴졌다. 마치 어머니가 아이에게 "네 엄마는 미쳤으니, 더 열받게 하지 않으려면 조용히 숨죽이고 있어라."라고 말한 것 같았다.

죠넬은 화가 났고 어머니가 자신을 깎아내리는 것으로 보았다. 그래서 죠넬은 어머니에게 대들어 말다툼을 시작했고, 이에 죠넬의 아들은 울면서 방에서 뛰쳐나왔다. 그러자 어머니는 죠넬에게 "네가 한 짓을 좀 봐라! 네가 아이를 겁먹게 해서 정신을 빼고 있잖아!"라고 말했다. 죠넬은 이 순간 완전히 분노하여, 어머니의 목을 조르고 싶은 강렬한 충동을 느꼈다고 했다. 그러나 대신 그녀는 좌절감에 비명을 지르며 침실 문을 어설프게 주먹으로 쳤다.

점점 더 자신을 통제할 수 없게 되자, 그녀는 화장실에 들어가 문을 잠갔다. 그녀는 변기에 앉아 자신을 '처벌'하고 '진정'시키기 위해 허벅지를 주먹으로 여러 번 쳤다. 죠넬은 히스테릭하게 흐느껴 울면서 약 5분 동안 자신을 때린 후에야 점차 진정되었다. 그때, 그녀의 어머니가 화장실 문 앞에서 "아동보호센터에 전화해서 내가 양육권을 얻을 방법을 물어봐야겠다. 내 손자를 너한테서 떼어 놓을 거야."라고 말했다. 이 말을 들은 죠넬은 갑자기 매우 차분해졌다. 그녀는 이제 어머니가 그녀의 아들을 돌볼 수 있으니, 이 모든 것을 끝낼 수 있겠다는 생각을 했다. 그녀는 문을 통해 "엄마가 내 아이를 사랑하는 거 알아요. 엄마 생각대로 하세요. 나는 좀 생각할 시간이 필요해요, 알았죠? 나한테 잠깐 정리할 시간을 줘요."라고 말했다. 그녀

는 어머니의 심장약과 수면제를 화장실 수납장 위에 다 쏟아 놓고 물 한 컵을 준비
한 다음 어머니가 방해하지 않도록 샤워기를 켰다(자살 시도를 계획하는 표적 문제 행
동). 그때 그녀는 갑자기 두려워졌고, 아이가 생각났으며, 자살하면 아이의 삶에 어
떤 영향을 미칠지 생각하였다. 그러고 나서 그녀는 자신이 아이에게 절대 그런 짓을
할 수 없다는 것을 매우 명확하게 깨달았다. 그녀는 물이 차가워질 때까지 샤워를
했고, 이후 부엌으로 나가자 어머니는 이렇게 말했다. "네가 선택해라, 치료를 받든
지 아니면 아이를 나한테 맡기고 이 집을 나가든지."(결과)

사슬 분석에서 조절 변수들을 찾기

앞서 언급한 바와 같이, 상세한 사슬 분석을 통해 치료자는 내담자의 대안적 반응
으로 문제 행동을 피할 수 있는 각 지점을 식별할 수 있다. 표적 위계, 생물사회 이
론, 변화를 위한 행동 이론의 도움을 받아 조절 변수들을 찾는 과정을 수행한다.

첫째, 표적 위계는 우선순위가 다음과 같다는 것을 알려 준다. 자살 행동으로 이
끄는 요인들에 대한 평가와 치료(약물 과다복용을 위해 어머니의 약을 모으는 행동), 그
다음으로 자해 행동(다리에 주먹질하기), 그리고 다음으로 폭력적 행동의 가능성(어
머니에 대한)을 이해하는 순서다. 이와 같은 각각의 중요한 문제 행동은 그 자체로
사슬 분석의 표적이 될 수 있다. 그러나 이 사례에서 우리는 자살 행동을 가장 높은
우선순위로 놓고 초점을 맞추고 있기 때문에 주먹으로 다리를 때리는 문제 행동과
폭력까지 갈 뻔했던 어머니와의 말다툼은 자살 행동으로 이어지는 연결 고리로 간
주한다.

둘째, 생물사회 이론에 따라 이러한 자살 및 자해 행동의 선행 사건으로 감정 조
절 어려움 및 비수인을 확인하도록 한다. 죠넬의 어머니의 비수인은 그녀의 감정 조
절 어려움에 기여한 것 같다. 생물사회 이론은 또한 주요 표적 행동이 압도적인 감
정 상태의 결과일 수 있거나 압도적인 감정 상태를 끝내는 기능을 할 수 있다고 제
안한다. 죠넬은 두 가지에 모두 해당한다. 때때로 그녀는 너무 통제 불능이라고 느
껴서 누구든 맹렬히 공격할 것이다(통제 불능 행동이 심한 감정 조절 어려움의 결과로
일어난다). 다른 경우, 그녀는 진정하기 위해 일부러 자신을 때린다(역기능적 행동이

감정 조절을 위해 사용된다).

셋째, 변화를 위한 행동 이론에 따르면 역기능적 반응은 다음 네 가지 요인(기술 부족, 문제를 만드는 조건화된 감정 반응, 수반성, 인지 과정) 중 하나 이상에서 비롯된다. 이러한 요소들의 조합은 단맛, 짠맛, 신맛, 쓴맛의 조합이나 마찬가지로 무한하다. 사슬 분석을 통해 표적 행동의 전후에 일어나는 이 요소들이 각각 어떤 역할을 하는지 체계적으로 찾을 수 있다.

● 기술 부족

먼저, 내담자가 필요한 기술들을 자신의 대처 목록 안에 가지고 있는지 평가하라. 내담자는, ① 감정을 조절하고, ② 고통을 감내하며, ③ 대인관계 갈등에 기술적으로 반응하고, ④ 비난하지 않고 알아차리면서, 관찰하고, 서술하고, 참여할 수 있고 효과적인 것에 집중할 수 있는가? 내담자에게 필요한 기술들이 부족할 때는 기술 훈련을 받아야 한다. 예를 들어, 죠넬의 자기 주장 능력이 부족하다고 가정해 보자. 그 예로, 그녀는 어머니에게 문 앞에서 쳐다보고 있지 말라고 요구하지 못했다. 치료자는 다른 상황과 다른 때에서도 이런지 알아보았고, 그 결과 죠넬은 보통 어머니와의 갈등을 피하고, 참고, 속으로 분해하다가 결국 한 번씩 폭발하는 것으로 확인되었다. 동일한 행동 패턴이 과거의 연인 관계에서도 있었다. 하지만 직장에서는 항상 갈등과 폭발을 피했다. 다른 여러 상황에서도 그녀는 남들이 자신의 한계를 넘는 것을 막지 못하고, 자신이 원하는 것을 남에게 요구하지도 않는다. 실제로 기술 부족이 이런 과정을 악화시킨다. 또 하나의 가설은 죠넬이 생리적 반응을 진정시키고, 고통을 감내하며, 감정을 조절하는 기술이 부족하다는 것이다. 초기 면담에서 죠넬은 자신이 예민한 아이였고, 사춘기 때에는 어머니를 참아 내기 위해 항상 취해 있어야 했다고 말했다. 이제 그녀는 중독에서 벗어났음에도, 그녀의 어머니는 끊임없이 그녀의 신경을 건드린다. 그녀는 너무 예민하고 조마조마해서 편하게 있지 못한다. 여기서도 기술 부족이 핵심 변수일 수 있다. 만일 죠넬이 감정적인 흥분을 감내하고 관리하는 여러 효과적인 방법을 가지고 있다면, 사슬에서 벗어나 1차 표적 행동을 하지 않을 수 있을 것이다.

당신은 어떤 사람이 적절한 기술을 가지고 있는지 여부를 여러 가지 방법으로 평가할 수 있다. 당신은 내담자가 과거의 다양한 상황에서 문제나 상호 대화를 어떻게 다루었는지에 대해 자세히 물어볼 것이다. 그리고 내담자의 행동을 직접 관찰할 수 있다. 내담자가 상황이나 문제를 이상적으로 처리하는 방법이나 친구에게 어떤 조언을 해 줄 것인지를 가정하여 물어볼 수 있다. 또는 회기 중이나 역할극에서 새로운 행동을 시도하도록 내담자에게 요청할 수도 있다. 이 사례에서 치료자는 과거력을 모으는 것뿐 아니라 코칭 전화 중 쵸넬이 아들을 훈육하는 것을 직접 듣고 그녀의 양육 기술을 평가하였다. 치료자는 쵸넬의 어머니가 친척을 만나러 나간 주말에는 쵸넬과 아들이 갈등을 거의 경험하지 않는다는 것을 알게 되었다. 쵸넬은 매우 활발한 아이에게도 효과적인 양육 기술을 가지고 있었다. 문제는 어머니로부터 비난을 받거나 비난받을 것 같은 상황에 직면했을 때 기술을 사용하지 못하는 것으로 보인다. 그녀에게 부족한 기술은 비판을 받을 때 감정을 조절하는 능력이었다. 또한 쵸넬은 지배적인 어머니에게 자신의 주장을 효과적으로 내세울 수 없었다.

평가 결과, 내담자가 기술을 수행할 수 있음이 밝혀지면서 이제 치료자는 더 기술적인 행동을 사용하지 못하게 방해하는 세 가지 다른 요인을 평가한다.

● 조건화된 감정 반응

때때로 조건화된 감정 반응은 더 기술적인 반응을 방해한다. 효과적인 행동은 수치심, 죄책감, 부당한 두려움 또는 다른 강렬하거나 통제할 수 없는 감정에 의해 억제되거나 와해된다. 이런 사람은 '감정 공포증'을 겪을 수 있다. 그는 회피나 도망치는 행동 양상을 보일 수 있다. 이런 경우에는 노출 기반 치료가 필요하다. 쵸넬의 경우도 이것이 핵심 문제다. 치료자가 사슬 분석을 통해 더 자세히 살펴보자, 수치심이 1차 감정이라는 것이 밝혀졌다. 그녀의 어머니가 문 앞에서 지켜보고 있었을 때, 그리고 어머니가 손자에게 "엄마를 귀찮게 하지 말고 나가자."라고 말했을 때 쵸넬은 수치심을 느꼈다. 분노는 2차 반응이었다. 결과적으로, 노출 요법의 원칙은 그녀의 감정 반응을 변화시키는 중요한 방법을 제공하여 그녀가 감정을 조절하고 능숙한 양육 기술을 사용할 수 있게 돕는다.

● 문제 있는 수반성

어떤 상황들이 역기능적 행동을 강화하거나, 또는 기능적 행동의 강화에 실패하여 기술적 수행을 못 하게 되기도 한다. 효과적인 행동 다음에 중립적이거나 처벌적인 결과가 따라오거나 강화물의 제공이 늦어질 수 있다. 예를 들어, 죠넬이 효과적인 양육 기술을 수행할 때도, 종종 바로 "봐, 그렇게 어렵지 않잖아! 왜 항상 이렇게 하지 못하는 거니?"라는 어머니의 잔소리로 이어졌다. 시간이 지남에 따라 이런 혐오적인 결과는 어머니가 근처에 있을 때에는 죠넬이 효과적인 육아 기술을 쓸 가능성을 감소시켰다. 문제 행동이 긍정적인 결과로 이어지거나 더 좋은 행동이나 감정 상태의 기회를 제공하는 경우도 있다. 예를 들어, 의도적 자해는 종종 만족스러운 결과를 발생시킨다(예: 자기 처벌 기능, 다른 사람에게 고통을 표현하는 기능, 엔돌핀 방출을 통한 통증 감소 제공, Nock, 2009). 자해가 고통을 표현하는 기능을 하고, 주변 사람들의 관심 증가로 이어지면, 향후 자해를 할 경향이 증가할 수 있다. 달리 말하면, 비자살적 자해가 정적 강화에 의해 유지되는 것이다. 그러나 의도적 자해는 종종 부적 강화에 의해서도 유지된다. 자해는 손목을 긋고 싶은 충동에 저항할 때 나타나는 부정적인 감정이나 긴장과 같은 혐오적인 상태를 끝내게 해 준다. 죠넬은 주먹으로 자신을 쳤을 때와 약물을 과용하는 상상을 했을 때 큰 안정감과 위안을 경험했다. 한 사람이 의도적 자해를 조절하는 두 유형의 수반성을 모두 가질 수 있다. 죠넬이 처음으로 자신을 때리기 시작한 어린 시절에, 그녀의 선생님은 그녀를 더 염려해 주었고(정적 강화), 그녀의 어머니는 언어 폭력을 중단했다(부적 강화). 문제 있는 수반성이 표적 행동을 지속시킨다면, 수반성 관리 개입을 해야 한다.

● 문제 있는 인지 과정 또는 내용

네 번째 요인은 효과적인 행동이 문제적 생각 패턴, 또는 특정한 잘못된 믿음 및 가정에 의해 방해되는 것이다. 이런 문제들이 드러났을 때에는 인지 수정(cognitive modification)이 적절한 치료 전략이다. 여기서 죠넬이 어머니의 말을 잘못 해석하거나 왜곡하기 때문에("어머니는 내 아들 앞에서 나를 미친 여자라고 부른다.") 과민 반응을 보인다고 가정하고, 분노를 줄이기 위하여 인지 수정을 고려하는 것이(예: 내키지 않더라도 어머니의 의도는 좋은 것이었다는 식의 대안적 해석을 찾기) 쉽게 할 수 있는 일이다. 그러나 치료자는 이렇게 가정하지 않고 이에 대해 더 자세하게 알아보았고, 실제로는 죠넬의 어머니가 심하게 폭력적인 언어를 사용하는 것을 발견했다. 오히려 죠넬은 어머니의 비수인을 과장하기보다는 최소화하고 있었다. 잘못된 해석을 수정하고 분노를 줄이기 위한 인지 재구성을 시행하는 대신, 여기에서 적절한 가설은 다른 사람들이 화를 내고 비판적일 때에도 죠넬은 자신의 요구를 적절하게 주장할 권리가 있다고 믿도록 도울 필요가 있다는 것이다.

　이렇게 상세한 사슬 분석을 하면 내담자와 치료자는 내담자가 원하는 궁극적인 변화를 위해 내담자의 대체 행동이 필요한 그 지점을 찾을 수 있다. 내담자의 반응이 역기능적일 때(내담자의 장기 목표 달성을 방해하는 반응), 치료자는 어떤 대안적 행동이 더 기능적이었을지, 왜 더 숙련된 대안을 하지 못했는지에 대해 평가한다. 죠넬과 치료자는 세 가지 지점을 가장 중요한 것으로 찾아냈다. [그림 2-3]은 역기능적 반응의 연결 고리에 죠넬이 찬성한 변화 목표를 추가한 그림을 보여 준다. 치료자와 죠넬은 다음과 같은 목표를 위한 대체 행동을 찾기로 합의했다. ① 그녀의 어머니가 아무리 심하게 비수인하더라도 죠넬은 자살 행동이나 의도적 자해에 기대지 않을 것이다. ② 죠넬은 아들을 자극하지 않는 방식으로 어머니와의 갈등을 다룰 수 있을 것이다. ③ 비록 그녀가 상상할 수 있는 범위를 넘어서지만, 특히 죠넬은 그녀의 육아와 관련하여 그녀의 어머니에게 효과적으로 대항할 수 있기를 바란다.

다양한 문제 행동에서 패턴 찾기

　다양한 표적 행동에 대한 과거력 및 예비 사슬 분석을 수행하면서 동일한 방식으로 기능하는 행동을 묶음으로 그룹화하여 패턴을 찾아보라. 예를 들어, [그림 2-4]와 같이 사만다의 표적 행동에 대한 세 가지 사슬 분석에서 패턴을 찾아보자. 이 자료들은 치료의 처음 두 회기에서 수집되었다. 죠넬의 사례보다 세부 사항이 훨씬 적

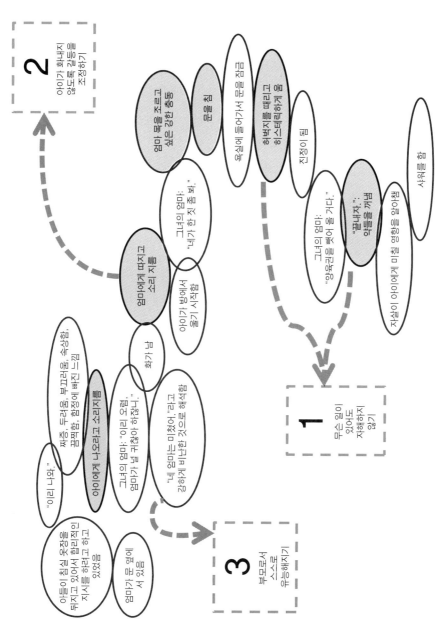

2
아이가 화내지 않도록 갈등을 조정하기

엄마 목을 조르고 싶은 강한 충동

문을 침

욕실에 들어가서 문을 잠금

허벅지를 때리고 히스테릭하게 움

진정이 됨

그녀의 엄마: "네가 한 짓 좀 봐."

그녀의 엄마: "양육권을 빼앗어 올게다."

"끝내자.": 이혼을 개념

자살이 아이에게 미칠 영향을 알아챔

서러를 함

엄마에게 따지고 소리 지름

아이가 방에서 울기 시작함

화가 남

짜증, 두려움, 부끄러움, 수상함, 꼼짝함, 함정에 빠진 느낌

"이리 나와."

아이에게 나오라고 소리지름

그녀의 엄마: "이리 오렴. 엄마가 널 거짓이 하잖니."

"네 엄마는 미쳤어."라고 강하게 비난한 것으로 해석함

아들이 침실 옷장을 뒤지고 있어서 합리적인 지시를 하려고 하고 있었음

엄마가 문 앞에 서 있음

1
무슨 일이 있어도 자해하지 않기

3
부모로서 스스로 유능해지기

[그림 2-3] 조넬이 기술을 사용하여 대체 반응을 만들기 위한 지점

다는 것을 알 수 있는데, 그것은 사만다가 회기 1과 회기 2 사이에 위기를 겪었기 때문이다. 위기를 다루느라 과거력을 들을 시간이 거의 없었다. 사만다와 같이 많은 내담자는 혼란과 위기 대처 상황 한가운데서 치료를 시작하며 이는 상세한 평가를 방해한다. 그럼에도 불구하고, 당신이 가지고 있는 정보가 무엇이든 당신은 1차 표적 행동의 주요 조절 변수에 대한 예비 가설을 생성할 수 있다. 이제 사만다의 세 가지 표적 행동에 대한 사슬 분석을 살펴보자. ① 정신 병원 입원을 촉발한 가장 최근의 자살 위기 행동, ② 첫 번째 회기 동안과 이후에 발생한 내담자와 치료자의 일련의 치료 방해 행동, ③ 사만다와 그녀의 이모와의 논쟁(이는 주거지를 불안정하게 하고, 그녀가 떠나면 치료가 위태롭게 될 수 있음). 우리는 표적 행동들에 걸쳐 있는 패턴을 찾기 위해 동일한 세 가지 개념(표적 위계, 생물사회 이론, 변화에 대한 행동 이론)을 적용할 것이다.

표적 위계에 따라 사만다의 치료자는 첫 번째 회기에서 자살 시도 및 기타 생명을 위협하는 행동의 과거력을 얻는 것을 우선시했다. [그림 2-4]의 첫 번째 사슬 분석은 사만다의 진통제 과다복용에 대한 것으로, 죽음에 대해 양가적인 의도가 있는 자살 시도였으며, 정신병원 입원으로 귀결된 경우였다. 내담자는 부모와 함께 살고 있었는데, 어느 날 해병인 친구로부터 이제 이라크를 떠나 집으로 돌아올 예정이라는 연락을 받았다. 이후 그녀의 식사 제한과 제거 행동은 "그에게 예쁘게 보이기 위해" 더 빈번해졌다. 그가 방문했을 때 그들은 몇 시간 동안 이야기했다. 그는 친구가 죽고 책임감을 느끼는 것이 얼마나 기분이 좋지 않은 일인지 온전히 알고 있었다. 그의 어두운 유머는 '그것에 대해 이야기'하지 않고서도 마치 진정제처럼 공감을 전달했다. 그가 다시 현장에 복귀하기 위해 떠났을 때, 그녀는 상심하였고 그가 죽을 것이라는 강박관념에 사로잡혔다. 그녀는 계속해서 식사 제한과 제거 행동을 했으며 "살찌게 만든다"며 진통제 복용을 중단했다. 그녀는 방에 머물면서 그저 울고 자고 몽환적 음악을 듣고만 있었다. 그녀의 부모는 그녀가 종종 예술 프로젝트를 하기 위해 방에 틀어박히는 것에 익숙했기 때문에 아무 걱정을 하지 않았다. 며칠 후, 한밤중에 "가끔 그러듯이, 뭔가 이상해지고 잘못되는 기분"이 들었다. 그녀는 허벅지에 그의 이름을 새겼고, 잠들었다가 깨어났는데 자해하는 동안 몇 시간 동안 참았던 구

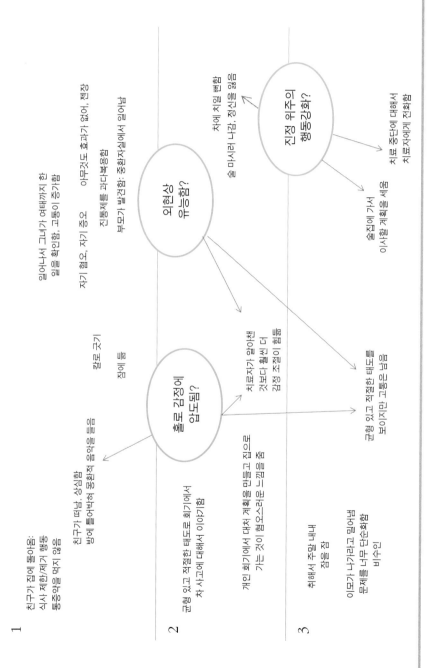

[그림 2-4] 사만다의 중요한 표적들에 대한 세 가지 사슬 분석의 비교

부정한 자세로 인해 악화된 허리 통증과 자신에 대한 역거움으로 인해 고통스러웠다. 그녀는 "젠장. 효과가 없잖아."라고 생각하면서 진통제를 반복적으로 먹었다. 그 후로는 잘 기억이 나지 않지만 그녀는 부모님이 자신을 발견한 후 인근 병원으로 옮겨져 중환자실에 입원하게 되었다.

그림의 두 번째 사슬 분석의 사건은 첫 번째 회기에서 치료자가 사만다에게 자동차 사고에 대해 질문했을 때에서 시작한다. 사만다는 균형 있는, 강하면서도 취약한, 통찰력 있는 태도로 이야기해서 치료자는 그녀가 놀라울 정도로 잘 대처하고 있다고 생각했다. 치료자와 사만다는 사고에 대해 이야기할 때 생길 수도 있는 감정적 흥분을 관리하는 방법에 대해 좋은 계획을 세웠다. 그러나 치료자도 모르는 사이에 사만다는 이 대화로 인해 매우 감정이 동요되었다. 그녀는 회기를 마치고 나와서 너무 정신적으로 혼란스러워서 주차장에서 차에 치일 뻔했다. 그날 밤, 그녀는 밖에 나가서 친구들과 블랙 아웃이 될 정도까지 술을 마셨다.

세 번째 사슬 분석은 두 번째 사슬 분석 직후의 일에 대한 것이다. 사만다는 토요일과 일요일에 하루 종일 잠을 잤다. 그녀의 이모는 너무 걱정스러워서 마침내 그녀를 일으켜서 "밖으로 나가서 바람을 쐬던지, 사촌에게 전화를 걸어서 지역 대학에 수강 가능한 수업이 있는지 확인해 봐."라고 말했다. 그녀의 이모는 계속해서 많은 문제 해결 아이디어를 냈고 사만다는 예의 바르게 듣고 있었지만 아무 것도 하지는 않다가, 마침내 이모를 위해 기분이 좋아진 척을 하며 집을 나섰다. 그녀는 동네 술집에 가서 옛날 친구들에게 전화를 걸어 이사를 계획하고 있다고 말했다. 그녀는 이모와 함께 생활하는 것에 여러 문제가 생겨서 이사를 갈 것이기에 다음 회기를 취소해야만 한다고 설명하는 사과 메시지를 치료자에게 남겼다(치료자는 운 좋게도 그녀의 메시지를 받았고, 그녀가 완전히 끝내 버리기 전에 사만다에게 연락하여 다음 날 예정된 회기에 오도록 설득했다).

이러한 다양한 사슬 분석에서 어떤 공통점이 눈에 띄는가? 한 가지 시작 방법은 생물사회 이론으로부터 가설을 찾는 것이다. ① 혼란스러운 행동이 감정 조절 문제의 결과이거나 또는 감정을 재조절하려는 노력일 수 있고, ② 비수인이 현재의 감정 조절 어려움을 지속시키는 역할을 할 수도 있다. 또한 변증적 딜레마로 제1장에서 서술된 2차 행동 패턴, 정서적 취약성과 자기 비수인, 적극적 수동성과 외현상 유능, 억제된 슬픔과 끊임없는 위기를 찾아보라. 마지막으로, 기술 부족, 조건화된 감정 반응, 수반성, 인지 과정 또는 내용이 사만다의 표적 행동에 기여하는지 고려하라. [그림 2-4]는 표적 행동에 걸쳐 있는 이런 공통 연결 고리 각각을 찾아내는 치료자의 첫 단계를 보여 준다.

사만다는 많은 2차 표적을 가지고 있다. 그녀는 거의 괴로워하는 것처럼 보이지 않고 믿을 수 없을 정도로 강인한 페르소나를 보여 준다. 치료자는 고통과 자살 위험을 과소평가하는 결과를 초래할 수 있는 외현상 유능 패턴을 사만다에게 분명히 알려 주고 싶을 것이다. 게다가 사만다는 억제된 슬픔과 끊임없는 위기, 정서적 취약성의 버뮤다 삼각지대에 갇힌 것처럼 보인다. 모든 것이 그녀에게 자동차 사고를 기억하게 하고, 수치심과 슬픔이 그녀를 압도하고, 그럼 그녀는 강한 감정을 회피하기 위해 충동적으로 문제 행동에 참여한다. 그녀가 첫 면담에서 치료자에게 말한 자동차 사고에 대한 간략한 설명조차 너무 압도적이어서 위기를 촉발하였다. 사만다의 2차 표적은 1차 표적인 자살 위기 및 치료 방해 행동에 큰 영향을 주는 것으로 보인다.

사만다에게 가장 시급한 기술 부족은 실제 상황을 악화시키는 충동적 행동을 하지 않고 고통을 감내하는 기술의 부족으로 보인다. 사만다가 위험한 행동을 지속하게 하는 수반성이 아직 명확하지는 않지만 그녀의 의도적 자해는 부적 강화에 의해 유지되는 것으로 보인다. 사만다에게 자해는 부정적인 감정 같은 혐오 상태를 일시적으로 끝내게 해 준다. 사만다의 자해는 정적 강화에 의한 유지는 없는 것 같다(즉, 사만다는 자해의 증거를 숨기고 있으므로, 이는 다른 사람들에게 고통을 호소하는 기능은 하지 않는다). 사만다는 확실히 문제가 있는 조건화된 감정 반응과 감정 조절 어려움을 경험한다. 그녀가 지닌 기술적이고 효과적인 행동은 종종 수치심, 죄책감, 부당한 두려움, 또는 다른 강렬하거나 통제할 수 없는 감정 때문에 억제되고 망가진다. 어떤 인지 과정이나 내용이 가장 문제를 일으키는지 아직 명확하지 않지만, '어떻게 되도 상관없다'는 반복적인 절망적 생각이 사만다가 삶과 죽음의 문제에서 완전히 수동적 태도를 가지게 만드는 것 같다. 치료자와 트라우마에 대해 논의한 후 보인 사만다의 반응은 의도적 자해 및 불규칙한 식이가 안정되고 더 강한 감정 조절 기술을 습득할 때까지 2단계 노출 작업은 미뤄야 한다는 증거를 제공한다.

치료자는 사만다의 행동 패턴에 대한 단순화된 그림을 만들고([그림 2-5] 참조), 이것을 세 번째 회기에 그녀에게 보여 주어, 사건의 핵심 요소를 정확하게 포착했는지 확인하였다. 때때로 치료자가 주도하여 반복되는 패턴을 강조 · 관찰 · 서술하고 행동의 숨은 의미에 대해 언급하지만, 내담자도 동일한 입장을 취하도록 열심히 발전시켜야 함이 핵심이다.

여러 다른 표적 영역과 특정 문제 행동에 대하여 이런 단계들을 오가며 진행하기 때문에, 자칫 세부 사항에서 길을 잃기가 쉽다. 때문에 탐색에 도움을 주는 것들에 초점을 맞추고 또 맞추어야 한다. 문제의 본질을 향해 가고 또 가야 한다. 문제의 핵심을 포착하는 한 줄 문장, 이름표, 은유 또는 문장을 사용하는 것이 도움이 될 수 있다. 이것이 당신을 이끌 수 있게 충분히 꽉 잡으면서도, 새로운 증거에 열려 있도록 충분히 살살 잡아야 한다. "끊임없이 질문하는 태도, 현실에 도전하면서 기존 가설을 끊임없이 재검토하는 생각의 과정을 견지하라. 이러한 태도가 우리의 가설이 증거를 왜곡하는 편향에 빠지지 않도록 지켜 준다. 이것이 독창적인 통찰로 이어지고, 정말 중요한 것을 찾기 위해 관련 있는 일련의 놀라운 사실들을 탐색하도록 이끄는 것이다."(Hart, 2007, p. 21)

여기에서 논의한 DBT 사례 개념화의 개념들은 오리엔티어링에서 사용하는 도구와 같다. 한 사례 개념화가 잘 들어맞지 않으면, 조절 변수들의 그림이 명확해질 때까지 또는 적어도 다음 단계로 넘어가기에 충분히 명확해질 때까지 다른 개념화를 택해야 한다.

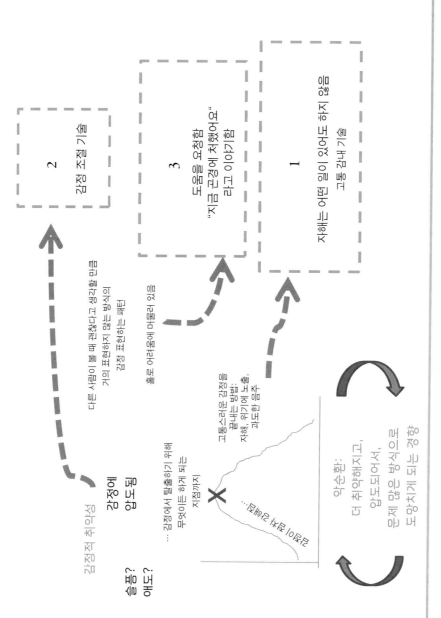

[그림 2-5] 사만다가 인정한 행동 패턴 그림

STEP 3: 과제 분석을 사용하여 주요 공통 연결 고리에 대한 미니 치료 계획 생성

　과제 분석은 내담자의 현재 능력과 상황에서 원하는 행동이나 결과를 얻는 데 필요한 단계별 행동 순서를 제공한다. 당신과 내담자는 대화의 흐름에서 즉흥적으로 과제 분석을 수행할 수도 있고 더 신중한 방식으로 할 수도 있다. 당신이 물어볼 질문은 "이 상황에서 더 효과적인 대응은 무엇일까요?"다. 치료자는 각각의 표적 행동과 가장 흔한 역기능적 연결 고리를 대체할 행동을 찾는다. 다음으로 내담자가 이 대체 행동에 실제로 참여하기 위해 무엇을 해야 하는지 정확히 파악해야 한다. 그런 다음, 중요한 지점에서 내담자가 기존 행동에서 새로운 행동으로 전환할 수 있게 돕는 '미니' 치료 계획을 만든다.

　이러한 작은 치료 계획을 세울 때, 세 가지 자원에서 전략을 도출하라. 첫째, 역기능적 연결 고리를 DBT 기술로 대체하는 것을 고려하라. 둘째, 대체 행동을 위한 치료 및 심리학에 관한 연구 문헌을 살펴보라. 마지막으로 개인적인 경험을 고려하라. 당신이나 또는 주변 사람들은 유사한 문제를 정확히 어떤 방식으로 해결했는가? 과제 분석의 핵심은 선택한 대체 행동이 내담자의 상황에서 실제로 작동하는지 확실히 하는 것이다. 예를 들어, 사람이 심한 감정 조절 어려움을 경험할 때는 복잡한 생각을 요하는 기술을 수행하는 것이 거의 불가능하다. 그런 상황에서 단계별 과제 분석은 대인관계 효율성 기술과 같이 내담자가 감정 조절이 된 상태에서 가능한 기술보다는 먼저 감정 조절을 목표로 하는 전략으로 시작해야 한다. 상황에 잘 들어맞는 해법을 찾는 것은 매우 어려운 일이다. 예를 들어, 심한 감정적 흥분과 충분치 않은 주변의 도움 속에서 당신이라면 어떻게 충동적 행동을 억제하고 그 순간에 효과적인 일을 할 수 있을까? 과제 분석의 이 측면은 마치 위치 안내와 같은 방식의 공감을 필요로 한다. 누군가가 당신에게 전화로 길을 묻지만 그가 어디에 있는지 또는 그의 지금 위치와 가고 싶은 곳이 어떻게 통하는지 확실치 않은 것과 같다. 당신이 그 지역을 잘 알고 있다면, 그가 어디에 있는지 확인하기 위해 대표적 명소를 설명할 수 있고 그 후 어떻게 갈지를 정확히 설명할 수 있다. 단계별로 정확히 내담자는 어떻게 이곳에서 저곳으로 이동할 수 있을까? 때때로 내담자는 무슨 일이 일어나고 있는지 설명할 수 없거나 설명하지 않을 것이므로, 치료자에게는 내담자가 어디 있는지 확인하는 고도로 세련된 능력이 필요하다. 예를 들어, 사만다의 치료자는 사만다가 겉으로 보이는 것보다 더 감정 조절이 어려운 상태임을 알려 주는 매우 미묘한 신호를 알아차리는 방법을 빠르게 익혔다. 그래서 치료자는 사만다가 균형판 사용이나 얼음 쥐기와 같은 활동을 하도록 유도하였고, 이는 회기가 끝나기 전에 사만다가 감정을 재조절할 수 있게 해 주었다.

다른 예로, 죠넬과 치료자는 그녀의 어머니가 주변을 맴돌며 그녀의 육아를 비판하려는 그 순간을 죠넬이 정확히 어떻게 다루고 싶은지에 대해 과제 분석을 수행하였다. 우선 죠넬이 뿌듯할 만한 결과와 그 상호작용을 상상해 보는 것으로 시작했다. 그녀는 어머니에게 이렇게 말할 수 있기를 원했다. "제발 비켜 주세요. 저는 지금은 어머니의 도움을 원치 않아요. 우리 방식대로 할 수 있는 여유가 있어야 아이도 편안해해요." 그런 다음 죠넬과 치료자는 각 단계마다 어떻게 현재 방식에서 죠넬이 원하는 반응으로 변화할 수 있는지를 정하였다. 죠넬에게는 자기 의견을 주장해야 할 때가 언제인지 알아차리는 능력이 필요했다. 그들이 평가한 바에 따르면 죠넬은 이런 능력을 지니지 못했기 때문에 알아차림을 높이기 위해 자기 관찰을 사용하였다. 그녀는 관계와 자기 존중감을 유지하면서도 자기 목적을 달성하기 위해 대인 관계 기술도 배워야 할 필요가 있었다. 죠넬은 갈등을 피하는 방법을 알고 있었지만, 자기 목적을 달성하는 법이나 자기 존중을 지키는 법은 알지 못했다. 치료자와 죠넬은 다양한 역할극을 통해 어머니가 지켜야 할 선을 넘지 않도록 하는 방법을 연습하였는데, 이를 통해 죠넬이 자신은 주장할 권리를 박탈당했다고 믿고 있음이 분명해졌다. 그녀는 자신이 엄마로서 실패했다는 큰 수치심을 느끼고 있었다. 어머니 역할을 맡은 치료자가 부당한 요구를 했을 때조차 수치심이 떠올라서 죠넬은 완전히 감정의 혼란 속에 빠지고 굴복할 정도였다. 따라서 또 다른 중요한 과제는 죠넬이 수치심을 조절하도록 돕는 것이었다. 인지 재구성은 그녀가 실제로는 자신을 주장할 권리가 있다고 믿도록 돕기 위해 사용되었다. 그녀는 또한 어머니가 심한 말로 그녀를 공격하고 비판할 때 분노를 조절할 수 있는 능력이 필요했다. 죠넬은 그런 기술을 지니고 있었고 직장에서는 사용했지만, 친밀한 관계에서는 사용하지 않았다. 죠넬과 치료자가 그녀의 기술을 추가로 면밀히 평가해 보니 어머니가 그녀의 감정을 상하게 할 때에는 분노와 판단적 생각이 빠르게 뒤따른다는 것이 분명해졌다. 어머니의 상처 주는 말에 죠넬은 "어머니는 저렇게 해선 안 돼! 누구보다도 나를 이해하고 도와줘야 하는데, 어쩌면 저럴 수가!"라고 생각하였다. 그래서 또 다른 중요한 치료 과제는 그녀의 어머니가 여러 가지 이유로 종종 비판적이고 지지적이지 않다는 사실을 죠넬이 철저히 근본적으로 받아들이도록 돕는 것이었다. 죠넬의 특정 문제 각각에 대한 치료자의 미니 치료 계획은 전체 치료 계획을 만들기 위해 합쳐져서 다음과 같이 정리되었다.

- 어머니와 갈등 상황에 있을 때 자신의 필요, 욕구, 가치를 알아차리는 해법 만들기
- 자기 관찰(자기 주장이 필요할 때를 인식하기 위해)
- 기술 훈련(수치심과 분노와 같은 감정 조절, 대인관계 효율성, 철저한 수용을 위해)
- 상상 노출(비판 받을 때 조건화된 수치심 반응을 줄이기 위해)
- 인지 수정(자기 주장에 대한 믿음을 위해)

   기술을 사용하여 행동하는 것은 간단한 일이 아니다. 우리는 대부분 어린 아이가 잘못된 행동을 할 때 이를 멈출 때까지 참을성 있게 바로잡을 수 있는 능력을 가지고 있다. 그러나 비판적인 부모나 시댁 식구들이 아이가 우리의 지시를 무시하는 것을 지켜보고 있다면 상황은 훨씬 더 어렵다. 그런 경우에 다른 사람의 간섭하는 말들을 무시하거나 단호하게 차단하면서 참을성 있게 자녀를 훈육할 수 있을까? 또는 우리의 훈육이 효과가 없어서 좌절감을 느낄 때, 다른 사람들의 도움을 받아들일 수 있을까? 우리는 아이에게 무슨 말을 할지 알고, 좌절감과 당혹감을 조절할 수 있고, 다른 어른들이 우리를 비난하는지 아닌지를 정확하게 파악하고, 마음이 열려 있고 방어적이지 않은 태도를 가지는 등의 많은 능력을 가지고 있으며, 또한 이 모든 능력을 압박 속에서도 사용할 수 있어야 기술적인 반응을 할 수 있다. 비유하자면, 평일 아침에 집 앞 농구장에서 혼자 자유투를 던진다면 깔끔한 슛을 성공시킬 수 있

다. 그러나 이것은 실제 경기에서 슛을 성공할 수 있는 능력과는 다르고, 챔피언 결정전의 마지막 몇 초를 남기고 슛을 성공시킬 수 있는 능력과는 많이 다르다. 따라서 DBT 치료 계획은 기술 훈련을 강조하는 것뿐 아니라 더 어려운 상황, 즉 연습만이 아니라 일상생활에서 직면하는 것과 같은 모든 관련 상황에서 기술을 실행할 수 있도록 기술의 강화 및 일반화를 강조한다. 모든 DBT 치료 계획에서 행동 리허설이 필수적이고 강조되는 이유다.

여러 상황에서 내담자는 더 기능적인 행동을 수행하려 시도할 때 반복되는 어려움을 겪는다. 이런 반복적인 장애물을 발견하면, 행동치료의 네 가지 요인으로 돌아가서 조절 변수 평가를 한다.

① 부족한 기술은 무엇인가?
② 어떤 감정 반응이 기술 사용을 방해하고 있는가?
③ 어떤 수반성이 문제가 되고 있는가?
④ 어떤 인지 과정이 기술 사용을 방해하고 있는가?

예를 들어, 여러 문제에 걸친 사만다의 행동 패턴을 보면, 외현상 유능함이 그녀가 필요한 도움을 받는 데 얼마나 방해가 되었는지 확인할 수 있다. 지금의 치료 과제는 사만다가 상황을 악화시키지 않고 고통을 견딜 수 있도록 돕는 것이었다. 그러나 고통이 감정을 심하게 흔들어서 사만다의 머리는 고장이 난 듯 멈춰 버렸다. 이때 그녀는 도움이 더 필요했지만 도움을 요청하는 것을 수치스러워했다. 그녀는 치료자가 필요하지만 도와줄 수 없을 때 느낄 엄청난 실망을 두려워했고, 마음을 여는 것을 극도로 두려워했기 때문에 혼자 감정에 압도되어 있었다. 그러나 당신은 그녀를 보기만 해서는 이것을 절대 알 수 없다. 고통을 표현하는 동안에도 그녀의 침착함과 외현상 유능함은 다른 사람들이 그녀가 도움이 필요하지 않다고 생각하게 만든다. 이 문제를 해결하기 위해 치료자와 사만다는 행동 리허설과 함께 수반성 조절 전략을 도입했다. 사만다는 도움이 필요한지 여부에 관계없이 연습을 위해 2주 동안 매일 지정된 시간에 전화를 걸어야 했다. 그녀의 과제는 그녀의 현재 감정이 무엇인지(그녀가 할 수 있는 한) 정확하게 표현하는 것이었다. 해병 친구와의 가벼운 농담이 도움이 된다는 사만다의 말을 참조하여, 치료자는 전화 통화를 가벼운 분위기로 유지하면서도 깊이 공감을 하는 태도로 고통 감내 기술을 지도하였다.

특정 문제와 그 발생기전을 치료하기 위한 미니 계획이 합쳐져서 전체 치료 계획이 된다. 당신은 사슬 분석 및 과제 분석이라는 도구를 사용하여 중요한 표적 행동이 발생하는 경로가 무엇인지, 변화가 필요한 경로는 무엇인지, 변화 경로를 방해하는 것은 무엇인지를 찾는다. 아마도 가장 중요한 것은 여러 시간과 여러 문제 영역에 걸쳐 있는 공통 요소가 무엇인지 알아내는 것이다. 이를 통해 여러 표적에 영향을 주는 그 경로를 변화시키는 데 집중할 수 있다.

일단 반복되는 패턴을 알게 되면, 사건의 연쇄 과정에서 자신과 내담자가 어디에 있는지 더 빠르게 파악하고 주어진 순간에 치료를 시작할 위치를 더 빠르게 확인할 수 있다. 그것은 마치 치료자가 각각의 연결 고리의 문제에 대해 고리 길이를 검사하는 품질 관리 검사관과 같은 역할을 하는 것이다. 당신이 내담자의 삶에 대해 듣고 회기에서 일어나는 일을 관찰하면서, 당신의 우선순위는 의도적 자해, 치료 방해 행동 또는 내담자의 삶의 질을 방해하는 행동으로 귀결되는 이 길다란 행동 연쇄 과정을 찾아내는 것이다.

일반적으로 문제 행동은 여기저기서 나타난다. 느린 변화를 견디고 극심한 고통에 직면하면서도 치료 개입을 할 지점과 방법을 잘 선택하는 일은 매우 힘든 일이다. 잘 선택한다는 것은 1차 치료 표적(의도적 자해, 치료 방해 행동, 내담자의 삶의 질을 방해하는 행동)으로 이어지는 '정확한 연쇄 과정을 선택하는 것'을 의미한다. 당신은 이러한 사슬 연쇄 위에 내담자가 어디에 있든지 모든 위치에서 변화 작업을 수행할 수 있다. 내담자가 과거 문제 행동으로 이어졌던 취약성 요인을 현재 경험하고 있다고 보고하면 해당 취약성 요인을 치료한다. 그러나 내담자가 자살에 대한 임박한 위험에 처해 있을 때, 확인과 교정을 가장 필요로 하는 연결 고리는 이 즉각적인 위험과 관련된 연결이다. 한마디로, 치료자는 도구 상자를 손에 들고 사슬을 타고 끝으로 다가가서 치료 시간 동안 만난 각 연결 고리를 고치는데, 바람직하게는 회기 사이 한 주 동안 내담자도 연결 고리를 고칠 수 있도록 가르치는 방식으로 한다. 내담자가 끝에서 더 멀리 있으면, 치료자는 연쇄 과정에서 더 일찍 발생하는 연결 고리를 '확인하고 교정'할 수 있다. 이러한 경로를 시각적으로 표현하는 것은 내담자와 치료자 모두에게 큰 도움이 될 수 있고, 문제가 있는 반응에서 벗어나 적응적 반응으로 나아가는 방법을 함께 찾아낼 수 있다. 무엇보다 앞서, ① 생명을 위협하는 행동을 피하는 법, ② 내담자가 잘 조절되고 할 수 있을 때 빨리 행동 패턴을 파악하는 것, ③ 여러 문제에 걸친 공통 연결 고리에 대한 대체 행동을 찾는 것에 우선순위를 둔다.

사례 개념화 및 치료 계획의 과정 전반에 걸쳐, 지속적으로 내담자와 함께 요약하고 달리 표현하고 확인해야 한다. 가설을 수정, 검증, 폐기할 때, (내담자에게 유용하도록) 투명하고 협력적이며 심리교육적이어야 한다. 이 과정을 반복하여 각각의 중요한 문제 행동에 대한 조절 변수를 찾는 것이다.

그리고 이 과정 내내 변증적 사고 방식, 즉 마음을 기민하고 유연하게 유지하는 자세를 갖는 것이 중요하다. 그러므로 변증적 입장에서 보면, 막히거나 양극단으로 치우친 느낌은 당신이 일시적으로 현실의 본질을 잊어버리고 우연히 손에 쥐고 있는 부분을 전체 문제의 절대적 진리로 받아들이고 있음을 알려 주는 유용한 단서다. 문제를 잘 이해하고 치료하는 데 있어, 내담자와 치료자와 팀 구성원 사이의 긴장, 혼란, 그리고 극단의 느낌은 뻔히 예상되는 것이기도 하고 심지어 반가운 일이며, 반대 입장에서는 무엇이 타당한지를 확인할 수 있는 단서이기도 하다.

변증적 평가에서 대화 또는 사고의 방식은 예전에 낚시찌로 사용되었던 흰색과 빨간색으로 칠해진 공을 물속에서 손가락으로 누르고 있는 것과 비슷하다. 대화나 생각의 흐름 도중의 날카로운 긴장은 물속의 낚시찌를 누르는 것과 비슷하게 반대되는 긴장을 유발한다. 눌려진 지점의 압력이 낚시찌가 굴러서 다른 위치에서 튀어오르게 하는 것이다. 예를 들어, 한 내담자가 담배불로 팔에 화상을 만들 때 즉각적인 감정 해소를 느꼈고 그것을 포기하기를 싫어한다고 가정해 보자. 치료자가 최근 사건을 일으킨 요인을 평가하자 내담자는 "이번 화상은 그렇게 심하지 않았잖아요."라고 태연하게 말했다. 치료자는 내담자의 반응에 내재된 모순을 강조하기 위해 다음과 같이 말했다.

치료자: 그러니까 당신이 말하는 것은 만약 당신이 심한 감정 고통이 있는 사람, 당신의 조카라고 해 봅시다. 그 조카가 당신이 팔에 화상을 입힐 때만큼 너무 기분이 안 좋아서, 어쩌면 당신이 그 밤에 느꼈던 것처럼 끔찍하게 실망스러운 느낌을 받았다면 말이죠. 당신은 조카의 기분을 나아지게 하기 위해 화상을 입히겠다는 말인가요?

내담자: 아뇨, 난 그러지 않을 거예요.

치료자: 왜 그렇게 하지 않을까요?

내담자: 난 그냥 그러지 않을 거예요.

치료자: 난 당신이 그러지 않을 거라는 것을 알아요. 하지만 왜일까요?

내담자: 나는 조카를 안심시키고, 그 애의 기분을 나아지게 할 다른 일을 할 것 같아요.

치료자: 그러나 그것으로 조카가 위로가 되지 않는다면 어쩌죠? 당신의 위로가 모두 조카의 기분을 나아지게 하지 못했다면, 그리고 당신은 조카에게도 그렇게 심하지 않게 화상을 입힐 수 있잖아요.

내담자: 난 그냥 그렇게 하지 않을 거예요. 그건 옳지 않아요. 내가 뭔가를 할 수도 있겠지만, 그건 아니에요.

치료자: 그거 흥미롭네요. 그렇게 생각하지 않으세요?

내담자는 어떤 상황에서도 누군가에게 화상을 입히면 안 된다고 하면서, 위안을 얻기 위해 자신에게 화상을 입히는 것은 큰 문제가 아니라고 믿는다. '이 모순이 어떻게 함께 당신에게 있는지'를 변증적으로 평가하는 스타일은 내담자의 가치에 대한 중요한 정보를 산출했다(동기 강화 면담에서 불일치감을 만드는 것과 유사함). 변증적 입장은 내담자의 행동, 신념, 가치뿐 아니라 치료자의 불일치를 탐색하는 것도 중요하게 생각한다. 변증적 태도의 대화가 내담자와 치료자가 더 전체적이고 내적으로 일관된 관점에 도달하도록 도와줄 때, 이러한 탐색은 그 자체로 변화를 촉진할 수 있다.

혼란스럽고, 분열되며, 막혔을 때 당신은 각자의 입장에서 무엇이 누락되었는지 그리고 무엇이 타당한지 평가한다. 그래서 사례 개념화와 치료 계획은 불변의 사실로부터 얻은 경직된 추론이기보다는 통합으로 귀결되는 일련의 대화다. 모든 평가는 내담자가 원하는 삶을 사는 데 방해가 되는 것이 무엇인지에 대한 접근과 대화를 촉진해야 한다. 어떤 해법이나 개입이 효과적이기 위해서는 대화에서 다수의 타당한 지점을 모두 고려해야 한다. 내담자에게만 주의를 기울일 것이 아니라, 내담자를 둘러싼 인간 관계, 내담자의 주변 환경, 치료자, 치료자의 주변 환경에도 주의를 기울여야 한다.

치료 전 단계의 대화 예시: 매니의 사례

이 장의 나머지 부분은 치료 전 단계인 초기 회기에서 나온 대화의 확장된 예시다. 치료자가 평가의 우선순위를 정하기 위해 표적 위계를 사용하는 방법과 표적 행동, 특히 1단계에서 생명을 위협하고 치료를 방해하는 행동에 대한 조절 변수를 찾는 방법을 보여 준다. 그러나 이렇게 정보를 수집하는 것도 마치 비공식적인 사슬 분석과 같아서 내담자의 감정 조절을 어렵게 만들 수 있는 변화 전략이다. 따라서 치료자는 변화와 함께 수용 전략을 사용하여 변증적 균형을 맞추어야 한다. 수용 전략은 대화 전반에 걸친 수인을 통해 내담자가 감정을 재조절하고 현재에 머무를 수 있도록 돕는 것이다.

동시에, 치료자는 치료 전 단계의 우선순위에 대해서 평가한다. 내담자와 치료자는 치료의 목표와 방법에 대해 동의할 수 있는가? 거기에 장애물이 있다면 어떤 것이 있는가? 치료에 대한 내담자의 전념이 충분한가? 여기서 치료자의 핵심 과제는 내담자가 동기와 전념을 늘리도록 노력하는 동시에 치료에 대한 오리엔테이션을 주는 것이다. 많은 경우 내담자는 필요한 변화를 만드는 것을 꺼린다. 그들은 주저하거나, 양가감정을 느끼거나, 당신이 필요하다고 생각하는 치료 요소를 바로 거절하기도 한다. 특히 치료 전 단계에서 이런 모습이 나타나지만, 치료 과정 전반에 걸쳐서도 크고 작은 방식으로 발생할 수 있다. 치료자는 치료 방법과 계획이 내담자의 궁극적인 목표와 직접적이고 생생하게 연결되어 있는지 계속해서 확인해야 한다. 이러한 목표를 식별하는 것은 초기 회기의 중요한 작업이다. 리네한(Linehan, 1993a)은 변화에 대한 내담자의 전념을 강화하는 여러 전념 전략을 설명했다. 예를 들어, 이어지는 대화에서 치료자는 내담자의 목표와 소망과 치료 사이의 관계를 개괄적이고 순조롭게 설명하기 위해 '한 발 들이밀기' 전략을 사용한다. 회기 후반부에 치료자는 DBT를 시작하지 않기로 선택할 수 있는 내담자의 자유를 강조함과 동시에, 내담자에게 실제 대안이 없음을 강조하여 변화하면 어떤 일이 일어날지, 그리고 변화하지 않으면 현상 유지를 위해 어떤 대가가 있을지를 스스로 생각해 보게 한다. 이러한 전략의 기초에는 유연함이 필요하며, 내담자의 선택과 목표에 대한 진실한 존중이 필요하다.

이러한 순간, 내담자가 양가적일 때 당신은 반대 입장과의 균형을 맞추고 진정한 융합을 찾기 위해 노력함으로써 문제를 개념화하고 치료를 계획한다. 당신은 치료에 대한 진정한 실행 합의에 도달하기 위해서 내담자의 요구, 목표 및 선호도와 자신의 전문적 및 개인적 한계 사이의 균형을 유지한다. 당신은 가장 우선순위의 표적을 평가하고 치료하기 위해서 표적 위계를 사용하여 사슬 분석을 이끌고 DBT의 핵심 전략(변화, 수인, 변증 전략)을 잘 구성한다.

다음 대화에서 치료자는 내담자의 퇴원의 조건으로 그녀를 만나기 위해 지역 입원 환자 병동에 왔다. 내담자인 매니는 매우 심한 비자살적 자해와 여러 번의 고위험 자살 시도를 했다. 그녀는 여러 종류의 치료를 받았지만 그중 어느 것도 결국 도움이 되지 않는다고 생각하여 희망을 잃었다. 평생 동안 그녀는 만성적인 외상후 스트레스 장애, 달리 명시되지 않은 양극성 장애, 비정형 정신병, 경계성 성격장애, 간헐적 폭발성 장애라는 진단들을 받았다. 현재 입원은 이전 치료자가 매니의 치료 재개를 거절하여 사이가 틀어진 후 매니가 약물을 과다복용하면서 시작되었다. 이 대화에서는 자세한 병력 수집 과정은 생략하는 등의 편집을 하였다. 이 대화는 몇 번의 예비 면담 후 이루어진 것이다.

치료자: 전화 통화에서 당신은 치료를 다시 시작할지 말지에 대해 복잡한 감정을 가지고 있다고 하셨죠. 만약 치료를 다시 시작하기로 한다면, 당신은 나에게 어떤 도움을 원하시나요?

매니: 나도 정말 모르겠어요. 여러 사람이 나에게 DBT가 맞을 것이라고 해서, 그게 뭔지 잘 모르지만, 그래서 당신을 만나러 여기 온 거예요.

치료자: 흠.

매니: 그런데 치료라는 것이 나에게는 별로 효과가 없었어요.

치료자: 음. 그러니까, 사람들이 당신에게 치료를 받으라고 많이 이야기를 하지만, 당신은 치료가 어떤 도움이 되는지 확신이 없는 거 같군요. 우리가 DBT라 불리는 변증행동치료를 해 보기로 결정한다면 함께 어떤 작업을 할 것인지 저는 충분히 설명해 드릴 거예요. (따뜻하고, 책임감 있는 태도로, 환자의 입장을 수인하는 데 중점을 두면서 이야기함) 그런데 그 전에 당신이 치료가 효과가 없었다고 말한 것이 무슨 의미인지 좀 더 들어 보고 싶네요.

매니: 난 당신이 내 치료를 맡을까 고려하는 것도 놀라워요. 아무도 나를 맡으려 하지 않을 거라고 생각했거든요. 존스 박사도 날 쫓아냈으니까요.

치료자: (대화의 흐름을 따라가면서 동시에 매니와 전 치료자의 치료 방해 행동을 평가하려고 함) 그럼, 당신의 전 치료자에게는 무슨 일이 생겼기에 당신을 '쫓아낸' 건가요? (치료 방해 행동을 평가하고, 변증적 입장으로 양쪽 모두가 이런 방해에 기여할 수 있음을 전달함)

매니: 글쎄요. 나는 어떤 면에서는 나아지기도 했는데, 그다음에 다시 내가 내리막길을 걸으니까 그녀는 더 이상 받아들일 수 없었나 봐요.

치료자: 무엇이 그녀를 막다른 길로 몰았던 걸까요? (따뜻하면서도, 사실 중심적인 말투로 이야기하며, 치료자가 매니가 문제였다고 생각하는 등의 어떠한 판단이나 선입견을 가지고 있지 않음을 전달하고 있음. 어쩌면 이전 치료자가 너무 취약해서 그랬을 수도 있다는 것을 의미함)

매니: 내가 자해를 다시 시작했거든요. 그리고 약을 모두 버렸다고 말했는데, 다시 약을 과다복용했어요.

치료자: (자살 시도와 같은 가장 우선순위인 표적을 평가할 기회가 포착되어, 치료자는 평가의 초점을 재정비하였음) 그럼, 당신은 점점 나아지고 있었는데, 왠지 다시 자해 행동과 같은 예전 행동으로 돌아가게 되었군요. 그리고 약을 어딘가에 모아 놓고 있었다는 거네요, 치료자에겐 말하지 않고?

매니: 맞아요. 난 학교에 다시 돌아갔고 도서관에서 알바를 하게 되었는데, 나와 같은 수업을 듣는 남자 하나가 나를 스토킹하기 시작했어요. 그놈이 주차장에서 어슬렁거리면서 끝나는 시간까지 기다리기 시작해서 나는 다 그만둘 수밖에 없었어요.

치료자: 당신은 무척 실망했겠네요! 무섭기도 했겠고요.

매니: (심드렁한 목소리로) 네. 경찰한테 이야기했지만, 경찰들은 할 수 있는 게 없다고 하더군요.

그래서 결국에는 도서관을 그만둘 수 있게 엄마에게 돈을 얻어 보려고 했지만, 엄마는 별로 도와주려고 하지 않더라고요. 그래서…….

치료자: (부드럽게 끼어듦) 그래요. 당신 이야기를 들어 보면, 사실 너무 당연하게도 이런 일들이 당신에게는 엄청나게 좌절스러운 일이었을 것 같아요(내용과 감정 표현의 불일치를 지적하고, 외현상 유능함과 감정을 정확하게 표현하거나 경험하지 못하는 어려움에 대한 평가로 옮겨 가려 함. 내담자가 얼마나 고통받았는지 이전 치료자가 읽기 어려웠던 점이 이전 치료를 방해하는 요인이었을 수도 있다고 가정해 봄).

매니: 맞아요. 나는 사실 그 학기에 잘해 내고 있었거든요.

치료자: 그러면, 그렇게 포기하게 된 것이 더욱 고통스럽거나 실망스러우셨겠네요?

매니: 네.

치료자: 그렇군요. 그런데 당신이 이 일에 대해서 이야기할 때, 당신의 목소리 톤이나, 이야기하는 방식 말인데요, 마치 주차할 자리를 찾는 정도의 문제처럼 들리게 하는 거 같아요. (매니의 경쾌한 톤을 흉내내면서) "맞아요. 그 학기에 나는 완전 잘해 내고 있었거든요. 인생이 이제 제대로 되나 보다 했는데, 그 남자가 나를 스토킹하고, 경찰은 도와주지 않고, 엄마도 도와주지 않고, 그래서 이제 난 다 잃어버렸네요." (어려움을 수용하면서도 변화를 촉진하기 위해서 불손한 소통 방식을 이용함)

매니: (웃음)

치료자: 당신의 목소리 톤이 이건 당신에게 그다지 중요하지 않은 일이라는 오해를 일으키는 면이 있지만……, 그러나 이건 실제로는 대단히 좌절스러운 일 아니었을까요?

매니: 네(매니의 눈빛은 치료자가 정확하게 이해하고 있다는 것과 매니가 편안함을 느끼고 있음을 전달하고 있었음).

치료자: (외현상 유능함이 가설로 적절하였고, 그러나 시간 제약 때문에 더 상위 위계의 표적에 대해 더 자세하게 탐색한다는 것을 기록해 둠) 학교에서 이런 큰 좌절이 있었군요. 그리고 언제 다시 자해를 시작한 거죠? (표적 위계를 사용하여 의도적 자해로 이끄는 요소를 찾는 것을 지속하면서, 높은 수준의 사슬 분석을 시작함)

매니: 엄마가 도와줄 수 없다고 말했을 때, 다 내려놓아야겠다고 생각했죠. 그리고 나서 우리는 전화를 했는데…….

치료자: 당신과 어머니 말인가요?

매니: 아뇨. 나와 치료자요. 나는 그때 진짜 미칠 것 같았고, 그녀가 나에게 다시 전화했고, 그녀는 내게 차 한 잔 마시며 마음을 가라앉히라고 했거든요. 그런데 내가 갑자기 완전 미쳐서

손에 뜨거운 물을 쏟아 버렸어요.

치료자: 그때도 치료자와 계속 통화 중이었나요?

매니: 아니요. 전화 끊고 나서 바로 그랬어요. 그런 다음날 그녀를 만나러 갔을 때, 나는 손에 너무 심하게 화상을 입어서 응급실에 가야 했거든요. 그리고 내 손에 칭칭 감은 붕대를 보더니 그녀는 "이게 무슨 일인가요?" 물었던 거 같고, 나는 "글쎄요. 차는 별로 도움이 안 되더군요."라고 한 거 같아요.

치료자: 흠. 그 말은 마치 당신이 치료자한테 진짜 화가 났던 것처럼 들리네요……(분노 조절 어려움일까? 자기 주장의 문제일까? 치료자가 내담자가 얼마나 힘든지를 파악하는 데 실패한 건가 아니면 매니의 대화 기술 부족인 건가? 매니가 행동을 억제하지 못할 때마다 자해할 수 있는 도구를 쉽게 구할 수 있는 자극 조절 문제인가?).

매니: 나는 모든 사람에게 화가 났던 것 같아요. 그 전 주에는 벽을 쳐서 손이 부러졌었고, 버스를 기다리다가 거의 싸울 뻔했기도 하고. 완전히 조절 불가 상태였어요.

치료자: 그래요. 무슨 말인지 알 것 같아요. 그런 일들이 자주 일어나나요? (오케이, 분노 조절 어려움인가?)

매니: 어떤 것이요? 화가 나서 조절이 안되는 것이요?

치료자: 네.

매니: 난, 난 그냥 전부 다 망쳐 버렸어요(표정에 큰 변화를 보임).

치료자: (나중에 분노를 좀 더 평가해야 한다고 기록했고, 여기서는 매니가 이전 치료자를 잃은 것에 대해 수치심이나 슬픔과 같은 감정을 느끼는 것을 알아챘음. 치료자는 지금 회기 중 감정 조절 어려움이 일어난 것일 수 있음을 눈치챘고, 얼마나 자주 일어났는지 물어본 것이 비수인으로 느껴졌을 수 있다는 것을 직감했음. 치료자는 약물 과용으로 이어지는 사슬을 계속 탐색하면서, 그러나 수인을 늘리는 것이 좋을 것이라 생각함) (부드럽지만, 사실 중심적인 톤으로) 그래요. 그런 일들이 관계를 정말 힘들게 하죠. 당신은 그 일이 다르게 진행되었기를 진심으로 바랐을 것 같아요. 후회도 많이 느끼구요. 그건 마치……(감정을 수인하고 매니의 적응적이고 긍정적인 의도를 읽어 줌).

매니: (조용히 끄덕임)

치료자: (감정 조절 어려움을 더 탐색하여 이를 조금 치료하거나 아니면 과거 자살 시도에 대한 탐색을 계속할지를 선택할 수 있음. 매니가 감정을 조절하고 감정 경험을 더 고조시키지 않으면서 대화를 계속할 수 있도록, 사실 중심적이고 비판단적 목소리 톤을 사용함) 나에게 당신이 얼마나 힘들었는지를 얘기해 주어서 고마워요. 그럼, 학교를 그만두고 그 주에

당신이 진짜 화가 나서, 조절 불가 상태에서, 손에 화상을 입히고, 당신의 치료자와 이에 대해 말했군요. 그러고 나서 어떤 일이 일어났지요?

매니: 그녀는 내가 계속 그런 행동을 한다면 치료를 그만둘 거라고 말했어요. 나를 다른 치료자에게 보낼 수도 있었겠지만, 그러지는 않았어요.

치료자: 갑자기 일어난 일처럼 들리네요.

매니: 팔에 자해 상처를 잔뜩 보인 채로 치료에 갔을 때 그녀가 그 여름 내내 겁먹고 있었다는 걸 알았어요. 그러나…… 그녀는 내가 참을 수 없는 지경에 이르렀을 때 비로소 내가 자해를 한다는 것을 알고 있었죠(매니의 표현 방식은 치료자에게 상처가 보여 주는 것이 그녀의 비참함의 정도에 대한 의사소통이었을 수 있다는 가설을 제기하고 있고, 치료자는 타인과의 이런 의사소통이 자해를 유지하는 기능을 하는지를 추가로 평가해야 함. 또한 매니는 '참을 수 없는 지경에 이르렀을 때' 고통 감내 기술이 부족할 수 있음을 강조함. 그러나 지금 치료자는 자살 시도를 이해하는 것을 우선하고 있음). 그러나 그녀는 내가 만약 그런 식으로 그녀에게 반항한다면 나를 치료할 뜻이 없다고 말했어요.

치료자: 그럼, 그녀가 도움을 주려고 한 직후에 당신이 자해를 한 것이 그녀의 한계를 정말로 넘어간 일이었네요.

매니: 네. 하지만 그건 그녀 문제는 아니었어요. 나는 너무 제정신이 아니었고 진정이 안 되었고……, 내가 그냥 그랬던 거고……, 내가 그저 견디지 못했던 것이고, 그래서 그냥 저질러 버렸고, 그건 바보짓이었죠. 그런데 내가 그런 거죠.

치료자: 그렇다면 당신은 위로가 절실하게 필요했고, 그녀는 도우려 했군요. 그것이 그녀 문제는 아니었고…… 그럼 전화를 걸거나 전화를 끊거나 하는 것에…… 어쩌면 그와 연관된 어떤 것이 실제로 상황을 나쁘게 만들었고 그래서 당신이 손에 화상을 입힌 건 아닐까요?

매니: 그래요.

치료자: 그리고 그다음에, 무엇이 당신이 붕대를 한 모습을 보여 주러 가도록 했을까요?

매니: 맞아요. 그녀가 좋지 않게 받아들일 것을 알았고, 그래서 안 가려고 했거든요. 그건 정말 형편없이 바보 같은 짓이었어요.

치료자: 맞아요. "차는 효과가 없더군요."라고 이야기하기에 좋은 순간은 아니네요. 굉장히 힘겨운 대화 같아요. 여기가 우리가 치료 작업을 함께할 지점일 수도 있겠네요. 나중에 후회할 행동으로 끝내지 않으면서, 당신이 정말 고통스러운 감정에 사로잡혔을 때 당신을 어떻게 도울 수 있을지 말이죠. 이런 방법은 당신에게 잘 맞을까요? (전념을 이끌어 내는 변화 기반 작업을 부드럽게 시작함)

매니: 네, 나는 그냥 완전히 제정신이 아니어서, 모든 것을 망치고 말았어요. 내 삶의 모든 방식이 그래요.

치료자: 그렇군요. 당신이 얼마나 그런 일이 일어나지 않기를 바라는지 잘 느껴지네요. 전에 당신이 DBT에 대해 물어보았고, 그중 한 부분은 정확히 우리가 지금 이야기하는 것에 대한 것이에요. 매우 강한 감정을 느끼는 많은 사람이 압도적인 감정을 다루는 방법을 배우지 못하거든요. 기술 모듈 중 하나는 정확히 당신이 설명하는 이런 순간, 고통을 참아 내서 나중에 후회할 일을 하지 않도록 하는 방법을 배우는 것이죠. 지금처럼 감정이 너무 압도적일 때 당신이 할 수 있는 것은 별로 없고, 그저 겁에 질려 있을 수밖에 없지만요.

매니: 알겠어요.

치료자: 좋아요. 그래서 그녀가 "이것 봐요. 당신이 이렇게 하면 나는 치료 못해요."라고 했을 때 당신은 뭐라고 했어요? (치료자는 자살 시도로 이어지는 사슬을 평가하려는 더 높은 우선순위의 과제를 수행하는 도중에, 수치심에 대한 내성을 높임으로써 이를 조금이라도 치료하려고 시도함. 치료자의 목소리 톤은 사실 중심적으로, 판단 없는 완전한 수용을 전달하지만 매니가 자신의 행동을 용납할 수 없다고 여기는 사실을 피하지는 않음)

매니: (침통하게, 마치 마지막 이별을 고하는 것처럼) 나는 그녀가 그동안 해 준 모든 것에 정말 감사하다고, 그녀는 훌륭한 치료자였다고 말했어요. 그리고 내가 내 인생 다른 모든 것처럼 치료를 망쳐서 정말 미안하다고 했죠.

치료자: 흠. 그건 좋게 들리지는 않네요(끝내고자 하는 마음과 자살사고가 증가되는 것을 추측함).

매니: 그러고 나서 집에 와서는 약을 마구 먹었네요.

치료자: 그래서 대화 중 어느 대목에서 당신이 자살을 시도할 결심을 한 건가요?

매니: 당신도 알겠지만, 때때로 당신도 아무도 나에게 잘못하지 않았는데, 그게 나 자신의 잘못인 것을 마주하게 되잖아요. 그리고 당신은 다른 모든 사람이 고통받는 것을 멈추어야 하잖아요? 그럼 그냥 끝내야죠.

치료자: 그러면, 대화 중에 당신이 그렇게 생각하기 시작했을 때, 자신을 스스로 비난하기 시작했을 때인가요?

매니: 네.

치료자: ……자신이 행한 일에 수치심을 느끼고, 모든 당신의 문제에 대해서 스스로를 비난하셨군요. 굉장히 강한 자기 혐오같이 들리는데요. 맞을까요?

매니: (고개를 끄덕임)

치료자: ……그래요. 그건 정말 캄캄한, 막막한 부분이죠. 그러니까 당신은 치료 중에 아마도 그

부분에 대해 도움이 필요할 거예요. 그리고 그 다음에 당신은 약을 과다복용했군요?

매니: 네.

치료자: 정확히 무슨 약을 드셨죠? (여기서 시행한 자세한 자살 위험 평가 기록은 생략함) 제가 잘 파악했는지 확인하기 위해 지금까지 내가 이해한 것을 다시 얘기해 볼게요. 자살 시도를 하게 한 일의 근원은 당신이 모든 것을 잃고 나서, 도움을 받을 수 없을 때, 그리고 당신이 통제 불능 상태가 되고 분노에 차서 후회할 일을 하였고, 그래서 감정이 너무 격렬해져서 예전의 나쁜 행동으로 돌아가기 시작했다. 맞나요?

매니: 네.

치료자: 그리고 나서 어쨌든 상황이 너무 어려워지고, 필요한 도움을 받지 못하면, 문득 당신은 이 모든 문제를 겪는 자신이 타인의 짐이 된 것 같아서 자기를 혐오하기 시작하고, 자살을 시도하는 거군요. 자신을 불행에서 구하고 다른 사람들도 구하려고요?

매니: 네.

치료자: 그리고 결국 당신의 의지와 반대로 여기에 오게 되었군요. 그리고 사람들은 당신이 DBT를 하기를 원하고요……. 맞나요?

매니: 네. 바로 그거에요. 잘 파악하셨네요.

치료자: 좋아요. 그럼 내가 제공할 수 있는 것을 말씀드리겠습니다. 하지만 먼저, 저는 자발적인 치료만 한다는 점을 말씀드립니다. 네. 나는 우리 둘 다 좋은 아이디어라고 여기고 함께 작업하는 방법에 대해 정확히 동의한 경우에만 함께 치료 작업을 합니다. 그것이 지금 우리가 하고 있는 일이기도 합니다. 당신은 상황이 어떻게 진행되었는지 말해 주고, 나는 우리가 함께 작업하면 어떻게 그 상황이 다르게, 당신이 더 원하는 방향으로 진행되도록 할 수 있는지 말해 주는 거죠. 당신이 원하는 것에 대해 더 이야기하고 싶어요. 그런 다음 우리가 둘 다 서로를 좋은 팀이라고 느끼고 당신이 원하는 치료 작업을 할 수 있으면, 우리가 얼마나 오랫동안 같이 치료 작업을 해 나갈지, 우리 사이에 문제가 생겼을 때 어떻게 다룰 것인지 같은 것들에 대해서 공식적인 계약을 맺을 거예요. 저는 이미 당신을 좋아하고, 이 작업이 나에게도 중요한 일이라고 말할 수 있는데요. 당신은 어떻게 느끼나요? 이야기하기 편한가요? 아니면…….

매니: 네. 나도 내가 이렇게 많이 말한 것에 좀 놀랐어요. 보통은 그러지 않거든요.

치료자: 좋아요. 나도 그렇게 느꼈어요. 그건 멋진 일이고 우리에게 좋은 시작이네요. 지금까지 내가 생각한 것들이 당신에게 잘 맞고 시도해 볼 가치가 있는지 이야기해 볼게요. 나는 아주 강한 감정에 빠지는 사람들, 그들의 잘못은 아니지만 감정을 다루는 방법을 배우지

못한 사람들과 주로 치료 작업을 합니다. 그들은 덫에 걸렸고 삶의 문제를 해결하지 못하고, 그럼 감정 조절 불능 상태가 되죠. 그리고 그들은, 당신이 자기 손목을 그을 때 마음이 진정된다고 말했던 것처럼, 자해가 안도감을 주고 강한 감정을 멈추게 한다는 것을 알게 되죠.

매니: 맞아요.

치료자: 그래서 내가 제안하는 치료는 극심한 감정을 경험하는 사람들에게 자해 대신 도움이 되는 다른 방법을 배우도록 합니다. 그러나 많은 사람은 자해를 포기하는 일을 힘들어해요. 당신도 전에 자해를 중단해 보려고 했었나요?

매니: 네, 나도 자해를 하지 않으려고 했었죠. 그런데 어떤 때에는 그게 유일하게 도움이 되는 일이더라고요.

치료자: 네. (잠시 멈춤)

매니: 내 말은, 그게 일을 망친다는 걸 알지만 때때로 자해나 자살 시도를 하게 되잖아요. 당신도 알죠?

치료자: 네. 많은 사람이 우리 프로그램을 시작할 때 그렇게 느끼죠. 극심한 긴장을 풀 방법이 없다고 느껴지면, 더 자살하고 싶어진다고.

매니: 정확해요.

치료자: 그렇군요. 그래서 당신이 가장 길게 자살 생각으로 힘들었던 기간은 어느 정도인가요?

매니: 내 생각에 한 번은 거의 1년 정도 지속되었죠. 그리고 올 여름과 가을에 이 모든 사단이 나기 직전에……, 4개월 정도는 잘 지냈었는데.

치료자: 아이고. 그 시간들이 당신에게 얼마나 힘들었는지 생각하면 거의 눈물이 날 것 같아요. 그래요. 우리가 다음에 만날 때에는, 아, 만약 당신이 다시 만나기로 결정한다면 말이죠. 자해를 멈추는 방법에 대해, 당신도 이미 여러 번 상담했겠지만, 이야기할 수도 있어요. 하지만 내 생각에 지금 당장 우리에게 더 중요한 질문은 모든 조건이 동일하다면, 이러한 격렬한 감정과 삶의 문제에 대해 당신이 다른 방식으로 행동하는 것은 어떨까요? 달리 말해, 당신은 칼에 계속 기댈 것인가, 아니면 다른 것에 기댈 것인지? (치료에 대한 전념을 구축하기 위해 한 발 들이밀기를 사용함)

매니: 그게 무슨 말이죠?

치료자: 내 말은, 어떤 사람들에게는 그것이 자신의 정체성 같은 거라는 의미예요.

매니: 아니요, 그렇지 않아요. 나는 그저 그걸 견디기 힘들어할 뿐이에요.

치료자: 그래요. 말씀해 주신 내용을 고려하여, 내가 생각한 문제는 이거예요. 인생이 무너질 것

같은 지점에서 당신에겐 해결책이 정말 필요한 것 같아요. 정말 안 좋은 일들이 일어났잖아요. 당신은 학교 등록금이나 안전하게 지내는 것 같은 실제 문제에 대한 도움이 필요했죠. 이건 현실 문제이고 실제적인 도움이 있었다면 좋았을 거예요. 그리고 두 번째로 필요한 것은, 당신에게 감정적 고통이 참을 수 없을 정도까지 올라갈 때가 있는데요. 압도적인 감정적 고통이 나타나는 상황에 대하여 우리가 함께 치료 작업을 해서, 자해하는 것 외에 당신이 할 수 있는 다른 방법을 하는 거예요. 이런 치료 작업은 어떨 것 같나요? 당신에게 적합할 것 같은가요?

매니: 그런 일은 일어나지 않을 거예요. 아시다시피, 나는 많은 치료를 시도해 보았지만, 잘 되지 않았어요.

치료자: 맞아요, 그것도 더 알아봐야 하겠어요. 나는 당신이 이미 아는 것들을 다시 시도해서 당신을 또 실망하게 하고 싶지는 않아요. 당신은 많은 치료를 시도해 보셨죠(매니의 정당한 걱정을 수용하면서도 변화에 대한 전념을 계속 강화하려 함).

매니: 네.

치료자: 그래요. (긴 멈춤) 나는 우리가 그에 대해 더 많이 논의해서, 이 치료가 당신이 원하는 곳으로 데려가 줄 것이라고 우리 둘 다 믿을 수 있게 되면 좋겠어요. 시작하면서 내가 제안하는 한 가지는 자신을 해치려는 충동, 특히 자살에 대한 생각을 가장 힘든 상황임을 알려 주는 신호등으로 사용하자는 거예요. 우리는 당신을 죽고 싶게 만드는 실제 삶의 문제를 돕고 압도적인 감정에서도 보다 많은 선택권을 가질 수 있도록 치료 작업을 하려고 합니다. 당신은 학습 이론에 대해서는 많이 알고 있을까요?

매니: 아니요.

치료자: 좋아요. 그럼 내가 이 화이트보드에 한번 그려 볼게요. 괜찮죠? 이 축은 감정의 강도고 이 축은 시간이에요. 만약 감정이 자극될 만한 일이 생긴다면, 감정은 아마 이렇게 올라갈 겁니다. 좋아요. 어떤 사람들은 감정이 천천히 올라오고, 조금 올라간 후, 다시 빠르게 감소합니다. 그러나 어떤 사람들에게 감정은 쉽게 폭발해서 완전히 참을 수 없을 만큼 높이 올라가고, 그래서 그는 도망치려고 사력을 다합니다. 이게 어쩌면 당신이 말한 "나는 못 견디겠어."일 수도 있겠네요.

매니: 네, 난 못 견뎌요.

치료자: 그런데 문제는 이거예요. 당신이 극심한 감정 지점에서 도망치면, 당신의 뇌는 무엇을 배울까요?

매니: 무슨 말이죠?

치료자: 당신의 뇌가 무언가를 정말로 원하고, 점점 더 세게 "나 좀 탈출시켜 줘!"라고 소리 지르는 아이라고 생각해 보죠. "사탕 먹고 싶어!"라고 소리를 지르는 아이처럼요. 만약 당신이 당신의 뇌를 탈출하게 해 준다면, 다음 번에 당신의 뇌가 사탕 가게에 간 경우에는 어떤 일이 일어날까요?

매니: 더 심하게 떼를 쓰겠죠. 세 살짜리 내 조카처럼요.

치료자: 맞아요. 그리고 결국 그 아이가 너무 소리를 지르면, 당신은 항복하고 말겠죠. 대신 당신은 아이가 소리지르는 데서 느끼는 불편함에서 벗어날 수 있겠죠. 그 다음 번에는 어떨까요? 당신이 피하지 않으려고 애쓴다면 감정이 얼마나 높이 올라갈까요?

매니: 내가 항복할 때까지 높이.

치료자: 맞아요. 그게 자해를 해결책으로 쓰일 때 나타나는 문제예요. 당신이 감정을 진정시키고 싶으면……, 자해는 그 순간에는 작동하지만, 앞으로의 상황을 더욱 또 더욱 안 좋게 만들죠. 말이 되나요?

매니: 그래서 내가 손목을 그을 때 안도하게 된다면, 그런데 내가 자해하지 않고 버티려고 한다면 내 감정이 결국 내가 항복할 때까지 올라가고 또 올라간다는 말이네요.

치료자: 맞아요. 만약에 조카가 통제 불능의 감정에 빠져 있다면 당신은 어떻게 도우실 건가요? 항복하실 건가요? 아니면 어떻게 치료하실까요?

매니: 아니요. 항복하지는 않을 거예요. 내가 항복하지 않으면 조카가 결국에는 떼쓰기를 멈추는 법을 배우게 될 것 같아요.

치료자: 그래요. 그것이 바로 우리가 하자고 제안하는 내용의 본질이예요. 우리가 같이 치료하기로 결심한다면, 참을 수 없는 감정이 시작되는 모든 상황과 삶의 문제를 살펴보고, 즉시 도울 수 있는 여러 가지 일을 해 볼 거예요. 첫 번째가 상황이 까다롭고 심하게 압도적인 순간에 당신이 해 볼 수 있는 대안이 별로 없는 때죠. 그래서 앞서 기술 훈련에 대해 언급했고요. 곧 시작할 수 있다면 개리와 크리스틴 그룹에 합류했으면 좋겠습니다. 그들은 재미있고 훌륭한 선생님이며 정말 진실한 사람들이고, 아마 당신도 그들을 좋아할 것 같아요(변화 지향적인 전념 작업을 계속함). 당신은 힘든 순간에 더 많은 도움을 받을 수 있도록 다양한 기술을 배우게 될 거예요. 제가 제안하고 싶은 또 하나는 당신과 내가 아주 아주 열심히, 긴밀하게 협력하면서 치료 작업을 하는 것이고요. 그리고 전화를 통해 실시간으로 아이디어를 제공하고 도움을 드릴 수도 있어요. 의도적 자해는 감정적 고통을 잠시 멈추는 효과가 있기 때문에 이를 바꾸는 것은 정말로 어렵습니다. 그러나 당신이 조카 이야기를 한 것처럼, 당신의 뇌가 못 견디겠다고 비명을 지를 때, 우리가 할 일은 그저 가까

이에 머물면서 이것을 지나가게 하여 다음에 어떤 상황에서도 당신의 뇌가 회피하려고 소리지르는 것에 굴복하지 않도록 하는 것입니다. 처음에는 약간 무섭고 힘들겠지만 시간이 지남에 따라 당신은 더 많은 기술을 가지게 되고 더 쉬워질 것입니다(잠시 멈춤). 시간이 지나면서 점점 이렇게 되어 갈 겁니다.

매니: 회피하지 말라는 게 무슨 의미인가요?

치료자: 회피하지 말라는 것은, 당신이 감정적 고통을 다루기 위한 새로운 방법을 배우는 동안, 일정 기간 동안엔 우리가 칼로 긋거나 자살을 시도하는 것과 같은 회피 전략을 완전히 치워 버리는 데 동의하는 것이 필요하다는 말입니다. 다시 말하면, 당신은 지지적인 다른 치료들을 시도했었고, 회피 전략을 지속적으로 사용했었는데, 당신은 그게 효과가 없었다는 거니까요(변화에 대한 전념을 강화시키기 위해 매니의 정당한 걱정을 계속해서 수용함).

매니: 네(둘 다 조용히, 같이 화이트보드를 바라보고 있음). 그럼 당신은 내가 어떤 종류의 회피도 하지 말라는 이야기를 하시는 건가요?

치료자: 사실, 나는 당신이 어떤 일을 '해야 한다'고 말하는 것은 아닙니다. 말했듯이, 나는 우리가 하는 일에 대해 둘 다 정말로 동의하는 사람들하고만 일합니다(선택의 자유를 강조함). 말하는 것보다 보여 주는 게 낫다고 생각하는데요. 뇌가 어떻게 작동하는지에 대하여 이야기해 보죠. 상황이 다르게 진행되도록 하고 싶다면, 회피 말고 다른 방법을 찾아야 합니다. 당신은 지지를 받으면서 때때로 회피하는 것을 이미 시도해 보았죠. 물론 좀 더 시도해 볼 수 있습니다(매니처럼 밝은 어조와 미소로 말함). 아니, 진짜로 회피하지 않는 이 방법은 정말 정말 어렵고, 실제 생활 도움을 위해 사회복지사를 찾는 것이 더 도움이 될 수도 있어요. 그래서 나는 진심으로 당신이 정말 이 길을 따라가 보고 싶다면, 선택은 당신에게 달렸다고 생각합니다. 하지만 우리가 함께 일한다면, 특히 지금 당신이 가진 몇 가지 강점과 우리의 첫 대화에서 편안함을 느끼는 점을 봤을 때, 내 생각에 우리가 이 회피 행동을 치워 버리고 끝까지 열심히 작업하면, 4~6개월 후에는 이 강렬한 순간을 기분 좋게 관리하는 방법을 배우고, 1년이면 당신이 원하는 삶을 더 많이 만들 수 있을 것이라 생각합니다. 그런데 아시다시피 정말로 어렵습니다. 아마도 당신이 인생에서 여태까지 한 어떤 것보다 더 어려울 수 있어요(긴 멈춤. 치료자는 내부적으로 변화에서 완전히 벗어나, 매니의 호흡에 맞추어 그녀 삶의 커다란 고통을 깊게 느끼는 쪽으로 이동함).

매니: 알겠어요(양쪽 다 침묵). 한번 생각해 볼게요. 이건 진짜 큰 노력이네요.

치료자: 그렇죠. 당신이 원하는 대가를 위해 전념이 필요할 것이라는 생각이 드네요. 그렇죠. 그리고 회피를 포기하고 다른 방법을 찾는 것이 정말 어렵기 때문에 진지하게 생각하는 것이 좋다고 생각합니다. 우리 면담 시간이 거의 끝나 가네요. 저는 면담을 계속하고 싶은 마음이 들 정도로 서로를 알게 된 것 같고요, 함께 일하는 것에 대해서 좋은 감정이 들어요. 그리고 다시 만날지 여부는 정말 당신에게 달려 있습니다.

매니: 잠깐, 잠깐만 생각하게 해 주세요.

치료자: 당연하죠. (따뜻하고 가벼운 태도로) 그럼요. 내가 당신이라도 생각할 시간이 필요했을 거 같아요. 정말 괜찮아요. 사회복지사는 당신이 여기 이틀 더 있을 거라고 했거든요. 맞나요?

매니: 네.

치료자: 그래요. 나는 내일 늦은 오후에 다시 여기에 와요. 그래서 질문이나 무엇이든지 얘기할 것이 있다면, 그때가 좋은 시간일 거 같아요. 다시 만나고 싶으면 전화해서 알려 주세요. 여기 내 휴대전화 번호가 있어요. 나에게 연락하기에 가장 좋은 방법일 겁니다(매니에게 손으로 쓴 메모 카드를 건넴). 좋아요(일어서서, 다가가 악수를 하고, 아주 따뜻하게). 소식 기다릴게요. 물론 저는 당신이 좋고, 당신이 면담을 계속 하기를 바랍니다. 그러나 물론 그건 큰 결정이죠. 이제 나는 가 볼게요. 괜찮을까요?

매니: 네.

이 예는 이 장에서 논의된 개념이 초기 면담과 대화에서 어떻게 이용되는지 보여 준다. 치료자는 표적 위계, 생물사회 이론 및 2차 표적을 사용하고 변화에 대한 행동 이론을 추가하여 매니가 여기 오게 된 문제를 평가했다. [그림 2-6]과 〈표 2-2〉는 지금까지 수집한 정보를 구조화한 내용이다. [그림 2-6]은 첫 번째 만남 직후의 연쇄 과정과 초기 추가 평가 질문을 대략적인 방식으로 포착하려는 치료자의 시도를 보여 준다. 〈표 2-2〉는 1단계 우선순위 표적 위계에 따라 구성되며, 다음 단계의 평가 질문의 방향을 결정하는 치료자의 '자기 메모'를 더욱 자세히 설명한다. 치료자가 조절 변수를 기억하기 위한 방법은 서로 다를 수 있다. 여기에는 당신이 아주 대략적인 스케치라도 시험해 보고, 내담자의 일반적인 조절 변수 패턴을 이해하는 데 도움이 될 수 있도록 치료자의 생각에 대한 대략적인 초기 표현을 포함시켰다. 이 사례에서 치료자는 내담자의 자살 행동과 관련된 한 가지 주요 상황이 다른

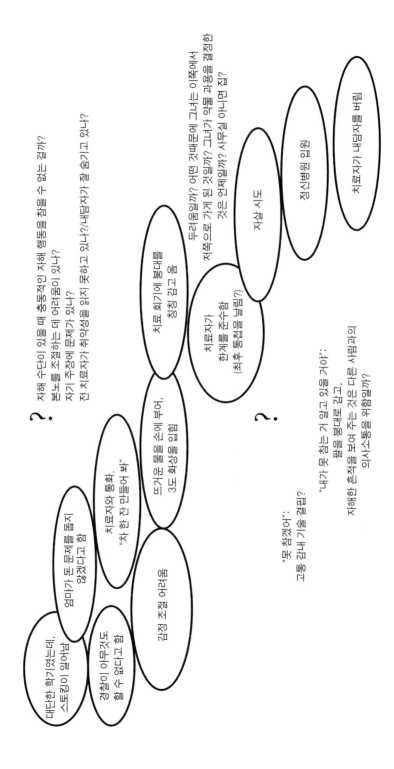

[그림 2-6] 매니의 사례 개념화와 치료 계획에 대한 시각적 예비 노트

사람들에게서 적절한 도움을 이끌어 낼 수 없을 때인 건지 궁금해한다. 이는 아마도 그녀 자신의 대인 관계 기술 결함과 2차 표적인 외현상 유능함의 결합으로 인해서일 수 있고 또는 아마도 그녀를 침묵시키는 강렬한 수치심의 압도적인 행동 충동 때문일 수 있다. 치료자는 또한 그녀가 손에 끓는 물을 붓는 것과 같은 행동을 가장 잘 개념화하기 위한 질문들을 생각한다. 치료자는 자해가 하나 이상의 기능을 한다고 추론한다. 자해는 고통에 대한 충동적인 회피인 것 같으므로 고통 감내 기술을 향상시킬 필요가 있다. 그러나 이전 치료자가 자해의 증거를 보고 화가 났다는 내담자의 보고를 고려하면, 치료자는 자해가 고통을 타인에게 알리는 역할을 하는지에 대해서도 평가해야 한다. 다음 회기에서 치료자는 내담자가 약물을 모았던 것을 말하지 못하게 한 원인을 이해하고 자살 행동으로 이끄는 사슬에서 중요한 연결 고리인 조절 변수들을 이해하는 데 특히 집중할 것이다. 앞의 대본을 읽으면서 당신은 치료자가 한 것 말고 다른 질문이나 가설을 하고 싶다는 생각이 떠올랐을 것이다. 이는 DBT에서 당연하고 오히려 바람직한 것으로 여겨지는데, 다양한 관점이 내담자의 문제에 대한 유용한 이해와 이에 접근하는 가장 좋은 방법으로 더 빠르게 이어질 수 있기 때문이다. 이 사례 내용은 또한 일반적인 치료 전 단계 상호작용을 보여 주면서 치료자가 평가하고, 오리엔테이션을 하고, 변화에 대한 전념을 구축하기 위하여 DBT의 핵심 전략을 녹여 내는 방법의 첫 인상을 보여 준다. 이제 우리는 변화 지향적인 행동 전략(제3장), 수용 지향적인 수인 전략(제4장), 변증 전략(제5장)을 자세히 보여 줄 것이다.

〈표 2-2〉 표적 영역에 대한 치료자 노트

치료 전 단계
- 매니가 원하는 것이 무엇인지, 우리가 무엇을 목표로 치료 작업을 하는지 이해해야 한다. 학교로 돌아가기를 원하는지? 다른 것을 원하는지?
- 나의 한계: 매니의 약물 모으기 / 치료자에게 솔직하게 말하지 않는 것에 대해 합의를 이룰 필요가 있다.

생명을 위협하는 행동

- 과다복용, 약물 모으기, 치료자에게 알리지 않음 / 치료자에게 거짓말 하기? 그녀는 언제 약을 모으기 시작했는지? 그녀는 정확히 언제 과다복용을 결정했는지? 그녀는 지금 무엇을 갖고 있는지? 그녀가 약을 모으고 있다는 사실을 말하지 않은 이유는 무엇인지?: 이 과정이 이번에는 다르게 진행되도록 하려면 어떻게 해야 할까?
- 뜨거운 물을 붓고 3도 화상을 입음: 충동적일까? 자해 수단이 있을 때 그녀가 충동을 조절할 수 있을까? 이 사건을 촉발한 전화 통화에서 정확히 무슨 일이 일어났었을까?
- 상처를 치료자에게 보이기: 그녀의 자해가 다른 사람과의 의사소통 기능을 하고 있나?
- '통제 불능 상태'가 얼마나 나쁜 것인지?: 버스 정류장에서 거의 싸울 뻔했나? 자해나 타해의 위험이 있을까?
- "이건 너 자신의 잘못이야", "다른 사람을 고통스럽게 하지 마", 심한 수치심: 이것이 자살 행동과 비자살적 자해에 공통적인지 확인하기 위해 추가 평가가 필요하다.

치료 방해 행동

- 자살 시도 후 이전 치료자가 치료를 재개하는 것을 원치 않는다. 내담자에 대하여 치료자가 한계를 준수한다("내가 도우려고 노력한 후에도 이런 식으로 행동하면 나는 당신과 계속 치료하지 않을 것입니다."). 치료자와의 전화를 끊은 직후 내담자는 손에 화상을 입혔고, 의학적 치료가 필요한 정도였다. "치료자는 더 이상 자해를 참아 주지 않을 거야." 내담자는 약을 버렸다고 이야기했지만, 사실은 약을 모으고 있다가 과다복용하였다. 내담자가 괜찮다고 하면 이런 상황을 반복하지 않기 위해서 무엇이 잘못되었는지에 대한 세부 사항을 함께 더 찾아볼 필요가 있다.
- 내담자가 고통에 대해 말하는 방식이 그녀가 경험하는 실제 고통과 일치하지 않는 것을 직접 관찰하였다. 어째서인지 도움을 받는 동안 상호작용이 크게 엇나가고 있다. 그 이유는?

삶의 질 관련 행동

- 분노를 다루는 데 어려움이 있나? 수치심?
- 입원 차트에 잘 수행된 진단 절차가 있는지 혹은 퇴원 전에 진단 절차가 수행 가능했는지 확인해야 한다.

기술 부족

- 확실히 고통을 견디는 데 어려움이 있다.
- 어째서인지 엄마, 경찰 및 과거 치료자로부터 필요한 도움을 얻을 수 없다. 그 이유는?

제3장

변화 전략

힘이 남아 있는 짧은 세월, 힘을 아끼지 말고 빠르게 날갯짓을 하라.

-루미(Rumi)

제1장에서 설명한 대로 구조적인 체계를 설정하고, 제2장에서 서술한 대로 내담자의 문제점들을 개념화하기 시작한 이후에는 내담자의 문제에 접근하는 세 가지 핵심 전략을 사용하는 것에 주안점을 둔다. 우리는 이 중에서 행동과학, 특히 인지행동치료 전통에서 이끌어 낸 변화 전략을 첫 번째로 살펴볼 것이다. 이 장에서는, ① 내담자가 감정 조절 어려움에 취약할 경우, ② 내담자가 여러 심각한 만성적 문제와 치료 실패의 경험이 있는 경우, ③ 앞선 모든 요소가 내담자의 삶뿐만 아니라 치료 관계에서도 발생할 경우에, 변화 전략을 사용하는 방법에 대해 말하고자 한다. 대체로 당신은 많은 심각한 문제를 동시에 해결해야 한다. 이런 이유로 변증행동치료(Dialectical Behavior Therapy: DBT)의 표적 위계와 내담자의 사례 개념화는 무엇에 대해 작업해야 하고 당신의 시간을 전략적으로 어떻게 할당해야 할지에 관한 지침을 마련해 준다. 당신은 필수적으로 최우선의 표적을 충분히 다뤄야 하지만 이것으로 모든 회기를 보내야 하는 것은 아니다. 대부분의 경우 여러 가지 문제를 한 회기에서 다룰 수 있다. 효율적인 작업을 위해, 여러 표적 행동에 걸친 공통적인 조절 변수들에 주의를 집중하고 이런 공통적인 과정을 다루는 변화 전략을 함께 엮어 낸다. 특히 변화 전략은 내담자의 감정 조절 어려움을 직접 대상으로 다룬다. 치료자는 때로는 빠르게 판단하여 그 순간에 맞도록 기본 변화 전략을 응용해서, 치료 회기에 움직임, 속도, 흐름의 감각을 제공해야 한다. 이 장에서는 변화 지향적인 전략을 어떻게 창의적이고 유연하고 정확하게 사용하는지를 보여 주려고 한다.

DBT는 마치 재즈 뮤지션이 그의 세션에 접근하듯이, 치료자 또한 같은 방식으로 치료 회기에 접근하기를 요청한다. 기본적인 것들을 마스터하면 훈련에 의한 것이든 자연스럽게 나온 것이든 어떠한 성격의 즉흥성도 할 수 있게 된다. 마치 뮤지션이 자기 악기의 기본기를 과도하게 배워야 하듯이 DBT에서 요구되는 움직임, 속도, 흐름도 행동치료의 도구들을 과하게 익힘으로써 습득할 수 있게 된다. 제2장에서 설명한 바와 같이, 문제 행동에 대한 조절 변수를 결정하기 위해 사용하는 도구는 행동 원칙과 행동 평가다. 내담자가 원하는 변화를 돕기 위해 당신이 사용하는 도구는 자기 관찰, 행동 분석 및 해법 분석, 직접 교육 및 오리엔테이션 전략과 기술 훈련, 노출, 수반성 관리, 인지 재구성과 같은 절차다(O'Donohue & Fisher, 2009). 〈표 3-1〉은 표준 인지행동치료(Congnitive-Behavioral Therapy: CBT) 개입과 이와 상응하게 DBT 체계 내에서 쓰이는 해당 기법을 함께 열거한다.

제1장에서 언급한 바와 같이, DBT에서는 행동 전문(behavior expertise) 지식이 필수적이며, 이 장의 내용만으로는 당신이 알아야 하는 모든 행동 전문 지식을 전달할 수가 없다. 행동치료를 배울 기회가 전혀 없었던 독자들이라면 다음 서적들을 보아야 한다(Anthony & Barlow, 2010; O'Donohue & Fisher, 2006; Wright, Basco, & Thase, 2006). 다음에 〈표 3-1〉의 표준 CBT 기법 각각을 간단히 설명하고 이들이 DBT 체계 내에서 쓰일 때 어떻게 변형되는지 논의할 것이다.

〈표 3-1〉 표준 CBT 기법 및 그에 상응하는 DBT에서의 변형

표준 CBT 전략	DBT 전략
오리엔테이션	미세-오리엔테이션
직접 교육	행동 원칙에 대한 심리교육
전념	DBT 전념 전략
자기 관찰	DBT 일기 카드
행동 분석 / 기능 분석	사슬 분석
통찰	생물사회 이론 및 강조
해법 분석	문제 해결 및 일반화
기술 훈련 절차	DBT 기술
노출 절차	노출로서의 DBT
수반성 관리 절차	치료 관계의 자연스러운 수반성, 24시간 규칙, 네 번 결석 규칙
인지 수정 절차	변증적 설득, 논리, 지혜로운 마음

오리엔테이션과 미세-오리엔테이션

대부분의 CBT 프로토콜은 일반적으로 내담자에게 제안하는 치료적 개입의 근거를 설명하고, 치료 작업에 가장 잘 참여할 수 있는 방법에 대한 명확한 지침을 제공하는 것으로 시작한다. 각각의 치료 개입을 내담자의 궁극적인 목표와 명확하게 연결시켜서, 내담자가 무엇이 제안되었는지, 왜 제안되었는지, 어떻게 해야 하는지에 대한 오리엔테이션을 잘 파악하도록 한다. DBT에서 당신은 치료 초기에 오리엔테이션뿐 아니라 소위 '미세-오리엔테이션'을 해야 한다. 내담자에게 있어 변화 개입 자체가 비수인적인 것으로 여겨질 수 있고, 이는 감정 조절 어려움을 일으켜서 치료를 위한 공동 작업에 지장을 줄 수 있기 때문이다. 그러므로 내담자의 목표를 달성하기 위해 특정 치료 작업이 필요한 이유를 자주 설명해 주어야 하며 더 나아가 감정 조절 어려움에 직면해서도 치료 작업을 어떻게 수행하는지 구체적으로 내담자에게 알려 줘야 한다.

예를 들어, 내담자와 치료자가 지난 주 동안 특정 표적 행동이 나타나게 한 요소들을 평가하고 있다고 가정해 보자. 치료자가 상세히 묻자 내담자가 갑자기 의자에 몸을 웅크리고 고개를 떨구며 말을 하지 않았다. 이러한 행동은 감정 조절 어려움을 뜻한다. 표적 행동 평가를 계속하기 위해 치료자는 내담자가 원래의 작업 방향에서 이탈하지 않으면서도 감정을 다시 조절할 수 있도록 도와야 한다. 미세-오리엔테이션은 다음과 같이 진행된다.

치료자: 수지 씨, 당신이 몸을 웅크리고 말이 없어진 걸 보니 당신한테 무슨 일이 생겼군요. 제가 보기엔 당신은 엄청난 감정의 파도 속에 있는 것 같아요. 공포 아니면 아마도 수치심 같은?

수지: (고개를 끄덕이며 속삭인다.) 둘 다예요.

치료자: (내담자가 감정에 압도되었다고 가정하고 부드럽지만 사실 중심적인 태도로 대화를 진행한다. 다른 사람들이 덜 극적인 고통 표현에 적절히 반응하지 못해서 무심코 내담자를 극단적인 소통 스타일로 만든 경우라면, 치료자는 분명하고, 연관되고, 도움이 되는 반응

을, 지나치게 애원하는 태도나 가혹하거나 무시하는 태도가 되지 않으면서, 제공하려고
시도한다.) 좋아요. 그러면 당신은 무엇을 해야 할지 알고 있나요?

수지: (고개를 흔든다.)

치료자: 좋아요. 지금 해야 할 것은 오늘 당신이 필요한 것을 얻기 위해 우리가 다시 대화를 이어
가는 것이에요. 그렇지 않으면 이 시간이 끝날 때 당신 기분이 더 나빠질 것 같아요. 이해
가 되시나요? (감정 조절의 이유를 내담자의 목표에 연결한다.)

수지: (치료자 쪽으로 시선을 살짝 올려 경청한다.)

치료자: 저와 다시 치료 과정에 몰입하려면, 당신이 느끼는 감정을 충분히 조절해야 한다는 걸
의미해요. 이에 대해 당신은 제 도움이 필요한가요, 아니면 스스로 어떻게 해야 할지를
알고 있나요? 대화로 다시 돌아가기 위해 자신과 자신의 감정을 돌보는 방법을 알고 있
나요?

이와 같은 사례에서 내담자가 감정을 조절하는 방법을 모르고 있다면, 치료자는
구체적으로 내담자가 무엇을 해야 하는지 코치할 것이다. 이는 다음과 같이 이후 회
기에서 10분 넘게 천천히 이루어진다.

치료자: 수지 씨, 방금 화제를 바꾼 걸 인식했나요?

수지: (두려운 듯한 엷은 미소를 지으며 약간 쭈그린 자세로 있다.)

치료자: 내 생각에는 이것이 감정 조절을 위해 자동적으로 화제 전환이 일어난 지점인 것 같아요.
당신은 혹시 두려움을 느꼈나요? 그런 걸까요?

수지: 아마도 그런 것 같아요.

치료자: 우리는 여기서 두 가지 방법 중 하나를 선택할 수 있어요. 우리는 주제를 바꿀 수도 있고,
아니면 감정이 고조되어도 계속 진행할 수도 있어요. 일전에 회피 조건화에 대해 얘기했
던 거 기억하세요? 주제가 불편해지면 때때로 당신은 회피하겠지만 그렇게 되면 당신은
결코 당신에게 필요한 도움을 얻지 못해요(내담자의 목표에 치료 개입을 연결시킨다). 조
금 더 오래 걸릴지라도, 여기서는 주제에 머무르는 힘든 선택을 해야 하는 지점인 것 같
아요. 이것을 하기 위해서는, 당신 자신이 그 주제에 다시 뛰어들어서, 무엇이 힘든지, 무
엇을 느끼는지 찬찬히 이야기해야 해요. 바로 지금 당신이 긴장하고 숨을 참고 있는 것
느껴지나요? 깊고 자연스럽게, 숨을 부드럽게 쉬어 보세요. 네, 좋아요. 다시 한 번, 네,

이것도 두려움에 대한 반대 행동이라 할 수 있어요(감정 조절 기술을 사용한다). 어떻게 생각하세요? 이 주제에 대해 좀 더 다루어 볼까요?

또 다른 사례에서 내담자와 치료자는 표적 행동에 대한 사슬 분석을 하고 있다. 중요한 질문에 대한 반응으로 내담자는 재빠르게 "몰라요."라고 답한다.

> **치료자:** 당신이 그렇게 빨리 "몰라요."라고 말할 때, 나는 그게 무슨 뜻인지 잘 확신하기가 어렵네요. 모른다는 게 "내 마음은 텅 비어 있다."인지, 아니면 "나는 이에 관해 말하지 않는 게 낫겠다."인지, 아니면 (진짜 궁금해 잠시 멈춘다.) 그 밖의 다른 의미인가요? "몰라요." 는 무슨 의미입니까?
>
> **수지:** 몰라요. 음 그러니까, 뭐라고 해야 할 지 모르겠어요.
>
> **치료자:** 음, 여기가 딜레마의 순간인 것 같은데, 당신의 느낌을 당신이 어떻게 파악할 수 있느냐에 따라 당신의 다음 행동이 달라지는 순간인 것 같아요. 그래서 여기서 당신이 할 일은 자기 내면을 들여다보는 것입니다. 내가 당신에게 "그가 그런 말을 했을 때 당신은 어떻게 느꼈나요?라고 묻고 당신이 잠시 속도를 늦추면 어떤 생각, 어떤 신체 감각이 느껴지나요? 당신이 원하는 만큼 시간을 들여도 좋아요. 서두를 필요 없어요. 조금 찾아보고, 답이 없으면 꼭 답할 필요 없이 그저 바라보는 것도 좋아요.

이런 미세-오리엔테이션은 변화 지향 작업을 지원하기 위한 일종의 토대가 된다.

직접 교육 전략

다른 인지행동치료들처럼, DBT는 심리교육(psychoeducation)과 같은 직접적이거나 교육적인 개입을 이용한다. DBT에서 당신은 진단 기준, 관련 연구, 이 외의 기타 정보를 있는 그대로 함께 논의하여 내담자들이 그들의 어려움과 치료 과정을 이해할 수 있게 돕는다. DBT에서 당신은 또한 내담자가 마치 대학원생이거나 실습 중인 치료자인 것처럼 그들에게 행동 학습 원리를 직접 가르친다. 이는 내담자가 자신의 행동에 영향을 미칠 수반성을 관리하는 방법을 알아야 할 뿐 아니라 그러한 행동법을 다른 사람에게도 가르쳐 주어야 하기 때문이다. 예를 들어, 일부 내담자들은 그들의 행동을 규제할 수단으로 처벌에 지나치게 의존한다. 그들은 새로운 행동을 학습하고 유지하고 일반화하기 위해 필요한, 그리고 바람직하지 않은 행동을 억제하거나 멈추기 위해서도 필요한 자기 관리 기술을 배워 본 적이 없다. 이러한 이유로 치료자는 종종 행동 변화의 원리, 현실적인 목표를 설정하고 더딘 진전을 견뎌내는 법, 재발 방지 계획을 만들어 내는 법, 더 일반적으로는 원하는 변화를 뒷받침할 수 있도록 환경과 자기 자신의 행동을 분석하고, 수반성과 자극 조절을 관리하는 방법을 분명하게 가르친다(Linehan, 1993a). 내담자는 그러한 행동 변화의 원리를 이해해야 하는데, 이는 그들 자신의 행동을 관리하기 위해서이기도 하지만 치료 제공자나 내담자의 사회적 네트워크 내 다른 사람들이 종종 무심결에 자살 행위 및 기타 기능 장애 행동을 강화하기 때문이기도 하다. 예를 들어, 어떤 내담자는 만성적 자살 행동과 씨름하며 반복적이고 긴, 그리고 원치 않는 정신과 입원을 해야 했다. 그 내담자와 외래 치료자가, 입원으로 귀결되는 패턴과 입원 후에 입원 기간이 길어지게 만드는 패턴을 연구해 보니, 문제를 강화하는 수반성을 여럿 확인할 수 있었다.

그 내담자는 매력적이고 아름답고 무척 말라서, 자연스레 타인으로부터 매우 높은 보호 본능을 이끌어 냈다. 이것이 바로 문제였다. 그녀가 나약하고 수동적으로 행동했을 때, 어떠한 문제도 해결되지 않았고 다른 사람들이 이를 해결하기 위해 움직인 것이다. 그 후 그녀는 그들의 통제에 맞닥뜨렸고, 이는 결국엔 엄청난 권력 다툼으로 종결되었다. 그녀의 감정 조절 어려움과 자살 위협이 높아지자 그녀의 주변 사람들은 그녀가 입원하길 원하게 되었다. 병원에서 그녀가 가장 취약한 행동을 했을 때 입원실 직원은 그녀는 예외로 상정하며 해야 할 일을 빼 주었다. 이것도 의도치 않게 그녀의 나약하고 수동적인 행동을 강화시켰다. 친절함과 배려에서 비롯된 것이 엄청난 손해를 만들었던 것이다. 이렇게 그녀가 외래 치료를 받으며 생활하는 삶이 반복해서 파괴되었고 이 패턴이 견고해졌다. 치료를 통해 이러한 수반성들이 어떻게 자살 시도를 증가시켰는지 이해하게 되었을 때, 그녀는 그 입원실 직원에게 한 장의 편지를 썼다. 그 편지에서 그녀는 입원 치료를 연장하게 만들었던, 문제가 되는 강화의 패턴을 분명하게 말하였다. 그녀는 앞으로 입원하게 될 경우에 병원 직원은 다소 냉정하고 사무적으로 있어 줄 것을 부탁하였다. 특히 그녀가 나약하고 수동적인 행동을 할 때 그들이 그녀를 위하여 예외를 만들지 않도록 부탁하였고, 수동성이나 나약함이 아니라 그녀가 적극적으로 치료에 참여할 때 돌봄의 수반성을 만들어 주도록 부탁하였다. 이 내담자의 강화 수반성에 대한 이해는 고위험 행동을 강화시켰던 이 패턴을 변화시키는 데 매우 중요한 핵심이었다.

전념 전략

함께 결정한 치료 목표를 향한 작업에 분명하게 협력적 합의(collaborative agreement)를 하는 것이 CBT의 특징이며 DBT에서도 특히 강조된다. 하지만 이러한 합의를 얻어 내고 유지하는 것은 쉬운 일이 아니다. DBT를 하는 많은 내담자는 변화에 대한 동기를 만들어 내고 이를 지속시키는 것이 어렵다는 것을 알게 된다. 반복된 치료의 실패는 그들로 하여금 패배감이 들게 만들었고 그들 자신의 변화 능력뿐 아니라 치료자의 능력에 대해서도 회의를 갖게 만들었다. 몇몇 내담자는 변화를 위해 평생을 고군분투해 왔다. 그들과 다른 사람들도 상당한 노력을 했지만 모두 실패하기 일쑤였다. 많은 내담자는 치료가 의도적인 자해처럼 즉각적인 안도감을 제공하지 않는다는 사실을 알게 되었다. 그래서 내담자들은 스스로 이것이 얼마나 끔찍하게 부적응적인지 잘 알면서도, 안도감을 주는 이 대처 방법을 포기하기가 어렵다. 이러한 이유로 변화를 시작하고 변화에 대한 동기를 지속시키는 것은 많은 내담자에게 어려운 일이다.

따라서 DBT의 가장 중요한 작업 중 하나는 내담자로 하여금 필요한 변화를 위해 더욱 동기가 부여되도록 도와주는 것이다. 이 과정에서 변화에 대한 양가감정과 변화 동기의 부족이 예상된다. 이는 내담자가 치료 시작 전에 미리 해결해야 할 문제가 아니라 치료에서 다뤄져야 할 문제점이다. 지금까지 내담자들은 종종 행동 변화에 대해 강요를 받거나 공동 선택(co-optation)을 해 왔다. 그러므로 협력에서의 실패에 대해 아주 민감해질 수밖에 없다. 당신은 내담자가 변화에 대하여 이해할 만한 주저함이나 저항을 나타낼 때, 이것에 굴복하기보다 오히려 이를 명료화하고 버틸 수 있는 능력이 있어야 한다. 그러나 과거의 강제적인 패턴을 반복하지 않는 방식으로 행해져야 한다. 치료자는 종종 새로운 행동의 지지자로, 설득력 있고 호의적인 요청을 하는 한편, 항상 내담자의 선택할 자유를 지지하고 비판단적인 관계의 태도를 유지해야 한다. 동기를 만들고 전념하는 것에 대한 이러한 강조는 수많은 CBT 접근 방식과 공유된다(예: 동기 면담, 수용전념치료).

따라서 변화 전략을 사용할 때마다, 특히 초기 회기에서 DBT는 내담자 스스로가 변화에 전념하게 만드는 전략의 사용을 강조한다. 다음의 구체적인 전념 전략은 내담자가 스스로 변화에 대한 자신의 전념을 만들고 유지하기 위한 방법으로 DBT에서 강조되고 있다.

장점과 단점

장점과 단점을 평가하는 것은 내담자가 변화에 대해 양가감정을 가지고 있는 표적에 대해 치료 작업을 시작하는 가장 기본적인 전략이다. 치료자는 변화가 좋은 이유와 나쁜 이유에 대해 내담자가 충분히 고려할 수 있게 진정으로 균형 잡힌 태도를 취하고, 현상 유지가 좋은 이유와 나쁜 이유에 대해서도 그렇게 한다. 치료자는 내담자가 숙고하는 변화가 어떻게 그의 목표와 가치와 잘 맞는지 볼 수 있게 도와주고, 특히 일치하지 않는 부분도 볼 수 있게 돕는다.

발 들이밀기 기법

발 들이밀기(foot-in-the-door)는 누구나 "네"라고 할 만한 모호한 방식으로 치료자가 변화를 제안하는 것을 말한다. 본질적으로, 내담자가 "네, 모든 게 평등하다면, 당연히 나도 그것을 원할 거예요."라고 답할 만한 변화 지향으로 치료자가 프레임을 짜는 것이다. 예를 들어, 한 내담자가 연애에 반복적으로 실패하는 원인이 관계에 문제가 생겼을 때 손목을 그었기 때문이라고 말하는 경우를 생각해 보자. 발 들이밀기를 사용하여, 치료자는 다음과 같이 말할 수 있다.

> "우리는 이 치료법을 이용해서 더 좋은 관계를 만들고 유지하기 위한 기술을 배울 수 있어요. 혹시 관심이 좀 있으신가요?"

면전에서 문 닫기 기법

면전에서 문 닫기(door-in-the-face)는 발 들이밀기의 반대 개념이다. 여기서 치료자는 현재로서는 불가능한 이상적인 것, 이 상황에서 필요한 궁극적인 변화를 다짜고짜 요구하는 것이다. 예를 들어, 면전에서 문 닫기 기법을 이용해서 치료자는 앞의 내담자에게 다음과 같이 말할 수 있다.

> "당신이 원하는 관계를 만든다는 것은 자해를 완전히 멈추는 것을 의미할 것입니다. 이것은 당신에게 아주아주 어려운 일이죠. 하지만 나는 우리가 그것을 시도해 볼 것을 제안합니다. 왜냐면, 좋은 관계를 당신이 너무나 원한다는 것을 잘 알기 때문이죠. '우리가 그것을 시도해 본다'는 것은 1년 동안 우리가 함께 작업한다는 것, 오늘부터 당신이 1년 동안 자해를 완전히 멈추고, 자해를 포기한다는 것에 동의함을 의미하고, 또한 당신이 관계에서 비롯되는 참을 수 없는 감정들을 다루는 다른 방법을 찾는 것에 우리의 모든 에너지를 쏟아 부을 것임을 뜻합니다."

선택할 자유, 대안의 부재

선택할 자유, 대안의 부재의 의미는 치료자가 내담자에게 변화를 할지 말지 자유로운 선택권이 있음을 강조하면서도, 변화하지 않을 경우 야기될 매우 바람직하지 못한 결과도 동시에 강조하는 것을 말한다. 앞의 예를 또 다시 언급하자면, 고통스러운 감정을 멈추어 주는 효과가 있는 방법인 자해를 그만둬야 하는 것에 대해서 내담자가 불공평하다고 토로할 때, 치료자는 다음과 같이 말할 수 있다.

"맞습니다. 당신이 연인과 싸웠을 때, 자해하는 것을 그만두고, 고통스럽고 통제하기 어려운 감정을 다스리기 위한 새로운 방법을 모색하는 것이 한 가지 방법입니다. 내 생각에 또 다른 방법은 병원에 자주 가는 애인도 괜찮다고 하는 사람을 열심히 찾는 것도 있어요. 당신이 마음에 상처를 받고 그 상처 때문에 화장실 바닥에 피를 흘리고 있다는 것을 보여 주어도 당신을 용서하고 참아 줄 수 있는 사람이요."

하지만 여기서 중요한 것은 내담자가 선택할 자유를 치료자는 어떠한 판단이나 통제하려는 분위기 없이 진정 열린 마음으로 존중해야 한다는 것이다.

현재 전념에 과거 전념을 연결하기

현재 전념으로 변화시키기 위해 과거 전념을 연결하는 것은 말 그대로의 뜻이다. 치료자는 과거의 성공적인 변화들을 내담자가 주목할 수 있게 만들고 내담자가 하나의 변화(예: 담배나 헤로인을 끊기 위한 과거의 성공적인 전념)를 이루었으므로 또 다른 변화(의도적 자해의 중단)도 성공할 능력을 가지고 있음을 강조한다.

악마의 변호사

악마의 변호사란 치료자가 변화에 대한 의심, 우려, 단점을 설명하며 현상 유지를 주장하는 입장을 취하는 것이다. 이는 내담자가 변화가 왜 중요한지에 대한 자신 스스로의 입장을 깨닫는 데 도움을 주는 동시에, 변화를 막는 장벽과 우려를 식별하는 데 적극적이도록 만든다.

조형하기

마지막으로 조형하기는 내담자의 전념을 점진적으로 강화하는 것을 의미한다. 치료자는 변화에 대한 전념과 일맥상통하는, 내담자가 원하고 인정하고 행하는 행동들을 더 자주, 강렬하게 그리고 지속적으로 경험하도록 돕는다.

이러한 전념 전략들은 내담자의 변화 전념을 강화하거나 새로운 작업을 시작할 때와 같은, 내담자와의 어떤 대화에서도 잘 조합되어 사용될 수 있다.

자기 관찰: DBT 다이어리 카드

자기 관찰은 많은 CBT에서도 중요하지만, DBT에서는 필수적인 것이다. 매일매일 내담자는 표준 DBT 다이어리 카드를 사용하여 모든 1차 치료 표적을 관찰하고 기록한다. 양면인 다이어리 카드의 각 면은 [그림 3-1]에서 볼 수 있다. 한 면은 DBT 기술의 실행을 관찰한다. 반대 면은 다른 1차 표적 행동(자살 충동과 행위, 자해 충동과 행위)의 발생, 이와 관련된 감정, 약물 사용을 관찰한다. 내담자는 매 회기마다 완성된 다이어리 카드를 가지고 오고 회기는 그 다이어리 카드를 함께 검토하는 것으로 시작한다. 치료자와 내담자는 표적 행동에 대한 공유된 조작적 정의를 개발하여 이를 관찰하고, 이 행동들의 변화가 내담자의 목표와 어떻게 연결되는지를 논의한다. 예를 들어, 공유된 조작적 정의는 다음과 같은 것일 수 있다. "자해는 의도적으로 피부를 손상시키거나 흔적을 남기고 자신을 해할 의도로 뭔가 삼키는 것을 의미한다." 다른 사람들이 자신의 흉터를 볼 때 그녀는 수치심을 느끼기 때문에, 의도적 자해인 손목 긋기를 멈추는 것은 내담자의 목표와 직접적으로 연결된다. 그녀는 자신의 '엉망진창인 대처'를 줄이고 싶어하고, 의도적 자해가 길어지면 자살의 위험성을 증가시키기 때문이다.

각 표적이 분명하게 정의되고 나면, 내담자는 각 표적의 빈도, 강도, 또는 상호 합의된 다른 측면들을 자기 관찰한다. 내담자-치료자 팀은 다이어리 카드의 정보를 이용해서 치료를 이끌어 간다. 예를 들어, 내담자는 자살, 자해, 물질 사용에 대한 충동을 겪었을 당시의 강도를 복기해 0(충동 없음)에서 5(최강도의 충동)까지의 범위로 평가한다. 높은 점수는 충동의 강렬하고 만연한 발생을 나타낼 수 있으며, 내담자는 특정일에 겪었던 가장 강렬하고 가장 높은 충동을 평가해야 한다. 신체적 고

변증행동치료 다이어리 카드

지침: 각 기술을 시행한 날에 ○ 표시를 하십시오.

다이어리 카드	시행한 날	회기 중 작성하였습니까? 예/아니요		이 카드를 얼마나 자주 작성하였나요? 매일 2~3번 한 번			
1. 지혜로운 마음	요일	화	수	매	금	두	일
2. 관찰: 그냥 알아차림(충동 서핑)	요일	화	수	매	금	두	일
3. 서술: 언어로 표현하기	요일	화	수	매	금	두	일
4. 참여하기: 체험으로 들어가기	요일	화	수	매	금	두	일
5. 비판단적 자세	요일	화	수	매	금	두	일
6. 하나만 마음챙김으로: 바로 그 순간에	요일	화	수	매	금	두	일
7. 효과성: 잘 작동하는 것에 초점 맞추기	요일	화	수	매	금	두	일
8. 목적 효과성: DEAR MAN	요일	화	수	매	금	두	일
9. 관계 효과성: GIVE	요일	화	수	매	금	두	일
10. 자기 존중감 효과성: FAST	요일	화	수	매	금	두	일
11. 취약성 줄이기: PLEASE	요일	화	수	매	금	두	일
12. 숙달감 쌓기	요일	화	수	매	금	두	일
13. 긍정 경험 쌓기	요일	화	수	매	금	두	일
14. 감정에 반대되는 행동(반대 행동)	요일	화	수	매	금	두	일
15. 주의 분산(적응적 거부)	요일	화	수	매	금	두	일
16. 자신을 위로하기	요일	화	수	매	금	두	일
17. 상황을 개선하기	요일	화	수	매	금	두	일
18. 장단점 파악하기	요일	화	수	매	금	두	일
19. 철저한 수용	요일	화	수	매	금	두	일
20. 구조 만들기 // 일	요일	화	수	매	금	두	일
21. 구조 만들기 // 사람	요일	화	수	매	금	두	일
22. 구조 만들기 // 시간	요일	화	수	매	금	두	일
23. 구조 만들기 // 장소	요일	화	수	매	금	두	일

사용 충동(0~5): 치료 회기 이전: _____ 치료 회기 이후: _____

치료 중단 충동(0~5): 치료 회기 이전: _____ 치료 회기 이후: _____

자살 충동(0~5): 치료 회기 이전: _____ 치료 회기 이후: _____

BRTC 카드

| 변증행동치료 다이어리 카드 | 이름 | ID 번호 | 회기 중 작성 하셨습니까? 예/아니오 | 얼마나 자주 이 다이어리 카드를 작성하나요? 매일 ___ 2~3번 ___ 한번 | | | | 시작 날짜 |

충동			감정					약물				행동				
사용	자살	자해 행동	신체적 고통	슬픔/비탄	수치심	분노/짜증	격정/두려움	불법 약물	술	처방 약물	일반의약품	자해 행동	거짓말	기쁨	기술	R
0~5	0~5	0~5	0~5	0~5	0~5	0~5	0~5	#	#	#	#	예/아니요	#	0~5	0~5	√
요일 & 날짜								세부 내용	세부 내용	세부 내용	세부 내용					
월																
화																
수																
목																
금																
토																
일																

*사용한 기술

명백하게 중요하지 않은 행동:
0 = 생각하지도 사용하지도 않았음
1 = 생각했지만, 사용하지 않았음, 원하지 않았음
2 = 생각했지만, 사용하지 않았음, 원했음
3 = 시도했지만 사용할 수 없었음

사용할 가능성을 열어 둔 행동:
4 = 시도했고, 할 수 있었으나, 도움 되지 않았음
5 = 시도했고, 사용할 수 있었음, 도움 됨
6 = 시도 없이 사용함, 도움 되지 않았음
7 = 시도 없이 사용함, 도움 됨

[그림 3-1] DBT 일기 카드. Copyright by Marsha M. Linehan. Reprinted by permission.

통, 슬픔, 수치심, 분노, 공포의 감정을 위해서도 동일한 코딩 방식이 이용된다. 또한 내담자는 일상생활에서의 기술 사용을 평가하여, 내담자가 기술을 시도하고 있는지 그런 기술들이 도움이 된다고 여기는지 등을 치료자와 내담자가 알 수 있게 한다. 치료자와 내담자가 면밀히 관찰한 결과, 분명 중요하지 않았던 행동이 이른 경고 신호임을 찾아낼 수도 있으며, 겉으로 보기엔 작은 반응이지만 사실은 문제 행동으로 이어지는 것이었을 수 있다. 가령, 스트레스로 가득했던 하루 일과 후 바에서 동료들과 함께하는 것은 대부분의 사람에겐 그저 평범한 일이지만, 어떤 내담자는 이 평범한 일로 인해 코카인에 손을 대게 되었다. 이 내담자는 동료들에게 바에 가자고 묻고 싶은 자신의 충동을 관찰하였고, 이 충동은 그녀가 재발 방지 계획을 발동시켜야 하는 신호가 되었다. 여전히 자신의 휴대전화에 마약상의 전화번호를 가지고 있는 점이나 어차피 재발할 것이니까 책임을 받아들이지 않으려고 하는 점도 역시 마약 사용에 문을 열어 두고 있는 것이라 하겠다. 다른 CBT에서와 마찬가지로 당신은 주간 혹은 주기적으로 표준화된 다른 설문이나, 필요에 따라 구체적으로 개인에 맞춰진 설문을 추가할 수도 있다.

　다이어리 카드는 많은 잠재적인 문제에서 당신에게 해결책을 마련해 줄 것이다. 첫째, 일반적으로 내담자는 다수의 표적을 가지고 있으므로 모든 관련 행위를 질문하면서 회기를 시작하는 것은 실용적이지 않다. 심지어 당신이 빠른 체크인 질문을 하고 내담자가 당신이 필요한 정보만 효율적으로 대답하더라도 문제의 수가 워낙 많아서 시간은 금세 지나갈 것이다. 다이어리 카드는 당신이 모든 1차 표적을 한눈에 볼 수 있게 해 준다. 둘째, 위기가 치료 시간을 지배할 때에는 중요한 세부사항을 놓치기가 쉽다. 예를 들어, 건강 위기나 대인 관계 위기 속에서 당신은 자살 생각에 대해 평가하는 것을 잊을 수 있으며, 자살 생각이 악화되었다는 사실을 알지 못할 수도 있다. 이럴 때 다시 다이어리 카드는 자살 생각에 대해 질문하려는 기억을 할 필요도 없이 눈 앞에 바로 정보를 보여 줌으로써 당신에게 도움을 줄 것이다. 그 외에도 다이어리 카드는 진행 상황에 대한 근거를 제공할 수 있고, 다이어리 카드를 검토하는 행위가 문제와 진행 상황을 파악할 수 있는 내담자의 능력을 만들어 줄 수도 있다.

나아가 DBT는 내담자가 카드를 완성하지 못하게 방해하는 장애물을 예측하고 극복할 것을 강조한다. 매일 다이어리 카드를 작성하기 위해 규칙적인 장소와 시간을 정해 놓는 것과 같은 능동적이고 실용적인 해결책을 장려한다. 자기 관찰이 잘 확립될 때까지는 이러한 해결책에 대한 규칙적인 관심이 필요할 것이다. 당신이 다이어리 카드를 단순한 문서 작업이 아닌 아주 중요한 것으로 여기고, 당신과 내담자가 규칙적으로 카드를 검토하고 그 정보를 이용한다면, 내담자도 이것을 더 잘 준수하게 될 것이다. 즉, 당신은 내담자가 다이어리 카드에 기입한 내용에 대하여 질문하고 이와 관련한 이야기를 꾸준히 나누는 것이 중요하다.

행동 사슬 분석과 통찰 전략

제2장에서 자세히 설명한 바와 같이 행동 사슬 분석은 사례 개념화와 치료 계획에 사용된다. 이것은 능동적이고 지속되는 과정이다. 사슬 분석은 내담자가 표적 행동의 사례를 보고하거나 연루되었을 때마다 수행된다. 치료자와 내담자는 조절 변수를 찾아내고, 어떤 대안 행동이 더 기능적이었을지, 왜 그런 기술적인 대안을 사용하지 못했는지를 파악하기 위해 문제 행동의 특정 사례를 분석한다.

또한 사슬 분석은 내담자가 자신의 행동 패턴을 인식하는 데(즉, 통찰력 함양) 도움이 되는 주요 도구다. 많은 내담자는 자신의 행동에 대해 극도의 단순한 설명만 발달시켜 왔고(예: "나는 단지 게으르다.", "나는 ~한 부류의 사람이다.") 그들의 행동에 대한 조절 변수에 대해선 전혀 알지 못한다. 마찬가지로 내담자는 종종 그들이 다른 사람들에게 긍정적이든 부정적이든 어떤 영향을 끼쳤는지 피드백을 받은 바도 없고, 그들의 행동이 다른 사람들에게 어떤 영향을 끼치는지에 대해 대체로 인식조차 하지 못한다. DBT에서 당신은 사슬 분석을 이용하여 내담자가 조절 변수를 식별하는 데 적극 관여하도록 가르치는 한편, 감정 조절 어려움의 원인 및 유지에 대한 생물사회 이론을 명시적으로 가르쳐, 그들이 어려움을 떨쳐 버리고 상황 개선을 위해 할 수 있는 것들에 대한 일반 지식을 제공한다.

　　종종 너무 많은 표적에 대해 작업이 필요하므로, 치료자는 패턴을 간단히 강조할 시간밖에 없을 수 있는데, 그래도 이를 통해 향후 주의가 필요한 것들에 표시를 하는 방식으로 통찰력을 기르거나, 다른 때에 그 의미를 변화시킬 수 있도록(즉, 자극 가치) 한다. 더 높은 우선순위의 재료들이 많을 때 치료자는 다음과 같이 짧은 언급을 하고 지나간다.

　　　"그거 흥미롭네요. 다른 사람이 완전히 잘못했던 두 사례에서 당신의 기본적인 해석은 '당신
　　　이 잘못하고 있다'는 것이네요. 이처럼 일이 잘 풀리지 않을 때 당신이 얼마나 자주 이런 해석
　　　을 하는지 아시나요?"

　　어떤 경우에는 다양한 표적에 걸쳐 내담자가 보이는 반복되는 패턴을 파악하는 것이 변화를 위해 필요한 전부일 때도 있다. 그러나 DBT의 전제는 그런 통찰만으로 변화를 만들어 내기는 일반적으로 충분하지 않다는 것이다. 대신, 대체 반응을 찾고 이를 연습하고 일반화하는 것에 중점을 둔다. 내담자와 치료자는 해법 분석 전략을 사용하여 이러한 대안이 되는 대체 반응을 만들어 낸다.

해법 분석

　　해법 분석은 내담자가 인생의 문제를 해결하는 데 있어 적극적인 자세를 취하도록 장려하고 치료를 통해 배운 것을 일상생활에서 독립적으로 사용할 수 있도록 일반화하는 능력을 증진시킨다.

　　내담자가 감정적으로 조절이 되고 있을 때, 해법 분석은 종종 '내담자가 다르게 할 수 있는 것'에 대한 간단한 대화다. 당신은 함께 바람직한 행동이나 결과를 찾고, 그런 행동이나 결과를 달성하기 위해 필요한 구체적인 절차를 기획한다. 당신은 복잡한 연쇄적 행동을, 과제 분석(제2장에서 논했던)을 사용해서, 작업 가능한 구성 요소로 분할한다. 당신은 특정 DBT 기술 같은 대안적 행동을 제안할 수도 있고, 자기 자

신이나 다른 사람의 경험에서 나온 아이디어를 도출해 낼 수도 있다(예: 자서전, 비소설, 영화). 또한 당신은 심리학 연구(무엇이 정상적인 행동인지), 치료 연구(무엇이 효과가 있는지), 정신병리학 연구(무엇이 효과를 방해할 것인지)에서도 해결책을 위한 아이디어를 얻을 수 있다.

하지만 사람들이 감정 조절 어려움이나 만성적인 자살 행동의 경향이 있을 때, 해법 분석의 과정은 치료자의 더 많은 도움을 필요로 한다. 문제를 해결하는 법을 가르치는 것이 중요한데, 특히 문제 해결에 몰입하여 집중력을 유지할 수 있을 정도로 문제에 대한 감정을 조절하는 법을 가르치는 것이 중요하다. 이런 방식으로, 해법 분석을 수행하는 것은 치료 시간 밖의 복잡한 문제들을 독립적으로 해결하면서 감정을 조절하는 방법을 가르치는 수단도 된다.

다시 말해, DBT에서의 작동 가설은 역기능적 행동이 해결책(내담자가 감정적인 고통이나 불편함을 해결하려는 시도)이라는 것이다. 문제 행동이 자살에 대한 상상, 의도적인 자해, 상사에게 말대꾸, 과음, 폭식 등 무엇이든지 간에 그 행동은 효과가 있었기에 지속된 것들이다. 즉, 그것은 단기적인 안도감을 제공한다. 따라서 해법 분석의 목적은 내담자에게 더 좋게 작동하는 대체 행동을 찾아내는 것이며, 이러한 대체 행동은 단기적 안도감 후의 해로운 부작용이나 장기적인 나쁜 결과 없이 내담자가 가지고 있는 문제(감정적 고통)를 해결해 주는 것이다.

해법 분석 중에 치료자들이 흔하게 하는 실수가 있다. 해법이라는 것이 치료자의 관점뿐 아니라 내담자의 관점에서도 해법이어야 한다는 사실을 놓치는 것이다. 역기능적 행동을 멈추는 것이 최종 목표라고 말하는 것은 쉽지만 잘못된 것이다. "목표는 자해를 멈추는 것이다.", "목표는 과음을 멈추는 것이다."라고 하지만 이러한 것들은 목표가 아니다. 목표는 내담자가 스스로 느끼기에 살 만한 가치가 있는 삶을 살 수 있게 하는 것이다. 내담자에게는 역기능적인 표적 행동이 문제지만 그것이 또한 해결책이다. 목표는 다른 해결책, 즉 내담자가 가치 있게 여기는 방식으로 고통에 대응하는 방법을 찾는 것이다.

이러한 모든 이유로 당신은 해법 분석을 통해, 잘 조절되는 내담자보다는 조절되지 않고 만성적인 자살 시도를 하는 내담자를 더 적극적으로 도와야 한다. 당신은 새로운 대안적 행동을 내담자가 중요시하는 것과 생생하게 결부시켜야 한다. 당신이 그런 원칙에 맞게 충분히 미세-오리엔테이션을 하지 않으면 협력 관계를 잃어버리기 쉽다. 예컨대, 내담자가 강한 고통을 회피하려고 과량의 수면제를 먹은 경우를 생각해 보자. 그녀는 거의 24시간을 쭉 자서 직장과 기술 집단에도 못 나갔다. 내담자의 관점에서 보면 과다복용은 효과가 있었다. 왜냐하면 압도적인 감정의 문제를 해결했기 때문이었다. 그러한 단기간의 안도감이 그녀의 즉각적인 생각을 지배한다. DBT 치료자는 "당신은 과다복용을 중단할 필요가 있습니다. 이번 회기에서 이것에 대해 작업합시다."라고 말하기보다는 "당신은 감정적 고통이란 문제를 해결했지요. 만약 우리가 당신에게 도움이 되는 다른 대안을 찾는 작업을 함께 한다면 어떨까요? 나는 당신이 이 직장을 유지하고 기술 집단에서 많은 것을 배우는 것이 얼마나 중요한지 알기에 이런 말을 하는 겁니다."와 같은 방식으로 더 자주 표현한다. 또는 "내 생각엔 당신이 원하는 로맨틱한 관계 같은 것을 만들려면……"이나 "네, 내가 알기론, 당신은 직장이나 기술 집단에 빠지게 되면 자기 존중감에 손상을 입잖아요. 바로 이것이 과다복용의 단점이죠."처럼 말이다. 제안된 해결책이나 대체 행동은 내담자의 목표와 연결된다. 이것이 내담자의 목표를 향하는 도구인 것이다.

당신이 내담자에게 해결책과 대체 행동을 만들어 내도록 요구할 때 적합한 해결책이 어떠한 것인지 분명히 해야 할 필요가 있으며, 적합하지 않은 해결책에는 직접 맞서야 할 수도 있다. 왜냐하면 내담자의 해결책은 종종 즉각적 안도감을 주는 회피 행동이기에, 당신은 이런 행동을 중단시키는 것과 그 이상의 해결책으로 정서 감내에도 자주 초점을 맞추어야 한다. 당신은 내담자가 다양한 해결책의 결과들(단기간과 장기간 모두)을 예측할 수 있도록 체계적으로 도와야 한다. 의지를 북돋는다든지("그저 더 노력해야죠."), 당신에게 전화하는 것에 너무 의존한다든지, 정신과에 입원하는 등 내담자의 자립적인 현실 문제 해결을 약화시키는 해결책은 피해야 한다. 치료자는 치료의 초점을 내담자의 일상 문제 해결에 맞추었다가 회기 중 감정 조절을 돕는 것에 맞추는 등의 전환을 매우 자주 해야 한다. 당신은 끊임없는 돌봄과 세심함을 가지고서, 내담자가 감정 고통에서 벗어나려고 행하는 역기능적 시도를 반복적으로 차단하고, 대신 내담자가 삶의 문제와 감정 조절 어려움을 향해 능동적이고 정서적인 태도로 바꾸고 또 바꿀 수 있는 환경을 만든다.

　함께 만든 해결책이나 행동 계획은 극단적인 감정 조절 어려움 속에서도 사용할 수 있어야 한다. 내담자가 문제 해결 능력이 부족하고 감정 의존적 행동(제1장에서 논의된 바 있는)이 매우 심하다는 것을 고려하면, 장애물이 발생했을 때 이를 치우기 위한 새로운 해결책도 꼭 필요하다. 치료자는 내담자가 해결책을 사용하는 것을 방해하는 것이 무엇인지 예측할 수 있도록, 그 과정에서 장애물에 대응하기 위해 필요한 행동을 찾을 수 있도록 돕는다.

　치료자들은 일반적으로 이 시점에서 실수를 많이 한다. 우리는 감정 조절 어려움이 있을 때 새로운 해결책을 사용하는 것이 얼마나 어려운지에 대해 단순하게 생각하고 과소평가한다. 고통스러운 반추에 대응하기 위해 새로운 기술을 사용하는 것은 지지적인 치료자와의 회기 중에는 가능할 수 있지만 새벽 3시에 혼자 악몽에서 깨어났을 때에는 거의 불가능하다. 따라서 DBT에서 강조하는 것은 일반화를 위한 계획이다. 과제 분석을 이용해서 심하게 조절이 어려울 때 가능한 것과 필요한 것을 미리 생각해 놓고, 회기 중의 행동을 일상생활에 자주 연결시키며, 회기의 녹음 테이프를 제공하여 복습하도록 하고, 회기 사이에 행동 시연 과제를 잘 수행하도록 기획하는 것 등이다.

임상 사례: 마이클

　여기에 지금까지 논의한 변화 전략을 보여 주는 임상 사례가 있다. 마이클은 늦잠을 자는 바람에 지난 기술 훈련 집단에 참석하지 못했다. 그와 치료자가 상황을 조사했을 때 마이클은 감정적인 스트레스가 높은 시기에는 하루에 14~18시간을 자는 등, 수년간 잠 때문에 괴로움이 많았음을 알게 되었다. 마이클과 치료자는 더 이상 기술 모임에 빠지지 않도록, 그리고 이런 패턴은 삶의 질을 크게 방해하는 것이기에 그가 더 균형 잡힌 수면을 취할 수 있게 변화하는 작업을 시작하기로 합의하였다. 그들은 매일 아침의 기상 시간을 정하기로 합의하였고(Edinger, 2008) 치료자가 제안한 이른 아침 기술 코칭 전화가 내담자에 동기 부여를 해 줄 것이라 생각하였다. 아래 대화의 시작에서, 치료자는 [그림 3-2]에서 나타난 것처럼, 마이클의 수면 문제에 대한 과거의 사슬 분석, 의도적 자해와 약물 과다복용에 대한 사슬 분석을 마음속에 생각하고 있다. 여기서 표적들을 살펴보면, 수치심의 감정 조절 어려움과 자기 비수인이 공통적인 연결 고리라는 것을 알 수 있다. 그러므로 치료자는 이런 공통 연결 고리에 대한 작업이 여러 심각한 문제를 치료할 수 있는 효율적인 방법임을 파악하고, 회기 중에 이를 다룰 수 있는 기회를 볼 것이다.

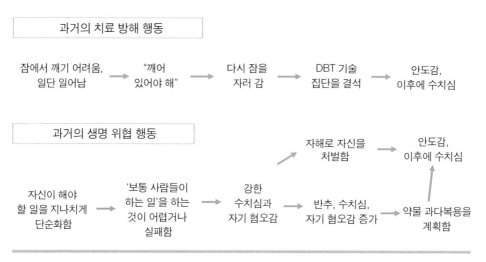

[그림 3-2] 마이클: 과거에 했던 표적 행동에 대한 사슬 분석

치료자: 수면 문제는 어땠나요? 아침에 제일 먼저 하는 코칭 전화가 도움이 될 거라고 지난 시간에 이야기했었는데…… 어땠나요?

마이클: (멈췄다 말하며) 나 일어났죠. 그렇죠? 우리 이야기 나누었잖아요.

치료자: 맞아요.

마이클: 음(잠시 쉬며).

치료자: 네, 매일 아침 코칭 전화는 나에게 마치 매일 아침 스트레칭처럼 느껴졌지만, 당신 또한 일어나 전화를 받은 것 같아 기분은 좋았어요. 하루의 남은 시간 동안은 어떻게 지냈나요? (그녀가 전화를 하려는 기꺼운 마음은 그것의 효과 여부에 달려 있다는 점에 대해서

간단히 전달한다.)

마이클: 음, 단지 나는 당신이 전화하리라는 걸 알았기에 일어나려 했던 거예요.

치료자: 좋아요, 잘했어요.

마이클: 그래서 좋았어요.

치료자: 좋아요. (잠시 침묵) 당신이 지금 말하는 방식을 보니 무엇인가가 있네요. 말하고 싶은 다른 게 더 있나요? (부드럽게 웃는다.) 보통 당신은 나에게 더 자세하게 얘기하곤 했죠. 무슨 일이죠?

마이클: 음. 음, 있잖아요, 나는…… 음, 당신이 전화했을 때 일어났던 건 사실이에요. 그리고 하루를 시작할 준비를 하고 있었어요. 그리고 당신이 전화할 것을 아는 것은 정말 동기 부여가 되게 했어요. 그리고, 음, 음……. 이건 정말 난처한 일이긴 한데요. 알잖아요. 나는…… 그래도 잠이 실제로 나아진 것 같고, 그래서…….

치료자: (웃는다. 그리고 명랑한 어조로) 거기서 어떤 말을 회피하고 있나요?

마이클: 음, 알겠어요. 알겠어. 음, 그때…… 당신과의 전화를 끊고 나서 여전히 심하게 피곤하다고 느꼈어요. 그래서 누워서 아주 조금만 쉬어야겠다고 생각했는데 그만 잠이 들어 버렸어요.

치료자: (명랑하고 가벼운 어조로 계속한다.) 그래서 당신은 다시 잠이 들었다는 거예요?

마이클: 네.

치료자: 그러니까 알람 시계를 끄고 나서 다시 잠든 거란 말이죠? 사실 그건 나죠. 아침에 전화하기 위해 애썼던 당신의 믿음직한 알람 시계……(적절하게 지적하여 회피 행동을 막고, 명랑하고 가벼운 어조로 서로 느끼는 대인관계 반감을 최소화하려고 노력한다).

마이클: 네, 알아요. 나도 거기에 대해서는 굉장히 미안해요.

치료자: (여전히 가볍고 부드러운 어조로, 매우 현재와 사실 중심적으로) 나도 알 것 같아요. 당신은 기분이 너무 나빠서 심지어 나한테도 말을 하지 않으려 했죠, 그렇죠?

마이클: 음, 나는…… 당신이 나에게 화나게 하고 싶지 않았어요. 그러니까 내 말은, 지금 이대로도 충분히 기분이 안 좋아요.

치료자: 음, 흠.

마이클: 당신은 정말 나를 돕기 위해 열심히 애써 주시고 이런 코칭 전화도 해 보겠다고 하셔서 많이 놀랐었어요.

치료자: 네.

마이클: 그리고 지금껏 당신이 나에게 좌절하고 있다는 걸 알 수 있었어요. 왜냐하면 이 일은 상

당히 큰 문제였지만, 나는 아무 것도 해낼 수가 없었고, 그래서 그래서 당신이 내게 전화도 주고 그러는데, 나에게 많은 걸 해 주는데, 그런데 아시다시피, 난 패배자예요. 와우.

치료자: 그래서 당신은 스스로에게 실망하셨군요.

마이클: 네.

치료자: 그리고 나에게 말하기 당혹스러웠고요. 또한 내가 좌절할까 봐 걱정하는 것처럼 들리네요.

마이클: 음, 당신은 좌절하고 있어요. 아시잖아요. 나도 알아요.

치료자: 흠, 글쎄요. 사실 나는 당신에게 좌절감을 느끼지 않지만, 당신이 내가 좌절한다고 걱정하는 건 알겠어요. 내가 무엇에 좌절하고 있다고 생각하세요?

마이클: 나한테요. 그러니까 나는 그냥…… 아시잖아요, 이런…… 나는 나아지고 있지 않아요. 그리고 이건 간단한 일이잖아요. 사람들은 일어나서 아침 먹고 일하러 가죠. 수억 명의 사람들이 매일 그렇게 하는데…… 아시잖아요.

치료자: 음, 흠.

마이클: 저는 치료자에게 전화하게 하고서는, 3, 4, 5, 6시간을 다시 자고 있잖아요.

치료자: 네(명확하게 숙고한 다음, 느리게 말한다). 완벽하게 진행된 건 아니었죠. 하지만 당신을 깨우는 것은 분명히 효과가 있었어요. 당신은 왜 그런지 전체가 다 문제라고 생각하는 것 같아요. 나는 그렇게 생각하지는 않아요. 나는 우리가 문제의 첫 부분을 해결했다고 생각해요. 당신은 일어났어요. 그렇죠? 동기 부여를 느꼈고 당신은 일어났어요. 그런 다음에 어찌해서 계속 일어나 있지는 못하고, 다시 잠들었지만요.

마이클: (웅얼거린다.) 하지만 내 생각에 그건 아무것도 아니에요. 아시잖아요.

치료자: 그게 뭐죠?

마이클: 그건 정말 아무것도 아니라구요.

치료자: 그게 아무것도 아니라는 것은 무슨 뜻이예요?

마이클: 나는 그냥…… 아시다시피, 나는 그냥 진짜 다 망했어요.

치료자: 당신은 다시 잤어요. 맞아요. 그랬죠. 마이클, 지금 당신은 죄책감과 당혹감을 느끼고 이런 감정의 충동 속에 빠져 있어요. 일종의 자기 비난 모드에 빠져 있어요. 느껴지나요?

마이클: (고개를 끄덕인다.)

치료자: 나에게 당신이 그러한 충동을 따라가는 것은 우리 궤도에서 벗어나는 것이에요. 그러니나는 차라리 되돌아가 이것에 대해 함께 들여다보고 싶어요(자기 비수인을 막고, 패턴을 강조하며 치료 과제로 미세-오리엔테이션을 한다). 당신도 알다시피, 첫 번째 부분, 즉

당신이 일어난 것에 있어서는 효과가 있었어요. 그러고 나서 어떻게 다시 잠을 자게 되었나요? 매일 그랬나요? (치료자는 이 일상생활 문제에 대한 치료를 계속할지 아니면 다른 표적들에서도 비슷하게 일어나는 회기 중 감정 조절 어려움을 치료하는 것으로 전환할지에 대한 선택에 직면한다. 치료자는 감정 문제를 간단하게 강조하고 사실 중심적인 말투로 마이클을 지금 하던 치료 과제로 돌아오게 할 수 있는지 알아보려 한다.)

마이클: 음……, 음…… 저기……. 네, 매일이요.

치료자: (웃으며 다시 명랑하고 편안한 태도로) 마이클, 당신은 반대 행동을 해야 합니다. 죄책감, 당혹감, 자기 비난이 밀려오고, 그게 너무 강하게 들이닥쳐서 당신이 문제를 해결하는 것을 실제로 방해할 거예요. 그리고 아마 이 점이 과거에도 일이 잘못되었던 지점이었을 거예요(오리엔테이션으로 돌아가서, 마이클의 감정 조절 어려움을 치료하는 것이 주된 치료 과제가 되어야 함을 깨닫는다).

마이클: 음, 흠.

치료자: 내 말 이해하세요?

마이클: 내가 죄책감과 당혹감에 너무 빠져서 다른 어떤 것도 하지 않는다는…….

치료자: 네, 그리고 지금 당신이 느끼는 행동 충동은 숨는 것입니다. 맞죠? 어떻게 해서든 내가 듣고 싶은 말을 나에게 해 주고 주제를 바꾸는……?

마이클: 네.

치료자: 만일 그렇게 하면, 행동 충동대로 하면, 이 문제는 어떻게 될까요?

마이클: 그 문제는 바뀌지 않겠죠.

치료자: 맞아요. 당신이 그 행동 충동으로 한다면, 당신이 필요로 하는 도움을 얻지 못할 것이고, 그 문제를 실제로 절대 해결하지 못할 거예요(감정 조절 어려움을 허용하는 마이클의 문제 행동을 그의 목표를 달성하지 못하는 것과 연결시킨다).

마이클: 네.

치료자: 그러니, 지금 그 당혹감과 수치심에 대하여 반대 행동을 하는 건 어떨까요? "나와 통화를 한 뒤에 당신이 다시 자러 가는 상황은 지난 주 매일 반복됐었나요?"와 같이 내가 물으면 당신은 당혹감이라는 충동에 반대되는 행동을 하는 겁니다. 무엇이 반대 행동이 될 수 있을까요? (현재 상황에서 마이클의 적극적인 기술 적용을 위해 기술 사용의 해결책을 제안하고 모델링하며 이끌어 낸다.)

마이클: 숨기지 않고 말하는 것 같은 건가요?

치료자: 네, 질문에 답하는 거죠. 그냥 매우 사실 중심적으로요. 자, 해 봅시다. "그래서 매일 그랬

나요?"라고 하면 당신은 "네, 매일요, 그리고 나는 자신에 대해 큰 실망감을 느꼈고 당신이 좌절할까 봐 걱정했어요." 이렇게 판단 없이 그저 서술하는 겁니다. 알겠죠? 그리고 당신 몸 자세도 반대로 바꾸세요.

마이클: (똑바로 고쳐 앉아, 어깨를 뒤로 젖히고, 눈을 마주본다.)

치료자: 네, 좋아요. 그래서 '매일 그랬나요?' (기술 강화를 위한 행동 연습을 모델링과 코칭)

마이클: 네, 매일이요. 그래서 나 자신에게 매우 실망감을 느낍니다.

치료자: (조용한 목소리로 코칭하며) 네, 당신이 반대 행동을 계속할 수 있는지, 그래서 이런 대화를 지속할 수 있는지 살펴보세요.

마이클: 아시잖아요. 더는 당신을 실망시키는 것을 참을 수 없어요.

치료자: 당신은 정말 내가 실망했다고 생각하는군요. 나는 당신이 일단 일어났기 때문에 실제로 기뻤는데, 왠지 모르지만 당신은 그걸 인정하지 않네요(수반성 명료화를 사용).

마이클: 아마 당신은 나를 치료하지 못하겠다고 하겠죠. 나는 그렇게 될 거란 걸 알아요.

치료자: (코칭하는 목소리를 유지한다.) 좋아요. 그래서 지금은 그냥 서술하는 것이 좋을 것 같아요. "나는 걱정이 매우 많아요. 나는 당신이 좌절했다고 생각해요. 나는 당신이 나를 버릴까 봐 걱정해요." (손가락으로 생각들을 센다.) 여기서 생각을 그저 있는 그대로 서술해 보세요. 좋아요, 계속 반대 행동을 하는 거예요. 아셨죠?

마이클: 나는 많은 걱정거리를 가지고 있고, 내가 더 빨리 변화하지 않으면 당신이 나를 버릴까 봐 두려워요.

치료자: 좋아요. 네, 바로 그거예요. 당혹감과 죄책감이 불타오르면, 당신을 자주 압도해 버리죠. 그러니 지금 당신은 엄청 잘하고 있는 거예요. 이제 정말 나와 함께하실 거죠? 행동 충동은 지속되는 것, 감정에 동반되는 것인데, 그냥 듣고만 있으면 돼요. 그리고 거기에 반대 행동을 하는 거예요. 열린 마음으로 그 반대 행동을 정말로 받아들이는 거예요. 준비되었나요? 그래서, 내가 실제로 느낀 것은 기쁨이었어요. 우리가 작은 첫 가능성을 얻었기 때문이죠. 당신이 매일 아침 꾸준히 일어난 것이 몇 년 전이잖아요, 맞죠? 그런데 당신은 이번 주 매일 아침 깼어요(더 조용하게 코칭하는 목소리로 바꾼다). 좋아요, 그래서 여기서 반대 행동이란, 그저 내가 말한 것을 정확히 반복하는 것, 그저 다시 말하는 것이에요.

마이클: 당신은 내가 다시 잠들었음에도 불구하고, 내가 매일 일단 일어났다는 것에 기뻤었군요.

치료자: 맞아요. 나는 그것을 첫 걸음이라고 봤어요. 그리고 내 생각에 당신은 이게 얼마나 힘든 것인지 잘 모르고 있어요. 당신은 자신을 비난하기 시작하고, 자기가 한 일은 너무 단순

화시켜요(내담자의 자기 비수인의 패턴을 강조한다). 이것은 해결하기 쉬운 문제가 아니에요. 당신은 자신이 다른 사람들과 똑같다고 생각하고 있어요. 그건 사실이 아니죠. 어느 누구나 조절이 안 되는 수면 패턴이 습관이 되면 바꾸기가 매우 어려워요. 그러니 되돌아가서 이것을 함께 생각해 봐요. 거기 당신이 있었고 깨어났어요. 자, 당신이 깨어났을 때 계속 깨어 있어야 한다는 생각이 들었나요? (수면 문제에 대한 적극적인 치료로 다시 전환, 마이클은 회기 중에 반대 행동으로 감정 조절을 연습하고, 자기 비수인을 그만두고 어려운 문제의 논의로 돌아오고, 이것을 반복한다.)

마이클: 음, 아니요.

치료자: 알겠어요. 내 생각에 이 지점이 지난 번 우리가 해결책을 놓쳤던 지점 같아요. 우리가 시도했어야 하는 것은 전화 통화와 더불어, 실제로 당신에게 추진력을 줄, 당신이 할 일에 대한 '하나-둘-셋' 계획을 짜는 것이었어요(심하게 굳어진 마이클의 수면 주기를 고려하여, 침대에서 나올 때 필요한 단계들을 정확히 상상하며, 과제 분석을 시작한다). 내 말 이해하시겠어요? 이것은 마치 커다랗고 무거운 바위를 굴리는 것과 비슷해요. 우리는 바위를 제자리에서 벗어나도록 흔들지만 그것을 굴러가게 하진 못해요. 그러므로 우리가 해야 할 것은 당신이 계속 깨어 있게 하면서 추진력을 주어 구르게 하는 거죠. 무엇이 도움이 되었을까요?

마이클: (끼어들어 치료자를 방해한다.) 하지만 그건 그냥……, 내 말은 내가 정상적인 사람처럼 일어난다면 그게 말이 되지만, 그러니까 내 말은…….

치료자: 어허, 당신은……, 지금 다시 자기 비수인 같은 것을 하고 있어요.

마이클: 음, 맞네요.

치료자: 그래요.

마이클: 맞아요.

치료자: 그게 도움이 되나요? 행동 충동을 따라 가는 것이 당신이 이 문제를 해결하는 데 도움이 될까요?

마이클: 나는……, 음, 문제는 상황이 그냥 사실일 뿐이고, 내 생각은 아마도…….

치료자: (끼어들어) 나는 그걸 논쟁하는 것이 아니에요. 반대하는 것도 아니에요. 대부분의 사람들도 이래요. 그게 사실이 아니라고 말하는 것도 아니에요. 내 말은 이런 거예요 행동 충동에 따르는 것이 바로 지금 특별히 도움이 되나요? 아니면 반대 행동이 더 나은가요? 당신은 거기로 되돌아가서 내 질문에 답할 수 있어요. 무엇이 도움이 되었을까요? 당신은 거기 있었고 깨어났고 우리는 통화 중이었습니다. 뭐가 됐든, 실제로 당신을 깨워 하

루 동안 당신을 움직이게 했을 '하나-둘-셋'은 무엇이었을까요? 우리는 무엇을 해야만
할까요? (회피라고 생각되는 자기 비수인을 차단하고, 적극적인 문제 해결 반응을 반복
적으로 이끌어 낸다.)

마이클: (침묵) 음, 글쎄요. 나도 확실히 알고 싶어요.

치료자: 확실할 필요는 없어요. 당신이 할 수 있는 최선의 추측을 부탁드리는 겁니다.

마이클: 나는……, 당신이 말했던, 하나-둘-셋 루틴은 시도할 가치가 있어 보이는데. 그럼 다음
에는 뭘 해야 하나요?

치료자: 좋아요. 뭘 할 필요가 있을까……. 아침에 당신을 계속 깬 상태로 유지해 주고 밖에도 나
가게 해 줄 수 있는 아주 좋은 루틴. 어떤 게 있을까요? (내담자에게서 '새로운 행동 이끌
어 내기'를 시도한다. 적극적 해결책 생성)

마이클: (멈췄다 생각하며) 음, 글쎄요. 내가 아침을 먹는다면, 하지만 나는 아침에 일어났을 때
배고프지가 않거든요. 그래서 먹는 것은 싫은데.

치료자: 좋아요. 그럼 아침 식사는 말고요. 계속해 보세요.

마이클: 음.

치료자: 생각할 수 있는 많은 아이디어를 그냥 말해 보세요.

마이클: 글쎄, 잘 모르겠어요. TV를 켜요. 아침 방송이나 뭐 그런 거. 음, 내 생각엔 빛을 많이 켜
는 건 좋은 거니까요.

치료자: 좋아요.

마이클: TV를 켜고. 음, 네, 커피요. 커피 만드는 건 귀찮지만, 커피를 마시면 좀 더 오래 깨어 있
겠죠.

치료자: 그래요? 그거 확실히 할 수 있는 건가요?

마이클: 글쎄, 아마도요. 아마도.

치료자: 아마도. 좋아요. 당신은 자동 커피포트를 가지고 있나요?

마이클: 아니요.

치료자: 자동 커피포트를 살 20달러 정도는 가지고 있어요?

마이클: 음, 네, 살 수 있어요.

치료자: 오늘 오후에 살 수 있어요? 이러면 어떨까요? 한번 상상해 보세요. 우리가 다시 내가 아
침에 전화를 하기로 약속하고, 그 전날 밤에 당신은 커피포트를 설정하는 거예요. 아침에
내가 전화를 걸 때, 커피는 내려지고 있고, 전화할 때쯤 다 내려졌겠죠. 당신은 일어나고,
집안 전등을 모두 켜고, 침실 문은 닫고요, 그리고 자신에게 이렇게 말하는 거예요. "저

방에 다시 들어가지 않을 거야." 그리고 가서 커피 한 잔을 합니다.

마이클: (조용하게) 나에게는 어떤 선택권도 없네요.

치료자: 뭐라고 하셨어요?

마이클: (조금 더 큰 목소리로 눈을 반짝이며) 나에게는 어떤 선택권도 없다고요.

치료자: 무엇에 대한 선택권 말인가요?

마이클: 글쎄요. 다시 자러 들어가는 것 같은…….

치료자: (내담자의 장난스러운 말투를 알아채지만, 협력 여부도 확인한다.) 당신의 목표에 대해서
        는 이미 합의를 이루었다고 생각했는데요? 지금 강요당한다고 느끼시나요?

마이클: 아니요. 알아요. 네, 알죠. (마이클과 치료자가 웃는다.) 근데 어려워요!

치료자: 네, 그것은 어려워요. 그게 핵심이죠. 더 쉬운 길도 있죠. 매일 아침 이불 속에서, 안전
        하게 머무르며, 꾸벅꾸벅 졸면서……(선택할 자유를 강조하면서 전념을 강화하려 시도
        한다).

마이클: (확고하게) 아니요, 나는 그걸 원하지 않아요. 나도 압니다.

치료자: 그것은 어려워요, 마이클. 내 생각엔 당신이 그것이 얼마나 어려운지 충분히 알지 못할
        수도 있다고 생각해요. 당신이 이런 생각을 고집할 수도 있어요. 이건 쉬운 일이고, 그냥
        일어나면 되는 것이고, 도움이 필요한 것이 아니고, 그냥 일어나는 거다. 하지만 그건 그
        렇게 작동하지 않아요. 그건 어려워요. 그게 내 생각에 내가 좌절하지 않는 이유예요. 이
        것은 바꾸기 매우 어려운 문제입니다. 정말 효과 있는 해결책을 위해서는 반복이 필요해
        요. 그리고 또한 자기 비수인, 죄책감과 당혹감의 행동 충동, 이런 모든 것이 당신을 압도
        하는 큰 문제가 있어요. 당신이 너무나 감정 조절이 안되면 당신에게 중요한 문제들에 대
        해 앞으로 나가지 못하는 거죠.

마이클: 음, 흠.

치료자: 그리고 그래도 괜찮아요. 우린 이걸 해낼 것이니까요. 지금 당신은 작은 작업 하나를 아
        주 잘하셨어요(자기 비수인이 내담자가 현재의 진행 과정을 알아차리는 데 방해가 되고
        있다는 것을 인지하고, 내담자의 효과적인 행동 과정이 힘을 얻도록 적극적으로 수인하
        고 따뜻하게 도와준다).

마이클: (침묵) 좋아요.

치료자: 네?

마이클: 좋아요(눈을 잘 맞추며, 더 현실적인 모습으로).

치료자: 나도 당신이 여기서 잘 버텨준 것에 대해서 정말 기분이 좋아요(마이클은 깊은 심호흡을

하며 긴장을 풀고 미소 짓는다). 당신은 반대 행동을 이용했고, 자기 비수인을 약간은 내려놓았고, 우리의 다음 아이디어를 시도했어요. 정말 잘 했어요. 그것이 우리에게 필요한 과정들이에요. 이제, 지금 우리가 해야 하는 것은 문제 해결입니다. 그래서, 다시 점검해 보죠. 당신은 무엇을 할 건가요? 그 계획은 뭔가요?

마이클: 좋아요. 음, 네. 그러니까 그 커피메이커요, 오늘 그걸 살 거예요. 그리고 맞아요. 매번 저는 집에 가서 어떤 것을 하겠다고 말해 놓고서 그것을 하지 않았었죠. 하지만 오늘은 집에 가기 전에 그것을 살 거예요.

치료자: (코칭하는 목소리로) 좋아요. 그거 아주 멋진 반대 행동이네요! 매우 현실적이고 멋져요.

마이클: 이 회기를 마친 후 집으로 가는 길에 가게로 바로 갈 거예요.

치료자: 좋아요. 방해가 될 만한 것이 상상되는 게 있나요?

마이클: 음, 모르겠어요. 음, 버스가 사고가 나는 것? 모르겠어요.

치료자: (웃는다.) 이런 건 어때요. 그 기분에서 빠져나오는 것, 그 기분이 생기면, 그런 일이 일어나면 당신은 무엇을 할 거예요?

마이클: (침묵) 모르겠어요.

치료자: 당신은 그 기분에서 빠져나올 거예요. 당신이 바로 더 이상 그런 기분 속에 있지 않게 된다고 상상해 봐요.

마이클: 그래요. 나는 할 수 있어요. (멈추었다가) 반대 행동을.

치료자: 오늘처럼요?

마이클: 네.

치료자: 좋아요. 그 감정은 무엇일지 생각해 봐요.

마이클: 나는 피곤해져서 이렇게 생각하겠죠, 나는 이것을 할 수 있어야만 해. 이건 큰일도 아닌데, 멋진 커피포트는 필요로 하지 말았어야 해. 그냥 일어나면 되는 건데(그의 목소리는 점점 거칠어지고 완고해진다).

치료자: 좋아요. 훌륭해요. 그런 자기를 비수인하는 생각들은 반드시 올 거예요. 그것이 신호예요. 그때 생각하세요. 무엇이 반대 행동일지…… 그 감정은 무엇이었는지.

마이클: 그건 일종의 우울, 체념, 그리고 당혹스러움, 역겨움 같은 것들이에요.

치료자: 그래서 반대 행동은요?

마이클: 활동적, 활동하는 거죠.

치료자: 아마도요. 약간의 격려와 그것이 얼마나 어려운지에 대한 수인은 어때요? "내가 나의 수면을 바꾸는 것은 어려워. 나는 그게 달라지길 바라지만 정말 어려운 일이야." 또는 혐오

에 대한 반대 행동도 있죠. 친절하게 다가가는 몸 자세를 취하며, "나는 어려운 일에 대하여 좋은 출발을 하고 있어."라면서 말이죠.

치료자가 회기 간 문제 행동에 대한 사슬 분석과 해법 분석을 수행할 때, 회기 내 회피 행동이 시작되었으며 이는 회기 밖에서의 마이클의 그 문제와 정확히 동일해 보였다. [그림 3-3]은 회기 내 문제 행동에 대한 사슬 분석과 치료자가 개입한 방법에 대하여 치료자가 간략히 스케치한 것이다.

이 그림에서 볼 수 있듯이 해법 분석은 다른 CBT 프로토콜에서 사용되는 방식과 유사하지만, 회피 차단, 감정 조절에 대한 회기 내 코칭, 일반화에 대한 집중을 더 강조하여, 치료 밖에서의 내담자의 삶에 실제로 해법들이 작동되도록 노력한다. 하지만 때때로 해법 분석도 충분하지 않다.

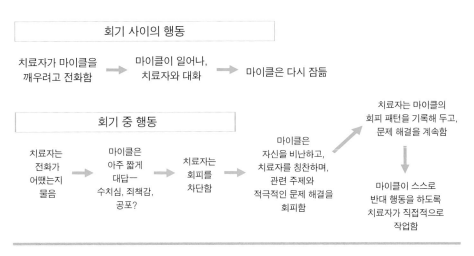

[그림 3-3] 마이클: 늦잠과 회기 중 회피에 관한 사슬 분석

DBT에 사용되는 네 가지 CBT 변화 기법

다음 네 가지 요인은 하나하나가 내담자의 행동 변화에 상당한 방해가 될 수 있기에, 새로운 해결책을 수행하기 전에 이에 대한 보다 깊은 작업이 필요하다. 이는 ① 기술 결핍, ② 문제가 있는 감정 반응, ③ 문제가 있는 수반성, ④ 문제가 있는 인지 과정이다. 이 각각의 요인은 기본 CBT 기법과 연결된다. 즉, 기술 결핍은 기술 훈련으로 치료하고, 조건화된 감정 반응은 노출 기법으로 다루고, 잘못된 수반성은 수반성 관리 기법을 적용하고, 인지 과정이나 인지 내용의 문제는 인지 수정 기법으로 치료한다. 사슬 분석과 해법 분석이 그 자체로 새로운 행동을 돕기에 충분치 않을 때, 이 네 가지 기본 CBT 기법 중 하나 이상이 필요할 수 있다.

이러한 네 가지 기법은 무한히 조합될 수 있고, 매뉴얼로 만들어진 CBT는 이것들을 특정 장애나 문제를 위해서 프로토콜화한 것이다(예: Beck, Rush, Shaw, & Emery, 1979; Fairburn, 2008; Zinbarg, Craske, & Barlow, 2006). 당신은 때때로 DBT 내담자들과 전체 프로토콜을 한 단계씩 차근차근 사용할 수도 있지만, 대부분의 경우 DBT 원칙과 절차들을 보다 간략한 작업을 위해 적용함으로써 위기 속에서의 진전을 추구하고 만성적인 여러 문제에 대해 작업한다. 다음 섹션에서는 각 행동 변화 기법의 간략한 정의를 제시하고, 이를 사용하는 방법과 DBT 체계 안에서 각각 다른 강조점들을 설명한다.

기술 훈련

첫째, 사슬 분석을 하다 보면 내담자에게 기술 결핍이 있음을, 즉 내담자가 행동 레퍼토리에 필수 기술을 가지고 있지 않은 경우를 발견할 수 있다. DBT 기술 훈련은 다음의 기술 결핍을 대상으로 한다. ① 감정을 조절하기, ② 고통을 감내하기, ③ 대인 갈등에 기술적으로 대처하기, ④ 비난하지 않고 알아차리면서 관찰하고, 서술하며, 참여하고, 효과적인 것에 집중하기(마음챙김 기술) 등이다. 내담자는 대부분 기술 훈련 집단에서 DBT 기술에 대해 배우지만, 개인 치료자도 필요하면 기술을 가르친다. 그러나 개인 치료자에게 강조되는 역할은 내담자가 기술 집단에서 배워 온 것을 강화하고 내담자의 일상 문제에 기술을 일반화하는 데 있다. 기술 훈련 치료자는 기술을 그 사람 안에 넣어 주고, 개인 치료자인 당신은 그 기술을 뽑아내는 셈이다. 마이클의 예시에서 개인 치료자는 감정 조절 기술인 '감정에 대한 반대 행동'을 가지고 이를 수행한 것이다. 이는 불안, 우울, 분노에 대해 개발되고 수치심, 죄책감, 질투심 같은 감정들에 대해 확장된 여러 근거 기반 프로토콜을 리네한이 축약하고 변주한 것이다(Linehan, 1993b).

다른 CBT와 마찬가지로, 당신은 내담자에게 쉽게 따라 할 수 있는 절차를 가르치고 내담자의 반응이 바라던 기술적인 반응과 점점 더 비슷해지도록 조형한다. 당신과 내담자는 내담자의 생활 문제를 논하고, 해결책으로 DBT 기술의 사용을 제안한다. 모델링을 하고 기술을 시연하며, 내담자가 상상 연습이나 내적 시연을 통해 새로운 행동을 연습하는 것을 돕는다. 간단하고 즉흥적인 시연(예: "그가 X라고 말하면, 당신은 뭐라고 할 건가요?")이나 역할극도 좋다. 당신 자신이 그 기술을 어떻게 사용했는지 사례를 공개하여 DBT 기술의 사용을 격식없이 모델링할 수 있다. 또한 내담자에게 환경 내 다른 숙련된 모델(책, 영화 잡지, TV)을 제시할 수 있고 이야기, 은유, 유추를 이용할 수도 있다. 기술이 내담자에게 바르게 작동되도록 구체적 개선을 제안하는 자세하고 솔직한 피드백을 주고 코치한다.

다시 말하지만, 행동 시연은 대단히 중요하다. 당신은 통찰력만으로 당신의 골프 스윙을 바꾸거나 유화 그림을 그릴 수 있다고 생각하지는 않을 것이다. 하지만 우리는 종종 통찰력만으로 복잡하고 매우 습관적인 감정을 조절하고 부적응 행동을 바꿀 수 있다고 여긴다. DBT에서는 감정을 조절하기 위해서는 연습과 과할 정도의 학습이 필수적이다. 따라서 내담자가 회기 중에 감정 조절이 어려운 상태가 될 때, 이것은 장애물이나 성가신 일이라기보다 일종의 연습 기회가 될 수 있다. 당신은 감정을 조절하는 방법에 대한 분명한 지침을 제공하면서, 치료 작업에 몰두하는 법을 직접적으로 가르친다. 감정 조절 어려움을 빨리 없애고 나서 내담자의 실제 문제를 다루어야지라는 생각보다는, DBT에서는 감정 조절 어려움에 대해 작업하는 것이 실제 문제다. 그러므로 당신은 그 기회를 만날 때마다 그것을 치료하라.

마이클과의 대화는 회기 내 감정 조절이 어려운 상황에서 기술 훈련을 하는 사례를 제공하였다. 여기 또 다른 짧은 사례를 소개하겠다. 이 사례의 내담자는 폭식과 구토로 이어지는 사건들의 사슬을 이야기하였다. 핵심 연결 고리는 불쾌한 기분과 "상관없어. 아무것도 의미 없어."라는 생각으로 보였다. 내담자는 그 상황을 이야기하면서 회기에서도 이 같은 불쾌한 기분을 경험하였다. 치료자가 다음 번에는 그 상황을 어떻게 다르게 다룰지 생각해 보자고 대화를 전환하였을 때, 내담자는 조용하고 패배감에 젖은 목소리로 "그게 무슨 의미가 있어요?"라고 반문했다. 치료자는 이를 기술을 연습할 기회로 이용한다.

치료자: 방금 무슨 일이 일어났나요? 당신은 이것에 대한 이야기를 막 끝냈고, 내가 "좋아요. 우리가 그것에 대해 무엇을 할 수 있을지 알아봅시다."라고 말했을 때, 무슨 일이 일어났죠? 당신은 지금 어떤 느낌인가요?

내담자: 아무 것도 도움이 되지 않을 거예요. 왜 이 모든 걸 해야 하나?

치료자: 지금 말한 것은 생각이에요. 당신이 느끼고 있는 감정은 뭔가요?

내담자: (침묵하고, 치료자는 기다림) 모르겠어요.

치료자: 내 생각에는 절망과 공포, 그리고 일종의 피로감과 압도감인 것 같아요.

내담자: (침묵한다.)

치료자: 들어 보세요. 이건 죽느냐 사느냐의 중요한 문제예요. (몸을 앞쪽으로 기울이고 조용하지만 강렬하게) 이것은 당신이 폭식하고 구토할 때만이 아니라 자살을 생각할 때도 당신에게 일어나는 일이에요. 우리가 이것을 해결하기 위해 당신은 여기서 적극적 태도를 가져야 하고 대화를 견뎌 내야 합니다(오리엔테이션을 하여 적극적 문제 해결을 이끌어 내고 또한 자살 행동과 연결되어 있는 핵심 기전, 즉 내담자가 "아무 의미 없어!"라고 이름 붙인 가라앉는 느낌과 기분을 표적으로 삼는다). 잠시 생각해 보세요. 내가 "이것에 대해 무언가를 해 봅시다."라고 말하면 당신은 무엇을 느끼나요?

내담자: 그럴 가치가 없어요. 나는 그럴 가치도 없어요.

치료자: 당신이 그렇게 말할 때 너무 슬퍼 보여요……. 당신 얼굴이 굳어지고 체념하는 것 같아요……. 그런가요?

내담자: 정확해요.

치료자: 당신이 이런 기분이지만, 포기하지 않고 구토하지 않으려 노력하려면, 무엇이 필요할

까요?

내담자: 이 모든 게 그럴 가치가 있어야 하고, 나 자신에 대해서도 좋게 느껴야만 할 거 같아요.

치료자: 좋아요. 그러면 무엇이 그것을 가치 있게 만들고 당신은 무엇에 대해 기분 좋게 느낄 수 있나요?

내담자: 모르겠어요.

치료자: 들어 보세요. 당신은 그것을 찾아내야 해요. 그리고 그것은 진정으로, 당신이 정말 믿고 있는 것이어야 해요. 당신이 이것을 얻었을 때 기분을 좋아지게 만드는 그것을 찾아야 합니다. '지혜로운 마음'으로 가는 기술을 알고 있죠? 심호흡을 하고, "내가 무엇에 대해 기분 좋게 느끼지?" 하고 묻습니다. 그리고 답을 들어요, 하나의 답을 고르지 말고 단지 듣는 거예요.

치료자는 내담자가 진정으로 가치 있게 여겼던 자신에 대한 몇 가지를 만들어 낼 때까지 작업을 지속했으며, 이는 회기 내 그녀의 기분을 바꾸어 놓았다. 그리고 그들은 치료 시간 밖의 그녀의 삶에서 어떻게 이를 수행할 수 있는지에 대해 함께 생각했다(예: 자신이 진정으로 가치를 두는 것들에 집중하게 하는 신호가 되도록 해서, 그녀가 절망감 같은 기분에 굴복하지 않고 이에 맞설 수 있게 있도록). 마지막으로 치료자는 훈련 상황을 다양하게 하고 모든 관련 맥락에서 연습을 격려하는 방식으로, 각 상황에 대한 다양한 기술적 반응을 가르침으로써 기술의 일반화를 프로그래밍하였다.

노출 기법

수치심, 죄책감, 불필요한 두려움과 같이 강렬하고 통제가 어려운 조건화된 감정 반응은 종종 기술적인 반응을 방해하고 혼란케 한다. 이런 경우 회피와 도망이라는 파괴적인 패턴으로 반응하는 '감정 공포증'이 될 수 있다. DBT의 모든 것은 의미 있는 방식으로 노출 치료 원칙을 따른다. 공식적인 노출 기법에서 치료자와 내담자는 도망과 회피 행동뿐 아니라 문제 있는 감정 반응을 유발하는 신호를 찾는다. 그런 다음 내담자는 도망이나 다른 충동적인 행동으로 그 신호와 연관된 것들을 없애려는 것을 하지 않으면서, 그 신호에 머무르는 법을 배운다(반응 방지). 신호에서 도망가는 대신, 내담자는 조건화된 감정의 행동 충동에 반대되는 새로운 행동을 한다 (예: 만일 조건화된 감정이 공포라면 그 반대 행동은 도망의 반대인 접근이다). 내담자는 점차 스스로를 더욱더 어려운 신호에 노출시킨다. 물론 두려워하는 사건이 실제로 일어나지 않는 것이 중요하다(예: 당신은 두려워하는 개에 다가가서 물리지 않는다). 이 것은 모두 사건과 자기 자신에 대한 개인의 통제감(sense of control)을 증가시키는 방식으로 수행되어야 하며, 새로운 학습이나 습관화나 탈감작이 일어날 정도로 충 분히 오래 지속되어야 한다.

1단계 DBT에서는 공식적인 노출 프로토콜이 사용되는 일은 드물지만 노출의 원 리는 광범위하게 이용된다. 내담자가 매우 예민할 때 치료자는 내담자가 신호에 대 한 노출의 정도를 조절하도록 도와서 내담자가 회복하고 재조절하도록 한다. 예를 들어, 마이클의 사례에서 치료자가 모닝콜을 했을 때의 상황에 대해 물어보면 치료 자는 마이클의 회피 행동과 미묘한 회피를 감지할 수 있다. 치료자는 따뜻하고 명랑 한 태도를 사용해서 불인정하는 신호를 조절한다. 그 다음 치료자는 마이클의 자기 비난을 차단하여 회피를 방지하고, 마이클이 신호와 고조된 감정에 직면하여 더 적 응적인 반응을 하도록 이끌어 낸다. 이렇게 노출을 비공식적으로 사용하기 위해서 치료자는 수인을 전략적으로 사용해야 한다. 이에 대해서는 다음 장에서 수인을 다 룰 때 길게 설명하겠다.

수반성 관리 기법

잘 훈련된 다른 CBT 치료자도 수반성 관리를 위한 학습 원리를 사용하는 방법은 배우지 못한 경우가 많다. 왜 그런지 이 지식과 기술은 유행이 지난 것이 되었고 평 가절하되어 있다. 하지만 DBT에서, 특히 내담자의 고위험 자살 위기에 대해 도와야 할 때 치료자는 수반성 관리 원리 사용법을 알아야만 한다. 이 원리의 기본 개념은 우리 행동의 결과는 우리의 학습에 영향을 준다는 것이다. 우리의 반응과 그것이 세 상에 미치는 영향 간의 긴밀하고 수반적인 관계는 우리가 다음에 비슷한 상황에 처 했을 때 우리가 행할 것의 확률에 영향을 준다. 간단한 예를 들어 보자. 만일 당신이 칠흑같이 어둡고 낯선 방에 들어간다면 거기서 할 수 있는 일은 무궁무진하다. 당신은 거기서 목적 없이 뛰어다닐 수도 있고, 도움을 요청하며 고함을 지를 수도 있다. 하지만 그 방에서 할 수 있는 가장 높은 확률의 반응은 전등 스위치를 찾아 주위를 더듬는 것일 것이다. 당신이 전등 스위치를 찾아 그걸 눌러도 전등이 들어오지 않는다면 당신은 한두 번 더 스위치를 누를 것이다. 그래도 아무 일도 안 일어나면 당신은 스위치를 누르는 시도를 그만둘 것이다. 왜냐하면 스위치를 누르는 것과 전등이 들어오는 것 사이에 아무런 수반 관계가 없기 때문이다. 그 결과(전등에 변화가 없음)는 당신이 스위치를 계속 누를 가능성을 줄일 것이다. 만일 전등이 당신의 행동과 상관없이 무작위로 들어오는 경우에도, 당신은 역시 스위치를 누르는 시도를 멈출 것이다. 왜냐하면 이때도 당신의 행동과 전등 사이에 어떠한 수반 관계가 없기 때문이다. 우리의 반응을 형성하는 것은 이런 수반성, '만일-그렇다면 관계(if-then relationship)'다.

더 복잡한 상황에서도 이 기본 원리는 잘 들어 맞는다. 예를 들어, 많은 서비스 제공 시스템에서 돌봄의 수준은 행동장애의 심각도에 수반한다. 내담자들이 완전히 통제 불능 상태가 되었을 때 개인 치료를 받게 되고, 위기에서 벗어나 조절되는 상태가 되면 개인 치료가 끝나는 경우를 생각해 보자. 여기서의 수반성은 호전을 더디게 하고 위기를 지속되게 하는 방향으로 작동한다. 당신이 잘하지 못할수록 더 많은 것을 얻고, 더 잘할수록 덜 얻는 것이다. 훨씬 더 나은 시스템은 상태 호전에 수반적인 강화를 주고(예: 대부분의 내담자에게는 아마 더 심도 있는 서비스가 강화로 작용할 것이다), 부적응 행동이 지속될 때는 그러지 않는 시스템이다.

미묘한 대인관계에서도 같은 원리가 잘 들어맞는다. 예컨대, 내가 개인적으로 중요한 사실을 당신에게 말할 때마다 당신이 좀 무관심해 보인다고 가정해 보자. 내가 영혼을 드러냈는데 당신은 시계를 본다. 내가 다시 시도했지만 당신의 시선은 창 밖을 배회한다. 이렇게 '만일-그렇다면' 수반성이 나타나는 상황에서 나는 당신의 무관심한 표정이 나의 자기 노출에 수반하는 것이라고 받아들이고 학습하게 된다. 이제 이러한 수반성과 그것이 만드는 학습은 좋은 것일 수도, 나쁜 것일 수도 있다. 만일 우리가 대인 관계에서 신뢰감과 친밀감을 기르기 위해 자신을 더 많이 노출시키는 것과 같은 목표를 가지고 있다면 이러한 수반성은 문제가 될 수 있다. 하지만 오징어가 먹물을 사용하듯이 내가 자기 노출을 이용한다고 가정해 보자. 즉, 상황이 긴장될 때 나는 지나친 개인 정보의 분출로 내 도피를 위장한다. 그때 내가 자기 노출을 할 때마다 당신이 무관심한 것은 내가 도피를 그만두고 다르게 반응할 만큼 혐오로 작동할 수 있다. 그 행동이 나의 목표와 어떻게 관련되는지가 중요한 질문이 되어야 한다. 즉, 수반성은 내가 원하는 방향으로 나의 행동을 조형하고 있는가?

마찬가지로, 무관심 표현의 수반성 효과는 사람들마다 다를 수 있고, 심지어 같은 사람에게도 시간에 따라 달라질 수 있다. 무관심 표현은 처벌의 기능을 해서, 나의 자기 노출을 억제시킬 수 있다. 하지만 나 자신이 너무나 예민해서 보이고 알려지는 게 불편한 경우라면 당신의 가벼운 관심의 철회는 실제로 나의 자기 노출을 강화시킬 수도 있다. 즉, 내가 어떤 것을 말할 때 당신이 약간 싫어하는 정도로 관심을 철회하면, 나는 압도되지 않고 내 이야기를 할 수 있음을 학습한다. 당신이 나의 행동을 조형하는 방식은 시간에 따라 달라질 수도 있다. 만약 내가 사람들과 친해지기 위해 많이 노력하고 있지만 나는 매우 예민해서 무관심 표현에 심하게 위축되는 성향이라면, 치료자인 당신은 치료 초기에는 회기가 끝날 때쯤 시계를 확인하는 것에 대해서도 의식적으로 주의할 것이다. 하지만 치료가 진행됨에 따라, 당신은 의도적으로 주의를 덜 해서, 내가 보통 정도의 무관심에 직면해서도 버티는 것을 연습하도록 할 수 있다. 마지막 중요한 개념은 '소거 격발(extinction burst)'이다. 매력적이고 재미있는 자기 노출이 대인 관계를 회피하는 책략인데, 이럴 때마다 치료자가 무관심을 표현하는 수반적 반응을 한다면 소거 격발이 있을 수 있다. 이때, 내담자는 우스꽝스러운 이야기들을 많이 늘어놓을 수 있는데, 이는 마치 누군가 전등 스위치가 불을 켜지 못한다는 사실을 받아들이기 전에는 전등 스위치를 반복적으로 많이 누르는 것과 비슷하다.

우리의 반응과 그것의 효과 사이의 수반성에 기초한 이러한 학습의 대부분은 우리의 의식 밖에서 일어난다. 가령, 당신이 강사에게는 알리지 않고 교실 왼쪽에 앉은 사람들에게는 미소를 지으며 마치 관심 있는 척하라는 요청을 하고 오른쪽에 앉은 사람들에게는 강의에 무관심해 보이라고 요청한다면, 결국 아무것도 모르는 상태의 강사는 무엇이 그녀의 행동에 영향을 미치는지 의식하지 못한 채 왼쪽으로 관심을 돌릴 것이다. 마찬가지로 이런 종류의 조형은 우리도 알지 못한 채, 회기 내에서도 일어난다. 만일 당신이 내담자의 호전을 위해서 어렵지만 중요한 주제에 대한 이야기를 내담자에게 할 때마다 내담자가 집중을 못하고 단조로운 말만 한다면 당신은 약간 혼란스럽고 지루해지고, 결국 당신은 그 어려운 주제에 대한 이야기를 덜 하게 될 것이다. 내담자는 당신이 그 주제를 회피하도록 조형하고 있는 것이다. 즉, 당신이 별로 중요하지 않은 주제로 표류할 때마다 당신은 내담자의 회피를 강화시킨다. 치료자들도 내담자들보다 학습 원리에 강하지 못하다. 대화 하나하나마다 당신은 호전을 조형하고 있거나 그러지 못하고 있다.

따라서 DBT에서 치료자는 치료와 치료 관계에서 활성화되어 있는 수반성을 잘 인식하려고 노력해서, 이것이 내담자에게 가장 유리하게 이용되도록 해야 한다. 가령, 문제 행동 발생 전에 치료자와 내담자의 적극적인 문제 해결을 강화하기 위해 명확하게 설정해 놓은 두 개의 수반성이 있다. 24시간 규칙과 네 번 결석 규칙이 바로 그것이다.

24시간 규칙

24시간 규칙은 다음과 같은 수반성을 설정한다. 만일 내담자가 의도적 자해를 하면, 치료자는 이후 24시간 동안 치료 접촉을 늘리지 않을 것이다(미리 예정되었던 회기는 진행하지만). 이 수반성은 내담자가 자해라는 낡은 해결책을 그만하고 새로운 해결책으로 대체할 필요가 있을 때 치료 접촉을 찾는 내담자의 동기를 강화하기 위한 것이다. 이는 문제 행동을 증가시키는 수반성이 아니라, 치료자와의 접촉을 늘려서 호전에 대한 수반성을 강화하려는 것이다. 24시간 규칙은 필요한 도움을 받으려고 상황을 극심하게 만들 필요가 없음을 말해 준다. 이 수반성은 또한 치료자가 무심코 자해를 강화시킬 위험을 줄이기 위한 의미도 있다. 치료자가 의도적 자해에 수반하여 더 따뜻해지고 세심해진다면, 이는 치료자와 내담자가 이러한 수반성을 인지하지 못할지라도, 마치 강사가 자기도 모르게 교실 왼쪽으로 관심을 돌리듯이, 무심코 자해의 가능성을 높일 수 있다.

네 번 결석 규칙

네 번 결석 규칙도 역시 내담자와 치료자가 출석 문제를 선제적으로 다루도록 동기를 부여하기 위해 설계되었다. 만일 내담자가 네 번 연속으로 개인 치료 회기와 집단 기술 훈련에 빠진다면 내담자는 남은 치료 계약 기간 동안 프로그램에서 퇴출된다(치료 계약 기간 이후에 내담자는 프로그램 재참여에 대해 논의할 수 있다). 이 규칙은 명료하고 협상이 불가하기 때문에, 치료자로 하여금 내담자의 출석을 방해하는 것들을 적극적으로 평가하고 해결하도록 동기를 부여한다. 이런 방식으로 치료자를 동원하지 않는다면 내담자들의 산발적 참여로 인해 치료의 실효성을 기대하긴 어려울 것이다.

24시간 규칙과 네 번 결석 규칙은 자의적인 수반성이다. 이를테면 자해 이후 24시간 동안 추가 접촉 금지(왜 12시간이나 48시간은 아닌지?), 네 번의 결석과 퇴출(왜 3번이나 5번은 아닌지?)이 그것이다. 이러한 자의성은 수반성 관리의 가장 중요한 사용, 즉 치료자와 내담자의 관계에서 자연스럽게 발생하는 수반성과 대비를 이룬다.

치료 관계의 자연적 수반성

자연적 수반성은 각각의 치료적 상호작용 내에서 발생하는 강력한 자연적 결과이며, 이는 또한 비치료적 관계 내에서 사물이 작동되는 방법과도 비슷하다. 자기 참여형 자기 노출은 DBT 치료자들이 내담자에게 도움이 되도록 자연적 수반성을 사용하는 하나의 방법이다.

치료자와의 상호작용이나 치료 자체의 측면들(예: 회기 빈도나 기간, 치료비)은 다른 대인 관계에서 내담자를 괴롭히는 동일한 행동들을 불러일으킨다. 예를 들어, 내담자가 치료자의 시간에 부담이 되는 요구를 하면서 화를 내고 강요하는 말투를 취하는 경우가 있다. 내담자의 삶 속의 다른 사람은 그가 이렇게 대하면 흥미를 잃고 그에게서 멀어진다. 그가 화내고 비난하기 때문에 다른 사람들은 그에게 피드백을 주지 못한다. 그는 외로움을 느끼며 좋은 관계를 유지할 수 없는 사람인 것처럼 느낀다. 여기가 자기 참여형 자기 노출을 사용하여 내담자가 자기 행동과 그 결과 간의 수반성을 볼 수 있게 도울 수 있는 중요한 지점이다. 치료자는 다음과 같이 말할 수 있다. "당신의 목소리 톤은 많이 화나고 강요하는 것처럼 들립니다. 당신을 위해 이것을 해 달라고 나에게 말하고 있는데 말이죠. 당신의 말투가 어떤지 인식하고 있나요? 당신이 이런 방식으로 요청하면 그것을 해 주고 싶은 마음이 덜 해집니다. 만일 당신의 요청이 상대방에게 부담스러울 수도 있다는 것을 알고 이를 보여 주는 방식으로 요청한다면, 사람들에게서 더 많은 걸 얻게 될 거예요."

　강화에 대해 잘 알려진 지식으로, 시간에서나 공간에서나 행동이 그 결과와 가까울수록 결과의 효과는 더욱 커진다. 그래서 다른 대인 관계에서 문제를 일으켰던 것과 비슷한 행동을 치료자와 함께 있을 때 하게 된다면 이것은 오히려 이로울 수 있다. 중요한 것은 미리 사슬 분석과 사례 개념화를 통해 치료자가 강화시키려고 하는 것과 강화시키지 않으려 하는 것을 잘 인식하고 있는 것이다. 예를 들어, 한 내담자의 과거 이력에서 그가 극적으로 화를 내거나 "그런 말을 다시 하면 확 자살해 버릴 거야!"와 같이 극단적인 발언을 하지 않으면 다른 사람들은 그의 감정적 고통에 반응을 보이지 않았다. 치료에서 수반성은 달라야 한다. 즉, 치료자는 내담자의 고통을 악화시키지 않고 고통에 공감하고 반응하며 여러 도움을 주기를 원할 것이다. 따라서 따뜻함, 돌봄, 관심이 좋은 기본 주파수에 맞춰져 있어서, 작은 요청과 작은 어려움의 표현에도 적절한 도움이 꾸준히 제공되어야 한다. 치료자는 내담자의 현재 취약성 요인과 선행 사건을 면밀히 모니터하여 그러한 패턴이 촉발될 때 재빠르게 그의 감정적 고통을 돌보고 극단적인 발언을 막을 수 있도록 한다. 예를 들어, 이 내담자의 극단적인 발언과 자살 위협을 야기했던 것과 유사한 대인 관계 갈등에 대해 그가 말하기 시작했을 때, 당신은 다음과 같이 말할 수 있다. "저도 정말 이 상황에서 당신이 원하는 식으로 일들이 진행되도록 돕고 싶습니다. 그래서 당신 감정이 힘들이지 않고 필요로 하는 것을 얻게끔 말입니다." 당신은 내담자의 적절한 표현에 호응하며 따뜻함을 유지하고, 내담자가 극단적인 말을 하면 더 차가워지고, 적극적으로 그런 말을 차단할 수도 있다. "당신이 자살하겠다며 위협하는 행동은, 우리가 또다시 위험에 대해서 평가해야만 하는 상황을 만듭니다. 우리에게 이것은 많은 시간이 또 소요되는 일이고 가장 중요한 것, 당신이 실제 어떤 문제로 화가 났는지에 집중하지 못하게 만드는 일입니다. 그러니 이런 위험 없이 이에 대해 이야기해 주시겠어요?"

사건과 시간적으로 가깝게 발생한 것은 그 행동의 미래 확률에 영향을 미칠 가능성이 크다. 따라서 치료자가 제공할 수 있는 강화 요건에 시간적 · 공간적으로 가장 가까이 있는, 회기 동안에 내담자의 문제 행동과 그에 대한 개선이 일어난다면 치료 효과는 더 강해질 것이다. 치료자와 내담자가 어떻게 각자의 반응이 서로의 치료에 대한 동기 부여와 참여를 강화할 수 있을지를 명료하게 논의하고, 이를 통해 그들의 치료 관계의 문제에 대한 해결책을 협상하는 것은 확실히 그 무엇보다도 좋다.

어떤 사람들은 일부러 수반적 방식으로 반응하는 것이 해롭고 기만적이라 생각하여, 수반성 관리에 반대하기도 한다. 하지만 이런 반대는 우리 모두가 어쨌든 항상 모든 사람에게 수반적으로 반응하고 있다는 사실을 무시하는 것이다. 만일 내가 자신에 대한 무언가를 이야기하고 있다면, 당신은 내가 계속 그런 이야기를 할 가능성이 더 높아지게 반응하거나 아니면 반대로 반응할 것이다. 이것은 이런 결과를 인지하건 못 하건 간에 일어난다. 치료자로서 우리는 스스로의 불편함 완화를 위해 단순히 반응하기보다는 내담자의 이득을 위해 우리의 반응을 이용해야 한다는 인식을 가져야 한다. 진실되고 비수반적인(무조건적인) 긍정적 관심이 효과적인 수반성 관리를 위한 전제조건이다. 내담자가 그들의 최선의 이득을 위해 당신이 진심으로 임했다고 느끼지 않는다면 수반성 관리는 조작되거나 강압적인 것으로 느껴질 수 있다.

인지 수정

효과적인 행동은 때때로 잘못된 믿음이나 가정에 의해 억제된다. DBT에서 인지 수정은 논리적 일관성 또는 개인의 진실한 혹은 지혜로운 마음에서 나온 믿음과의 일관성(예: "이 믿음은 내가 가장 지혜로운 순간에서 믿는 것인가?") 그리고 효과성과의 일관성(예: "이 믿음은 나의 목표를 충족시키기에 유용한가?")에 기초한다. 타당한 것(what is valid)을 찾도록 강조하는 것은 부분적으로 내담자의 비수인에 대한 민감성 때문이다. 내담자의 해석에서 잘못된 부분에 집중하는 개입, 특히 소크라테스식 질문법을 통한 기법은 많은 사람에게 너무 힘든 일일 수 있다. DBT 치료자도 때로 이성이나 가설 검증 실험을 통해 문제적 믿음에 도전할 수 있지만, 더 역점을 두는 것은 변증적 설득을 통한 인지 수정이다. 여기서 변증적 설득이란 내담자의 입장에 내재한 모순을 체험하게 하는 대화를 말한다. 예를 들어, 이전 장에서 한 내담자는 담배로 자신에게 화상을 입혔을 때 감정적 고통에서 벗어나 즉각적인 안도감을 얻었다고 설명하였고, 그것은 별 것이 아니었다고 말하였다. 그때 치료자는 내담자에게 어린 조카가 큰 감정의 고통을 겪는 중이라면 조카의 기분이 나아지는 것을 돕기 위해 조카의 팔에도 화상을 입힐 것인지를 물었다. 내담자는 "나는 그냥 그렇게 하지는 않을 거예요. 그것은 옳지 않아요."라고 답했다. 이런 대화는 내담자의 감정적 긴장감과 이중 잣대에서 비롯된 불편함을 고조시켰다. 변증적 설득에서 치료자는 내담자 자신의 행동과 믿음과 가치 내부의 모순을 강조한다.

또한, 치료자는 내담자가 자신의 해석을 언제 신뢰하고 언제 의심할지에 대한 지침을 개발하는 것을 돕는다. 예를 들어, '사실을 확인하기' 기술은 많은 기초적 인지 수정 전략을 자조 개입(self-help intervention)으로 만들어 주는 것이다. 더욱이 DBT에서 치료자는 내담자가 수반성을 더 잘 분별할 수 있도록 적극적으로 가르치고, 치료 관계와 내담자의 다른 관계에서 그들 행동의 '만일-그렇다면 효과(if-then effects)'을 명료화할 수 있게 돕는다. 내담자는 자신의 사고 방식과 암묵적인 규칙을 관찰 및 설명하는 것을 배우고, 생각이 비효과적일 때를 알아차리기를 배우며, 보다 기능적이거나 변증적인 진실을 찾기 위해 문제 있는 생각에 맞서 도전하기를 배운다. 내담자는 이성적인 반응과 감정적인 반응을 효과적으로 통합하는 직관적 앎인 지혜로운 마음을 점차 증진시키기를 배운다. DBT에서 주요 목표는 문제가 있는 스키마를 찾아 변화시키는 것이 아니라, 치료 전반에 걸쳐 격식 없이 인지 수정을 엮어 나가는 과정인데, 합리성 너머를 평가하기 위한 또 하나의 방법으로 비이성적이거나 직관적인 앎에 강한 주안점을 둔다.

이 장에서 논의된 모든 기본적인 변화 지향 전략과 기법은, 회기 내와 회기 간 내담자의 전반적 감정 조절 어려움에 효과적으로 작업할 수 있도록 조합되거나 변형되었다. 감정 조절 어려움에도 불구하고 학습과 일반화를 이루기 위해 당신은 반복적으로 오리엔테이션을 하고, 명시적으로 치료 작업 전념을 위한 작업을 하고, 행동

시연에 집중한다. 이 과정에서 당신은 문제와 상황 전반에 걸쳐 공통적으로 나타나는 인과 사슬의 연결 고리를 표적으로 삼는다. 그리고 이는 강조, 해법 분석 그리고 네 가지 변화 기법(기술 훈련, 노출, 수반성 관리, 인지 수정)을 사용함으로써 행한다. 매 번의 대화에서 내담자와 치료자는 기술 결핍을 보완하고 내담자가 이미 보유한 기술적인 반응을 방해하는 문제적 감정, 수반성, 인지를 변화시키기 위해 작업한다.

하지만 변화 개입은 매우 비수인적인 것으로 경험될 수 있다. 변화를 도우려는 치료자의 시도가 비난하는 것으로 느껴질 수 있고, 타인이 항상 언급하는 것처럼 내담자가 충분히 열심히 노력하지 않았음을 확인하는 것으로 보일 수 있다. 전반적인 비수인의 이력을 지닌 내담자는 극도로 민감하다. 이런 이유로, 내담자의 현재 반응에서 '맞는 것' 혹은 '옳은 것'을 적극적이고 원칙 있고 정확하게 수인하는 것이 감정 조절에 동기를 부여하고 다른 변화를 위한 여건을 만들기 위하여 꼭 필요하다. 다음 장에서는 DBT에서 사용되는 수용 지향적인 핵심 전략인 수인 전략에 대해 서술하고자 한다.

제4장

수인 원칙과 전략

비수인이 감정 조절 어려움에 미치는 영향을 이해하기

적절하고 정확한 수인의 효과

무엇을 수인할 것인가

어떻게 수인할 것인가

감정 조절을 강화하기 위하여 어떻게 수인을 이용할 것인가

임상 사례: 라라

변증행동치료(Dialectical Behavior Therapy: DBT)에서 수인이란 공감에 더하여 내담자의 관점이 어떤 면에서는 타당하다는 것을 표현하는 것으로 정의된다. 공감을 통하여, 당신은 내담자의 관점에서의 세상을 정확하게 이해할 수 있다. 수인을 통하여, 당신은 내담자의 관점이 일리가 있다는 것을 적극적으로 소통한다. 수인하기 위해 당신은 우선 공감을 해서 그의 독특하고도 미묘한 관점을 이해해야 한다. 그러나 수인은 추가로 당신이 그의 반응이 타당하다는 것을 찾아내고 확인해 주는 것을 필요로 한다. 당신은 내담자가 보이는 감정이나 생각이나 행동이 적절하고, 의미있고, 정당하고, 옳고, 효과적이기 때문에 어떻게 완전히 이해할 만한 것인지를 입증한다. 만약 내담자가 당신에게 "이것이 진실일까요?"라고 질문한다면, 공감은 '이것'을 이해하는 것이고, 수인은 '그래요.'라고 소통하는 것이다. 수인은 DBT의 두 번째 핵심 전략이다. 수인은 내담자 중심 치료의 전통에서 유래한다(Bohart & Greenberg, 1997; Linehan, 1997b).

지난 장에서 다루었던 변화 전략이 치료의 핵심 엔진이며, 당신이 내담자에게 제공할 수 있는 가장 중요한 부분이라고 생각하기 쉽다. 이는 마치 행동치료가 지렛대이고 내담자를 변화 쪽으로 유도하기 위하여 수인이라는 반대 균형추가 필요하다고 여기는 것과 같다. 하지만 이런 생각은 비뚤어지고 단순한 생각이다. 그들은 수인, 그 자체가 이끌어 낼 수 있는 강력한 변화의 힘을 간과하고 있다. 또한 우리가 수인을 하는 것은 치료자로서 너무 자연스러운 부분이기 때문에 수인을 잘하기 위하여 특별한 훈련이나 연습이 필요하지 않다고 착각하기 쉽다. 사실은 감정 조절의 동기를 부여해서 변화를 위한 조건을 만들기 위해서는 적극적이며 원칙 있고 정확한 수인이 필요하다. 내담자가 전반적인 비수인 환경에서 자랐고, 지금 감정적으로 취약한 상태라면, 수인을 제공하는 것은 당신 생각보다 많이 힘든 일이다.

비수인이 감정 조절 어려움에 미치는 영향을 이해하기

사례: 미아

미아는 직장 내 문제에 도움을 받기 위하여 치료를 시작했지만, 상황은 더 나빠져서 직장 유지가 어렵게 되었다. 결국 그녀는 해고를 당했고 치료자는 그녀가 다시 구직하면 갚기로 하고 치료비를 유예해 주었다. 지금 미아는 새로운 직장을 얻기 위해 면접을 보러 다닌다. 치료 회기에서 그녀는 자신이 간절히 원하는 회사에서 면접을 봤던 일에 대해 이야기를 하는데, 면접관이 그녀에게 엄청나게 무례했고, 그녀가 '이전 고용주에 대해 불평을 하게 만드는' 여러 질문을 하였다고 했다. 치료자는 미아의 현재 상황을 파악하고 미아가 다음에 뭘 하기를 원하는지 알아보기 위하여, 어떤 것이 악의 없는 질문이라 생각하는지 물어본다. 그러나 치료자는 면접관이 엄청나게 무례했다는 것에 대해 수인을 하지는 않는다. 미아는 면접관이 자신에게 한 질문들을 극적이고 심문하는 듯한 말투로 반복하고, "면접 감사합니다."라는 제목의 이메일 초안을 작성했는데 거기에 면접관이 말한 모든 부적절한 것을 적었다고 말한다. 치료자는 이미 치료 회기에서 경험했던 것처럼, 미아가 통상적인 모호함과 말투를 오해하고 있다고 생각한다. 치료자는 면접의 이런 피할 수 없는 측면을 미아가 감내하는 것을 도와주려고 한다. 그래서 치료자는 이렇게 말을 한다. "글쎄요, 당신에게 면접관의 말투는 힘들게 느껴졌을 수 있겠지만 그 질문들 자체는 면접에서 흔한 일반적인 것 같은데요." 미아는 분노에 불타오른다. "당신이 원하는 것이 내가 밀린 치료비를 빨리 내는 거라면 그렇게 할게요. 그냥 그렇게 말을 하시죠!", "아이구!" 치료자는 놀라며, 매우 부드럽게 말한다. "아니에요. 당신은 나를 오해하고 있어요. 나도 이 면접이 당신에게 정말 중요했다는 것을 알아요." 치료자는 미아를 더 자극할까 봐 불안감을 느꼈지만 자신도 짜증이 났으며, 자신의 감정 반응을 숨기려 노력하면서 살짝 어색한 말투로 조심스레 말한다. "들어 봐요. 미아, 면접관도 나도 당신을 속이려는 것이 아니에요. 하지만 나는 이런 종류의 상황들이 당신을 매우 혼란스럽게 만든다는 것을 알아요." 미아는 이 말을 거들먹거리고 모욕하는 것으로 느끼고, 미아의 얼굴에는 순간 경멸을 띤 표정이 스쳐 지나간다. 치료자는 잠시 침묵하고, 재정비를 하려고 애쓰며 대화에 다시 돌아오려고 하는데, 그때 이것이 미아에게 공황의 파도를 불러일으킨다. 미아는 울면서 치료자가 그녀를 버릴 것이고 필요한 치료를 받지 못할 것이라고 예상하면서 공황에 빠지는 것이다.

치료자로서, 이런 상황에서의 수인은 매우 어렵고 공감조차도 어렵다. 우리가 치료자의 머리 속 말풍선을 볼 수 있다면 이런 내용일 것이다. "나는 치료비를 유예해 줄 정도로 너를 정말 믿었는데, 너는 나의 진심을 의심해? 나는 너를 위해 정말 열심히 했어." 그리고 이런 생각도 있을 것이다. "만약 그녀가 그 이메일을 보내면, 그녀는 자살 위기로 향해 가는 거야. 여기서 벗어나고 싶다." 하지만 미아에게는 타인의 의도를 의심할 만한 충분한 이유가 있었다. 반복되는 거짓말, 공개적인 망신 주기, 감정적 강요는 그녀의 가족에서는 흔히 일어나는 일이었고, 이런 경험들은 피해망상에 가까운 의심으로 그녀를 몰아넣었다. 그녀는 당연히 매우 예민하고, 많은 상황을 자신이 속고 상처받을 함정이라고 오해하는 경향이 강하다. 치료자는 미아의 과거 경험과 예민함을 알기에 부드럽게 그녀를 걱정하는 조언을 하지만, 이런 섬세한 표현조차 미아에게는 자신을 짓밟고 고문하는 것처럼 느껴진다. 이렇게 오랫동안 많이 사용했던 그녀의 패턴들을 탐색하여 오해를 명료화하려고 할 때 치료자가 실수할 가능성이 높다.

그러나 미아의 이러한 반응은 단지 과거의 비수인 측면에서만 이해가 되는 것이 아니다. 미아의 반응은 그녀가 지금, 현재의 대화에서도 치료자에게 비수인되고 있기 때문에 발생한다. 치료자가 첫 번째로 한 일은 미아가 상황을 오해하고 있는지 여부를 확인하는 것, 즉 미아의 반응에서 잘못되거나 타당하지 않은 것을 찾는 것이었다. 이것은 미아의 폭발적인 반응을 유발했고, 미아는 이때 "누구도 나를 믿지 않아. 누구도 나를 보호해 주지 않을 거야. 내가 나 자신을 보호해야 해. 그렇지 않으면 이러한 일들이 계속 일어날 거야."라고 생각한다. 점차 미아의 대화에서 감정적인 측면이 격렬해진다. 치료자가 미아의 감정에 대해 긴장하고, 흡사 달걀 위를 걷는 것처럼 조심하며 대화를 이어나갈 때, 미아는 면접관이 자신에게 얼마나 상처를 줬는지에 대한 메시지를 치료자가 계속 놓치고 있다고 느낀다. 미아는 치료자가 왜 그것을 이해를 못하는지 의아해하기 시작하고, 치료자가 현재 긴장하고 있다는 것을 정확하게 알아차리는데, 다만 치료자가 긴장하는 이유가 자신이 취업에 성공해야 밀린 치료비를 받아 낼 수 있기 때문이라고 오해한다. 치료자가 미아에게 "이런 상황들은 당신에게 매우 혼란스러울 거예요."라고 말할 때, 치료자는 미아가 상황을 오해하고 있다는 의미를 또 다시 내보인 것이다. 미아에게 이러한 말은 모욕적인 선언으로 느껴진다. 치료자가 미아에게 취업이 그녀에게 얼마나 중요한 일인지 알고 있다고 부드럽게 언급했을 때, 이것은 자기-비수인과 격렬한 자기-혐오로의 변증적 전환을 유발한다. "나는 너무 멍청해, 나는 모든 것에 과민반응을 하고 있어. 다른 사람들은 모두 직장에 다니는데 도대체 나는 무엇이 잘못된 걸까?" 치료자가 미아의 얼굴에서 본 멸시의 표정은 사실 그녀 자신을 향한 것이었다. 그런데 이 와중에 미아는 치료자가 한발 물러나는 것을 느낀다. 치료자는 물러날 필요가 있고, 미아를 돕기 위해서는 자신의 감정도 조절해야 하므로 그렇게 한다. 그러나 미아가 필요로 하는 순간에 치료자가 물러선 것이 미아의 고통을 더더욱 증폭시킨다. 미아가 정말로 자신의 감정을 통제할 수 없다면, 왜 치료자는 그녀를 돕지 않는 것일까? 치료자는 상황이 얼마나 나쁜지 이해를 못하는 것일까? 미아는 자기가 하는 일이 아무 효과가 없고 적어도 치료자가 자기 편이라는 안전장치도 위태로워지자, 악몽 속에 갇힌 것처럼 느낀다. 감정의 강도가 올라가면 극단적인 행동의 가능성도 높아진다. 치료 회기가 내리막길로 가고 미아가 들어올 때보다 나쁜 모습으로 떠날 위험이 크다. 이는 치료자와 내담자 모두를 매우 절망적으로 만들 수 있는 전형적인 시나리오다.

비수인의 일반적인 효과

치료가 한참 진행되고 있을 때, 어떤 치료자라도 점차 고조되는 미아의 감정적 대화 중에서 타당하고 일반적인 것을 알아보는 것은 어렵다. 특히 치료자 자신의 반응이 상황을 더 나쁘게 만들고 있다는 것을 알아보는 것은 더 어렵다. 미아가 처음에 감정이 격렬해지고 이에 대해 치료자가 비수인했을 때(치료자는 상황에 대한 미아의 '해석'에 의문을 제기함), 미아의 감정 경험과 표현은 더 격렬해졌다. 우리도 다들 그럴 것이다. 비수인이 흥분과 감정 조절 어려움을 야기하는 것은 정상적인 심리적 과정이다(Shenk & Fruzzetti, 2011). 우리는 모두 누군가 상황에 대한 우리의 해석을 의심한 뒤에 감정이 더 격렬해졌던 경험을 한 적이 있을 것이다. 만일 우리가 상당히 오랜 기간 철저하게 의심을 받았다면, 우리의 감정 경험과 표현은 극도로 격렬해진다. 우리는 새로운 정보를 받아들이는 데 실패하고, 자신을 조절하기 위해선 엄청난 노력을 해야 한다. 이것이 일반적인 반응이다. 사례에서 치료자는 자신의 비수인이 일으킨 일반적인 반응, 즉 미아의 감정적 흥분을 유발했다는 것을 알아차리지 못했다.

이런 비수인에 직면할 때, 우리의 학습 이력과 생물학적 기질에 따라, 우리는 습관적으로 감정 표현을 격렬하게 할 수도 있고 아니면 감정을 차분하게 하려고 자동적 혹은 의식적 노력을 할 수도 있다. 감정이 강하지만 압도적이지는 않을 때, 우리는 자신을 자제하거나, 억누르거나, 미루거나, 숨기거나, 회피하거나, 주의를 다른 곳으로 돌릴 수 있다. 우리는 자신의 반응에 대해 경멸, 공포, 수치심을 느낄 수도 있다(2차 감정을 느낌). 더 나은 감정 조절 기술을 가진 사람들도 매우 격렬한 감정 경험을 느끼지만, 그들은 사회적 상황에 적절하게 자신의 감정 표현을 조정할 수 있는 능력이 있다. 예를 들어, 미아의 치료자는 자신의 감정 조절이 어려워지기 시작함을 느끼자, 일부러 몸을 더 편안한 자세로 바꾸었고 호흡을 더 천천히 하였다.

점차 갈등이 높아지고(앞서 미아의 사례처럼) 다른 사람들이 우리의 감정적 호소에 적절하게 반응을 해 주지 못할 때, 우리는 서로를 감정 조절 어려움의 극단으로 밀어붙이고 문자 그대로 혹은 은유적으로 서로에게 소리를 지른다. "너는 전혀 이해를 못 해!" 물론, 우리 모두가 감정 조절 어려움을 해결하기 위하여 의도적 자해에 의지를 하는 것은 아니지만, 기본적인 심리 과정은 내담자와 치료자에게 모두 동일하게 일어난다. 비수인은 격렬한 감정 반응을 유발하고, 우리의 지각과 생각과 행동을 좁게 만들고, 우리를 위협에 대처하는 것에만 집중하게 만든다. 우리 메시지를 알리는 것이 유일하게 신경 쓰는 일이 된다.

우리의 내담자에게 감정 조절 어려움의 경험과 표현은 점차 습관적이고 번개처럼 빠른 반응이 되어서, 결국 빠르게 대인 관계 패턴을 엉망으로 만든다. 이 과정은 매우 빠르고 예측하지 못하는 맥락에서 일어나기 때문에 치료자로서 우리는 어떤 계기(예: 우리가 무심코 하는 비수인)가 격렬한 감정으로 변환되는 내담자의 이 과정을 놓치고 만다. 우리는 갑자기 내담자가 뚜렷한 이유 없이 감정 조절 어려움 상태에 있다는 것을 발견한다. 모든 것이 복잡해진다. 치료는 치료자와 내담자 모두에게 지뢰밭처럼 느껴진다.

내담자와 치료자에게 힘든 것은 비수인의 과정이 필요하다는 점이다. 치료자는 미아의 반응에서 무엇이 효과적이지 않고 말이 되지 않는지에 대해 반드시 이야기를 나누어야 한다. 치료자가 미아의 행동을 교정해 주지 않으면(예: 면접관의 행동을 어떻게 적절하게 해석하고, 잘 반응해야 하는지를 배우지 않으면), 미아는 이후에도 계속 직장을 구하지 못할 것이다. 그리고 치료자의 동기에 대한 미아의 오해가 교정되지 않으면, 치료자에 대한 그녀의 신뢰는 점차 녹슬 것이다. 미아의 감정은 일반적으로도 실용적으로도 너무 격렬하다. 그 감정은 미아가 면접관에게 성급하게 이메일을 보내는 것을 막기 위해 두 사람이 해야 하는 작업을 망칠 것이다. 그 작업을 포기해서는 안 된다. 타당하지 않은 것에 동의하는 것(예: "면접관의 말은 완전히 멍청이 같네요. 누군가가 당신에게 그렇게 이야기를 했다면 그것은 매우 화가 나는 일이죠!")도 도움이 되지 않는다. 치료자는 정도가 지나치거나 왜곡된 해석에 기반한 감정 반응은 비수인해야 한다(혹은 적어도 수인하지 말아야 한다).

내담자의 변화를 돕기 위해서, 내담자의 장기 목표를 달성하는 데 도움이 되지 않는 반응들은 적극적이고 반복적으로 비수인해야 할 필요가 있다. 그러나 반복적인 비수인은 감정적 흥분과 결국 감정 조절 어려움을 발생시켜서 학습과 유연한 반응을 방해하는 것도 일반적인 사실이다. 내담자가 매우 예민할 때, 우리는 어떻게 해야 내담자에게 변화와 새로운 학습을 가장 잘 촉진할 수 있을까?

화가 난 개에게 뼈를 던져 주는 것 같은 단순한 수인은 이러한 상황에서는 잘 작동하지 않는다(당신에게 화가 난 연인에게 "그래요, 내가 그랬을 때 당신은 많이 힘들었겠네요."라고 말했던 때를 기억해 보라). 좀 더 복잡한 접근이 필요하다. 치료자는 내담자가 목표를 이루기 위한 태도를 유지하면서, 동시에 내담자의 반응에서 수인할 타당한 부분에 대해 열려 있어야 하고, 내담자의 역기능적 행동을 강화시키지 않아야 하고, 치료 작업을 망칠 만큼의 감정 반응을 유발하지 않아야 하고, 필요한 변화에 대한 집중을 포기하지 말아야 한다. 예를 들어, 미아의 경우에서 치료자는 면접관의 말투가 실제로 끔찍했을 가능성에도 열려 있어야 한다. 치료자는 미아의 문제 있는 감정 표현(면접관에게 이메일을 보내서 보복하는 행동은 자신에게 도움이 되지 않는다.)은 수인하지 않으면서, 면접 때 경험한 격렬한 감정 경험(미아는 자신에게 매우 중요한 목표를 차단당했기 때문에 분노가 매우 강하게 타올랐다.)은 수인할 필요가 있다.

▌적절하고 정확한 수인의 효과

수인은 그 자체로 생리적 흥분을 감소시킨다. 다시 말해, 수인은 직접적으로 감정을 안정되게 조절한다(Shenk & Fruzzetti, 2011). 수인은 또한 적응적 반응을 작동시켜서 감정을 조절하게 만든다. 당신이 적절하고 정확하게 수인하면, 흥분을 줄일 뿐 아니라 흥분을 가라앉히는 대응도 작동시키는 것이다. 힘 있는 언어로 감정을 고양시키는 수인은 새롭고 더 적응적인 감정이 타오르게 만들어서, 말 그대로 내담자의 전체 시스템이 재정비된다. 위대한 작가의 언어가 감정을 고양시키듯, 치료자의 언어도 그럴 수 있다.

이런 방식의 생각으로 치료자가 면담에 임하였다면, 미아가 면접관이 얼마나 무례했는지를 토로했을 때, 어떻게 했을지 생각해 보자. 치료자는 진실되고 힘 있게 이렇게 말했을 수 있다. "얼마나 속이 상했을까요! 당신은 이 면접을 정말 기다렸잖아요. 정말로 실망이 컸겠어요." 그럼 미아는 어떻게 반응했을까?

미아: 맞아요! 그리고 정말 화가 나요! 나는 그 회사에 대한 모든 것을 공부했어요. 그리고 내 경력의 공백기를 어떻게 설명해야 할지 친구와 함께 몇 시간 동안 상의도 했어요. 그런데 이 얼간이가 모두 망쳐 버렸어요!

치료자: 아, 미아, 참 안타깝네요. 나는 당신이 면접 준비를 많이 했고, 정말 그 면접에 기대를 많

이 했다는 걸 알잖아요.

미아: 맞아요(자신이 면접을 위해 얼마나 노력을 했는지 상기한 순간 미아의 눈에서 눈물이 흐른 다). 나는 이제 다시는 이런 기회를 갖지 못할 거예요. 정말 일생에 한 번 있는 기회인데.

치료자: 맞아요. 정말 특별한 기회죠.

미아: (눈물이 계속 흐른다.)

치료자: 참 마음이 아프네요. 음.

치료자는 미아의 페이스에 맞춰 속도를 늦추어서, 미아가 실망이라는 적응적인 1차 감정을 충분히 표현하도록 돕는다. 미아는 울고, 깊게 한숨을 쉰다. 치료자도 같이 깊게 한숨을 쉰다. 그리고 그 순간에 치료자는 미아가 이 면접을 위하여 얼마나 열심히 준비했는지를 이해하고, 자신도 미아처럼 완벽한 기회를 날려 버렸다면 어땠을까에 대한 감정을 가져 본다. 이런 충분한 이해와 공감에서 출발하여 치료 자는 미아의 감정을 폭발시킬 수 있는, 혹은 그런 큰 위협 상황에서는 누구라도 감 정 폭발을 일으킬 수 있는, 아주 예민할 수 있는 변화 전략의 틀을 짜기 시작한다.

이제 치료자는 다음과 같이 진행할 수 있다.

치료자: 지금 내가 느끼기에, 그때 엄청난 감정 폭발이 있었고 모든 경고등이 울리고 당신이 바로 그 한가운데 있었던 것 같아요. 절망에 빠져 울면서도, 당신은 총을 꺼내서 처음 보이는 것을 그대로 쏴 버릴 것 같은 상태였을 거예요. 내 생각이 맞나요? 위협이 너무나 커서 당신은 극도의 경계 태세였고 완전한 공격 모드였죠?

미아: (끄덕이며) 정확해요! (그녀가 손가락을 들어서 치료자를 총으로 조준하는 듯한 자세를 취한다.)

치료자: 정확해요. 그리고 나는 이렇게 말하고 싶어요. "쏘지 마세요! 나는 당신 편이에요." (손을 위로 들며) 다른 말을 하기 전에, 이렇게 말하고 싶어요. "잘 들어 봐요. 쏘지 마세요. 알았죠? (진지하고 힘 있는 태도로 전환한다.) 나는 당신이 얼마나 이 기회를 원했는지 알아요. 얼마나 노력을 했는지 알아요. 이것이 얼마나 의미가 있는지 알아요. 그렇죠?" (미아의 시선을 바라보며, 잠시 멈춘다.)

미아: (울고 있지만 미소를 지으면서 약간 편안해진다.)

치료자: 나, 손을 내려도 될까요? 우리가 전쟁터로 나가기 전에, 나에게 아이디어가 하나 있는데, 괜찮은가요? 나와 함께할 거죠?

수인을 통해 치료자는 내담자에게 필요하지만 그동안 하지 못했던 적응적 대안 반응을 바로 그 상황에서 할 수 있게 촉발하고 강화할 수 있다. 그 순간에 매우 다양한 감정이, 어떤 것은 최고로 강력하고 어떤 것은 덜 강하게 타오른다. 치료자가 수인하는 말로 내담자의 주의를 끌고 적응적인 감정을 이끌어 낼 때, 그 감정에 대한 내담자의 지각, 감각, 기억, 행동 충동도 촉발된다. 다시 말해, 수인은 적응적인 감정을 구성하는 완전히 일관된 반응들을 이끌어 낼 수 있다. 그럼으로써 더 유연하고 적응적인 반응이 바로 가능해진다. 앞의 수정 사례에서 수인은 감정적 흥분을 안정되게 조절하고 적응적인 감정을 이끌어 내기 위한 두 가지 목적으로 수행되었다. 이둘의 조합을 통해, 그들은 감정적이지만 감정을 조절할 수 있는 상태에서 미아와 함께 생산적인 대화를 만들 수 있었다.

정확한 수인은 믿을 수 없이 강력하지만, 꼭 필요한 순간에 수인을 하는 것은 매우 어렵다. 그래서 나는 이 장에서 하나하나 나누어서 설명하려고 한다. 첫째, 나는 사람들이 감정 조절이 어려워질 때 무엇을 수인해야 하는지에 대한 일반적인 설명을 할 것이다. 그리고 수인 전략을 사용하기 위한 네 가지 지침을 설명할 것이다. ① 수인할 것을 찾기, ② "내담자를 알기", ③ 타당한 것을 수인하고, 타당하지 않은 것은 비수인하기, ④ 가능한 한 높은 수준으로 수인하기다. 이런 공통적인 기본 개념을 숙지하고 나서, 우리는 감정 조절 강화를 위해 수인을 이용하는 방법을 알아볼 것이고, 마무리로 수인 전략과 변화 전략을 결합하는 방법을 보여 주는 확장된 임상 사례를 소개할 것이다.

무엇을 수인할 것인가

내담자가 감정 조절이 어려울 때

거의 모든 상황과 거의 모든 내담자에게서, 내담자의 문제가 중요하고(문제의 중요성), 그 과업이 어려우며(과업의 어려움), 그의 감정적 고통이나 조절 안 되는 느낌이 그럴 만하고, 내담자가 지금 이용하는 방법 중에는 없을지라도 내담자의 궁극적인 목표 속에 결국 지혜가 있음을 치료자가 수인해 준다면, 이것은 항상 환영받을 것이라고 생각하면 된다.

내담자들의 위치에서 보는 관점, 즉 자신이 어디에 있는지에 대한 그들의 관점, 삶의 문제에 대한 그들의 현재 관점, 어떻게 변화를 이끌고 만들어 내야 하는지에 대한 그들의 믿음을 수인하는 것이 핵심이다. 치료자가 이런 딜레마를 진정으로 이해한다고(얼마나 고통스러운지, 변화가 얼마나 힘든지 혹은 그 문제가 얼마나 중요한지를 정확하게 이해한다고) 내담자가 믿지 못하면, 내담자는 치료자가 제시한 문제 해결 방법이 적절하다고 신뢰하지 않을 것이다. 이는 치료적 동맹을 축소시키고 내담자의 변화를 돕는 치료자의 능력도 제한된다.

당신이 회의 참석을 위해 외부에 있을 때, 응급실로부터 연락을 받았다고 가정해보자. 응급실 간호사는 당신이 사랑하는 누군가가 굉장히 심하게 다쳐서, 의학적인 처치를 하기 위하여 동의서에 서명을 해야 한다고 말한다. 당신은 병원의 위치를 물었고, 간호사는 "고속도로를 타고, ○○에 도착할 때까지 계속 남쪽으로 가세요."라고 말한다. 하지만, 당신은 그녀가 "남쪽"이라고 말을 하자마자, 학회가 열린 지역을 생각하고, 고속도로를 타고 북쪽으로 가야 한다는 생각이 들었다. 그래서 당신은 이것을 간호사와 대화하려고 했지만, 그녀는 "아니에요. 그냥 남쪽으로 가시고 그 후에"라고 계속 말한다. 당신은 갑자기 불안해진다. 그녀는 당신 말을 전혀 듣고 있지 않다! 그녀는 당신이 어디에 있는지 모른다. 그녀가 내가 지금 가야 하는 곳으로 나를 안내하기 위해서는 우선 내가 어디에 있는지부터 반드시 이해해야 한다. 당신의 감정 표현은 격렬해지고 그 부담은 엄청나다.

 이런 일은 우리 내담자들에게도 흔히 일어난다. 내담자들은 자신이 어디에 있는지 알고 있다. 우리는 그들에게 방향을 알려 주기 시작하는데, 이는 그들이 어디에 있는지 우리가 모르는 것 같은 느낌을 준다. 그럼에도 우리는 그 방향을 고집한다. 이는 내담자들을 짜증나게 만들고 불안하게 한다. 내담자의 위치를 정확히 알고, 현재 위치가 내담자가 가고자 하는 곳과 어떤 관계가 있는지를 이해하는 것이 매우 중요하다. 만약 응급실 간호사가 옳다면, 그녀는 그 논쟁에서 이겨야 한다. 그녀는 당신이 현재 어디 있는지 자신이 정확히 알고 있다는 것을 당신에게 보여 줌으로써 당신을 진정시켜야 한다. 하지만 만약 당신이 옳다면, 간호사는 당신의 의견을 존중해야 한다. 내담자의 목표에 대한 내담자의 현재 위치를 서로 정확히 동의하지 못하는 경우, 치료 협력의 균열이 자주 발생한다. 그러므로 수인하고 위치에 대한 합의를 얻는 것이 매우 중요하다.

내담자의 반응에 타당한 것과 타당하지 않은 것이 동시에 존재할 때

 당신은 같은 반응이 어떻게 동시에 타당하면서도 타당하지 않은지에 대하여 자주 대화할 필요가 있을 것이다. 내담자의 자기-혐오와 같은 반응은 상황에 적절하고 그럴 만할 수 있지만(타당함), 동시에 그 반응은 내담자가 증오 행동을 또 하지 않기 위해 필요한 균형적인 문제 해결 방식과는 맞지 않기 때문에 효과적이지 않다(타당하지 않음). 혹은 예를 들어, 당신이 내담자에 대한 중요한 사실을 망각했고, 이것을 알아차리지도 못했다고 해 보자. 대화가 진행되면서 내담자는 과하게 쾌활한 척을 하고 주제에 대한 중요한 것들은 말하지 않기 시작한다. 당신은 대화의 분위기와 깊이가 갑자기 바뀐 것에 대해 많이 궁금해하지만, 내담자는 대수롭지 않게 당신의 우려를 무시한다. 내담자의 반응은 과거 학습 이력의 측면(만약 그녀가 다른 사람의 결점에 대해 이야기하거나 직접적인 감정 표현을 금지하는 문화적 배경에서 살아왔다면)이나 현재 상황의 측면(만약 당신의 말투가 미묘하게 방어적이거나 비난조여서, 당신이 조언을 받아들이지 못할 것이라고 유추하는 것이 논리적이라면)에서 봤을 때 타당할 수 있다. 그러나 동시에 그녀의 반응은 타당하지 않은데, 그녀를 돕기 위해서 당신이 사실을 알고 자신의 행동을 고칠 수 있는 기회를 잃어버리기 때문이다.

타당한 것을 찾기 어려울 때

내담자의 반응에서 타당한 것을 찾기 어려울 때, 첫째, 그 상황 맥락에서 적절하고 의미 있는 것이 어떤 것인지를 살펴보라. 내가 심리 치료를 받는 상황이라면, 부모로서의 고통을 치료자가 이해할 수 있을지 알아보기 위해 내 치료자가 자녀가 있는지에 대한 궁금증을 가지는 것은 적절하다. 치료자들은 때때로 내담자의 그런 궁금증에 대해 의심을 해 보도록 훈련을 받는다. 수인을 하는 것은 그러한 질문들을 병리적으로 보지 않고 어떻게 연관되고 적절한지를 살피는 것이다. 둘째, 그 반응이 어떤 측면에서는 현실에 잘 기반하거나 그럴 만한지를 보라. 그 반응을 말이 되게 만들어 주는 사실, 논리적 추론, 일반적으로 받아들여지는 권위를 찾으라. 내담자가 나의 전화 녹음에 나를 공격하고 비난하는 메시지를 보내고 난 다음에, 내가 대기실에서 그를 덜 따뜻하게 맞이했다면, 내담자는 내가 그에게 화났다고 추론하는 것이 그에게는 논리적이다. 셋째, 어떤 즉각적인 결과를 얻으려는 효과적인 수단으로 그 반응이 쓰이는지를 찾아보라. 명백히 타당하지 않은 행동도 즉각적인 효과가 있는 측면에서는 타당할 수 있다. 감정적 고통에 압도된 상태에서 칼로 팔을 자해하는 것은 참을 수 없는 감정에 안도감을 준다는 측면에서 말이 되고 효과적인 감정 조절 전략이기도 한 것이다. 물론, 한 반응이 하나 이상의 측면에서 타당할 수도 있다. 내담자가 자기 자신을 혐오한다고 말할 때, 그가 자기 자신의 중요한 가치를 훼손하였다면(예: 분노 조절이 되지 않아서 다른 사람에게 상처를 입혔다면), 혐오는 적절하고 그럴 만한 것이다. 궁극적으로, 과거 이력의 관점에서 말이 되는 모든 반응은 타당하다. 그 행동이 발달하고 일어나기 위해서는 그에 기여한 모든 요소가 필요했다. 그러므로 어떻게 그 행동 이외의 것이 나타날 수 있을까?

다른 수인 표적

어떠한 상황에서도 당신은 내담자의 감정, 행동, 인지 반응을 수인할 수 있고, 목표를 달성하기 위한 내담자의 궁극적 능력도 수인할 수 있다. 적응적인 감정 조절을 하기 위해서는 1차 감정을 체험하고 표현할 수 있어야 한다. 이러한 능력을 발달시키기 위하여 수인이 필요하다. 그러므로 내담자의 감정을 읽고, 직접적으로 그의 1차 감정을 수인하고("슬픔을 느낄만 하네요."), 감정 표현을 격려하라. 내담자의 감정을 관찰하고 이름을 붙이라(예: "당신의 눈에 눈물이 보이네요. 저는 지금 당신이 슬픔을 느끼는지 궁금해요."). 이런 과정은 내담자에게 이 기술들을 가르치는 데 도움이 된다.

행동 반응을 수인하기 위해서는 행동을 관찰하고 이름을 붙이라. 예를 들어, 자신을 향한 요구가 있을 때, 허용되는 행동의 기준이 비현실적일 때, 죄책감, 자기 비난, 기타 처벌적 전략을 사용할 때["해야만 해(should)"가 있는지 파악하라.] 관찰이 필요하다. "해야만 해"에 반대하라(예: 원칙적으로는 모든 행동이 이해 가능하다는 것에 대해 대화하기). "해야만 해"를 받아들이라(예: 내담자의 행동에 비판단적으로 반응하고 내담자의 "해야만 해" 안에 어떤 진실이 있는지 탐색하라).

인지 반응을 수인하기 위해서는, 내담자의 생각과 전제를 끌어내어 반영하고, 내담자의 생각 안에 있는 '일말의 진실'을 찾고, 지혜롭거나 옳은 것을 아는 내담자의 직관력(지혜로운 마음)을 인정하고, 내담자의 가치를 존중하라.

바라는 목표를 달성하기 위한 내담자의 능력을 수인하기 위해서는 최선을 다하고 있다고 가정하고, 격려하며, 강점에 초점을 맞추고, 외부의 비판에 대해 반박이나 조정을 하고, 능력에 대한 평가를 현실적으로 하라[나는 이런 유형의 수인으로 리네한(Linehan, 1993a)의 '치어리딩'을 항상 좋아했다. 당신이 응원하는 팀이 14점을 앞서 있건 처참하게 지고 있건 간에, 마지막 순간에 치어리더인 당신은 항상 같은 반응을 한다. 경기 종료 휘슬이 울릴 때까지 돌아오는 버스든, 다음 경기든 항상 같은 모습으로 거기 있다].

무엇을 수인할 것인지에 대한 지침들을 〈표 4-1〉에 요약하였다. 이제 이 개념들을 유념하면서 수인 전략을 어떻게 사용할지에 대한 복잡한 사용법을 네 가지 구성 단계로 나누어 보도록 하자.

〈표 4-1〉 무엇을 수인할 것인가

- 내담자의 1차 감정 반응과 표현
- 내담자의 행동: 관찰하고 이름 붙이기
- 내담자의 인지: 내담자의 생각, 전제, 가치를 반영하기
- 궁극적인 목표를 달성하기 위한 내담자의 능력

내담자가 감정 조절이 되지 않을 때, 다음을 수인하라.
- 문제의 중요성
- 과제 완수의 어려움
- 내담자의 감정적 고통
- 내담자가 조절이 안 되는 느낌을 가지는 이유
- 내담자의 궁극적인 목표 안에 내재된 지혜 (만약 지금 방법이 타당하지 않다면)
- 내담자의 위치에서 보는 관점

무엇을 수인할지 찾기 어려울 때, 다음을 수인하라.
- 내담자의 과거 경험들(과거 학습 이력)
- 무엇이든 사실, 논리적 추론, 받아들일 수 있는 권위의 측면에서 보면 그럴 만한 것
- 무엇이든 어떤 목적을 위해 적절하거나 효과적인 방법인 것

어떻게 수인할 것인가

타당한 것을 찾으라

타당한 것을 적극적으로 찾고, 항상 무엇이라도 타당한 것이 존재한다고 전제하라. 당신이 내담자의 반응을 타당하게 만드는 것이 아니다. 수인할 타당한 것을 찾는 것이다. "치료자는 타당한 것을 관찰하고, 경험하고, 인정할 수 있지만, 창조하지는 않는다. 타당한 것은 치료 행위 이전에 이미 존재한다."(Linehan, 1997b, p. 356).

당신의 내담자를 알라: 정신병리학과 일반심리학 문헌을 읽으라

특정 내담자에게서 타당한 것과 타당하지 않은 것을 파악하고 있으라. 여기서는 치료자의 진정한 자산인 심리과학에 충분히 근거하여 어떤 것이 일반 심리이고 어떻게 정신병리가 발달하고 지속되는지에 대한 이해가 필요하다. 당신의 사례 개념화를 기억하라. 특히 이 내담자에게 습관적인 일련의 감정 과정을 고려하라. 이 내담자의 1차 감정과 2차 감정은 무엇일까? 항상 내담자의 현재 감정 상태와 이것이 새로운 정보를 처리하는 능력에 어떤 영향을 주는지 파악하고 있으라. 그런 다음 이에 따라 변화와 수인을 조화시키라.

타당한 것은 수인하라: 타당하지 않은 것은 비수인하라

수인은 정확하게 해야 한다. 예를 들어, 베티나는 이번 주말에 댄스 클럽에서 그녀를 매혹시킨 전형적인 나쁜 남자 스타일의 남자와 동거할 생각을 하고 있다(그는 최근 3개월 동안에 그녀가 만난 네 번째 나쁜 남자다). 그녀는 오늘 치료 회기 내내 그와의 관계를 어떻게 유지할지에 대해서만 이야기하였다. 이전에도 그랬듯이, 베티나는 새 남자 친구가 부르면 친구들과의 약속을 모두 취소했고 해야 할 중요한 일도 모두 하지 않았다. 그리고 에너지를 다 써서 새로운 구직 활동도 못하였다. 이전의 경험들로 미루어 봤을 때, 베티나의 부모님들에게 이런 상황은 매우 심각한 재난이다. 치료자인 당신에게는 타당하지 않은 것들이 대번 떠오를 것이고, 당신은 그녀의 사랑 감정과 남자 친구와의 관계를 유지하고 싶은 강한 욕망을 무시하거나 하찮게 여길 수 있다. 하지만 이렇게 무시하는 태도는 내담자의 요청 중에서 타당한 것과 타당하지 않은 것 모두를 비수인하는 것이다.

대신에, 타당한 것은 수인하면서(아마도 낭만적 사랑이라는 궁극적인 목표의 지혜를 언급하거나 그녀가 매력을 느끼는 남자들의 특정 매력 포인트를 파악함), 타당하지 않은 것은 비수인하라(예: 치료 회기의 주제로 삶의 위기를 적극적으로 다루는 계획은 꼭 다루어야 한다고 고집함으로써). 타당하지 않은 것을 비수인할 때는 서술적이고 비판단적인 태도로 그 반응이 어떻게 그럴 만하지 않고 작동하지 않는지 말한다. 예를 들어, 베티나의 치료자는 다음과 같이 말할 수 있다.

"맞아요. 난 당신에게 정말로 의미 있는 깊은 사랑의 관계를 만드는 것이 우리의 가장 중요한 목표 중 하나란 것에 동의해요. 그런데 그 사랑의 다른 측면을 보면, 당신은 새로운 사랑을 시작할 때마다 자기 존중감을 주는 일들에 대한 모든 동기를 잃어버려요. 이것은 자기 혐오를 증가시키는데, 그러면 당신은 자신에 대해 좋은 기분을 가지기 위해 연인에게 더 의존하고 엄청난 압박을 하게 돼요. 우리가 오늘 치료 회기에서 이 문제에 대해 현명하게 대처하지 못하면, 모든 상황이 갑자기 나빠질 수 있어요."

당신이 진정으로 공감을 가지고, 타당한 것과 타당하지 않은 것을 모두 서술할 수 있다면, 당신은 군이 살얼음 위를 걷듯이 조심할 필요는 없다. 당신은 '천사도 다가가기 두려워하는 곳'[1]에 갈 수 있고, 내담자를 소외시키지 않고 자유롭게 있는 그대로를 이야기할 수 있다.

가능한 한 가장 높은 수준으로 수인하라: 행동은 말보다 강하다

리네한(Linehan, 1997b)은 수인의 여섯 수준을 구분하였다(다음에 기술되어 있음). 수준 6이 가장 높다. 각각의 수준에서 명확한 언어적 수인에만 의존하지 말라. 비언어적인 표현도 함께 필요하고 때로는 더 강력하다. 예를 들어, 만약 당신이 불이 난 빌딩의 4층 창가에 갇혀 있다고 가정해 보자. 소방관이 당신을 보고 관심을 보여 주고, 당신의 고통을 정확히 반영하고, 그 고통이 얼마나 그럴 만한지 진정으로 대화하더라도, 그것은 전혀 충분하지 않다! 지금 당장 당신에게 필요한 것은 소방관이 당신의 팔을 잡아 안전한 곳으로 옮기는 것이다. 기능적인 수인(내담자의 경험을 타당한 것으로 반응해 주고, 그래서 적절한 행동을 하게 만드는 것)이 핵심이다. 기능적인 수인이 필요할 때, 단지 언어적 수인만 하는 것은 치료자들이 자주 저지르는 실수다.

---

1) 역자 주: where angels fear to tread. 영어 관용구로서 매우 조심스러운 상황을 뜻한다. 여기서는 치료자가 과감하게 조심스러운 상황으로 치고 들어가는 것을 의미한다.

수준 1: 완전히 의식하면서 경청하기, 깨어 있기

편견 없이 듣고 관찰하라. 그리고 미리 판단하지 않고 들음으로써 내담자의 반응이 타당함을 대화하라. 그래서 예를 들면, 치료자는 베티나가 사랑에 대하여 이야기하기를 요청할 때, 이를 병리적인 반복 패턴으로만 해석하지 않고 완전히 새로운 이야기인 것처럼 듣는다.

수준 2: 내담자의 말을 정확하게 반영하기

내담자가 한 말을 되도록 같은 단어를 사용하여 해석을 덧붙이지 않고, 반복하거나 고쳐 말함으로써 내담자를 이해했다는 것을 표현하라. 비판단적인 태도를 유지하라. 즉, 향상이나 격려나 효과 평가나 장점에 집중하지 않고 대신 단순히 있는 그대로에 집중한다. "지금 당신에게는 이런 상황이네요."가 그렇다.

수준 3: 언급되지 않은 감정, 생각, 행동 패턴들을 말하기

내담자가 말하지는 않았지만 설명하지 않아도 알 수 있는 것을 직관적으로 이해하라. 비수인이 지속된 과거 이력이 있는 내담자는 매우 민감해서, 그들이 아주 작은 것을 내보였을 때라도 자신의 모든 것을 당신에게 말해 버린 것처럼 느낀다. 또는 습관적으로 표현을 숨기고 억제하기 때문에 당신은 내담자가 보인 작은 신호에서 나머지를 감지할 필요가 있다. 그린버그(Greenberg, 2002)는 이 첫 세 수준의 수인이 어떤 것인지를 잘 포착한 트라욱과 카르쿠프(Truax & Carkhuff, 1967)의 글을 소개하였다. 그에 따르면 수인을 하는 치료자는 다음과 같다.

내담자의 다양한 감정에 대해 정확한 강도로 빼먹지 않고 반응한다. 주저함이 없이, 치료자는 각 감정의 뉘앙스를 인식하고 모든 깊은 감정에 대한 이해를 표현한다. 치료자는 내담자의 변화하는 감정 내용에 완벽하게 조율되어, 내담자의 느낌을 순간순간 감지하고, 이를 단어와 음성으로 반영하여 표현한다. 섬세한 정확성을 가지고, 치료자는 내담자가 보이는 작은 힌트를 풀스케일의 느낌과 경험의 작품으로 확장한다(Greenberg, 2002, p. 78).

수준 4: 내담자의 행동이 그의 과거 경험(과거 학습 이력)이나 생물학적인 관점에서 이해된다는 것을 표현하기

내담자의 반응을 유발하였을 만한 요소들을 찾으라. 예를 들어, 치료가 "잘 진행되고 있다"는 것을 치료자에게 계속 안심 받으려는 내담자에게, 치료자는 이런 말로 수인할 수 있다. "당신 부모님이 예측하기 어려운 분들이었던 점을 감안하면, 당신이 앞으로의 일에 대해 마음 졸이며 걱정하고, 안심 받으려고 계속 묻는 것이 이해가 되네요."

수준 5: 내담자의 행동이 현재 상황에서 이해가 된다는 것을 적극적으로 찾아내고, 이를 내담자와 대화하기

내담자의 반응이 현재에도 타당한 점을 가능한 한 자주 찾으라. 그리고 언어적 수인에만 의존하지 않아야 한다는 것을 기억하라. 예를 들어, 당신이 이전에 골목길에서 강간을 당한 경험이 있는 친구와 함께 극장에 가고 있는데, 영화 시간에 늦지 않게 빠른 골목길로 가자고 친구에게 제안했다고 하자. 당신의 제안에 친구는 골목길로 가는 것이 무서워서 싫다고 말했다. 이때, 당신이 "맞아, 당연히 무섭겠다. 이전에 강간당한 것이 골목이었구나. 내가 이렇게 무지하다니."라고 말하는 것이 수준 4의 수인이다. 당신이 "맞아, 당연히 무섭겠다. 골목길은 위험하지. 돌아서 가자."라고 말하는 것은 수준 5의 수인이다. 만약 당신이 수준 5의 수인을 찾을 수 있다면(귀신같이 그것을 찾아낼 수 있다면), 수준 4보다는 수준 5의 수인을 사용하라. 특히 여기서 당신은 사실 현재 비수인의 원인이 될 수도 있다는 것을 기억하라. 예를 들어, 치료자에게 안심 받기를 원하는 내담자의 경우에, 치료자가 어떤 방식으로든 확신 없는 모습을 보였거나 치료자가 내담자의 불안 반응을 일으켰기 때문에, 내담자의 안심 받으려는 행동이 타당한 경우가 있을 수 있다. 내담자의 반응을 촉발시키는 현재 상황(치료자의 확신 없음)이 실제로 있는데, 과거 측면(예측이 어려웠던 부모들)에서 수인을 하는 것은 극도로 비수인적으로 느껴질 수 있다("그래요, 그래. 당신이 나에게 화가 났다는 것을 알아요. 하지만 당신 가족 때문인 점에 대해서도 이야기해 볼까요?"). 수준 5의 수인은 다음과 같이 말하는 것이다. "이 반응은 완전히 망친 것은 아니에요. 현재 상황에서 이 반응이 지금 일리가 있는 이유가 여기 있어요." 수준 5의 수인은 내담자의 반응을 병리적으로 보는 것의 반대편이다. 내담자에게서 무엇이 잘못되었는지를 강조하는 대신에, 당신은 현재 상황에서 내담자의 반응이 어떻게 효과적이고 적응적이며 적절한지를 찾아낸다.

수준 6: 철저하게 진정성 있게 대하기

내담자를 '내담자' 혹은 '장애'보다는, 한 사람 그리고 동등한 인간으로서 대하고 존중을 표현하라. 당신이 소중하게 여기는 동료나 사랑하는 사람을 돕는 것 같은 태도로, 그 사람의 취약성보다는 강점에 대해 작업하라. 이는 현실적이고 포기하지 않는 태도다. 당신은 있는 그대로의 당신이며, 나는 이 문제를 다룰 수 있고, 당신도 이것을 다룰 수 있다. 치료자는 특정한 반응이나 행동 패턴보다는 내담자 개인을 수인한다. 켈리 윌슨(Wilson & Dufrene, 2009)은 이런 태도를 내담자를 수학 문제보다는 해질녘 노을로 대하는 것이라고 말했다. 로저스와 트라욱(Rogers & Truax, 1967)은 이렇듯 철저하게 진정성 있는 태도를 다음과 같이 서술하였다.

> 그는 꾸밈이나 허울이 없이, 그 순간 그에게 흘러들어오는 느낌과 태도에 열려 있다. 이것에는 자기-인식의 요소가 관여하는데, 치료자가 체험하고 있는 느낌이 그의 인식에 들어오고, 그가 이런 느낌으로 살아갈 수 있으며, 대인 관계에서도 이런 느낌으로 임하고, 필요할 때 느낌을 표현할 수 있는 것을 의미한다. 이는 치료자가 내담자와의 직접적인 만남으로 들어가, 내담자를 인간 대 인간으로서 만나는 것을 의미한다. 이는 치료자가 자신을 부정하지 않고, 있는 그대로의 자신으로 있는 것을 의미한다(p. 101).

치료 전반에 걸쳐서 높은 수준의 공감과 기능적인 수인을 유지하면서, 교정적 피드백을 제공하거나 병리화된 것을 균형잡기 위한 적극적인 언어적 수인이 필요한데, 이는 치료 초기엔 높은 수준으로 제공하다가 치료 후기에는 일반적인 수준으로 줄여야 한다. 예를 들어, 베티나의 부모님은 그녀에게 굉장히 비판적이고 그녀의 행동을 병리적으로 설명하는 경향이 있었다. 치료 초반에 치료자는 이러한 관점과 반대로 그녀의 행동에도 타당한 부분이 있다는 것을 적극적으로 제공했다. 치료 후반에 치료자는 베티나가 자기 수인을 하기를 기대했고, 또한 그녀가 무엇이 효과적이고 효과적이지 않은지를 보면서 자신의 행동을 균형 잡힌 태도로 평가하기를 기대하였다.

감정 조절을 강화하기 위하여 어떻게 수인을 이용할 것인가

효과적인 감정 조절을 위해서는 감정을 경험하고 표현하는 능력(감정을 수용하기)과 적극적으로 감정을 조절하는 능력(감정을 변화시키기)의 적절한 조합이 필요하다. 그린버그는 이것을 '감정의 지혜'라고 했는데, 언제 감정으로 인해 바뀌어야 할지 그리고 언제 감정을 바꾸어야 할지를 아는 것이라 하였다(Greenberg, 2002, p. xvi).

감정을 수용하거나 변화시키기 위해서는 감정을 파악하고 이름을 붙이고 감정이 제공하는 정보를 알아차리는 능력을 사전에 갖추어야 한다. 수인이 부족하고 전반적인 비수인을 겪어 온 사람들은 이 능력에 심한 결함이 있다(Ebner-Priemer et al., 2008). 감정과 욕구들을 바르게 구분하고 이름을 붙이는 능력을 학습하기 위해서는 양육자들이 그런 감정과 욕구들에 적절한 관심을 주어야 한다. 예를 들어, 어떤 25세의 내담자는 홀어머니 아래에서 자랐는데, 내담자의 어머니는 자신의 고통에 항상 압도되어 자기에만 집중되어 있다 보니, 딸(내담자)과 별로 대화도 없었고 관심을 주지도 못했다. 하루는 치료자가 내담자의 입술이 말라 있는 것을 보고, "목이 말라 보이네요, 물 드릴까요?"라고 말했는데, 내담자는 이전에는 입술이 말라 있다는 감각을 느낀 적도 없고, 이런 내적 감각에 '목마름'이라는 이름을 붙이지도 못했다는 것을 알게 되었다(사실 그녀는 식사를 할 때도 거의 물을 마시지 않았다).

수인 전략을 이용해서 당신은 내담자가 자신의 감정을 인지하고 자신의 감정 경험을 이용하도록 가르친다(예: "그래요, 당신이 지금 느끼는 것은 건강한 슬픔이에요. 이것은 당신이 중요한 무언가를 잃었고 애도하고 있음을 의미해요." 또는 "그래요, 공포는 당신에게 위험할 수 있는 이 상황에서 당신이 도망칠 수 있도록 도와줘요."). 이 전략들은 무엇이 효과가 있는지 파악하기 위하여 자신의 감정 반응을 잘 이용할 수 있는 내적인 지혜로운 마음을 재정립해 준다. 예를 들어, 미아의 경우 수인은 그녀가 자신의 분노와 그 강도를 일종의 신호로 적절하게 이용하도록 도움을 주었는데, 그녀는 이를 통해 자신의 어떤 목적이나 욕구가 좌절되었는지 파악하고, 그런 다음 복수를 할 것인지(분노의 행동 충동에 따르기) 아니면 위협에 대해 사실 확인을 하고 자신의 목표나 욕구 충족을 위한 다른 우회 방법을 찾을 것인지를 선택할 수 있게 되었다. 수인 전략들은 비공식적인 노출 기법으로도 이용되어서 감정을 체험하고 수용하는 능력을 키울 수 있고, 적응적 감정을 유발해서 감정을 변화시키는 데 이용될 수도 있다.

수인을 비공식적인 노출 기법으로 사용하기: 1차 감정을 수용하기

제1장과 제2장에서 언급했듯이, 생물사회 이론에 의하면 우리의 내담자들은 타당한 욕구, 감정, 생각, 자연스럽고 진정성 있는 1차 반응을 표현하였는데 비수인을 당하는 학습을 해 왔다. 이렇게 내담자의 경향과 반응이 전반적으로 비수인되어 왔기 때문에, 그는 자신의 진정한 1차 행동을 회피하는 것을 학습하게 된다. 비수인이 만연한 환경에서는 공포 조건화가 자리를 차지해서 우리는 두려운 대상(비수인)을 피할 뿐만 아니라, 혹시라도 비수인을 부를 수 있는 개인적인 경험들(생각, 감각, 감정 등)도 회피한다. 우리는 비수인을 연상시키는 모든 단서에 극도로 예민해지게 되며, 자신의 타당하고 자연스러운 반응에도 공포증을 가지게 된다. 자신의 자연스러운 반응을 허용하는 것이 마치 거미 공포증이 있는 사람의 무릎에 거미를 올려놓은 것처럼 자극을 유발할 수 있다. 우리 자신의 1차 감정(타당한 첫 반응의 불꽃들)에 이어 도피 반응이 2차 반응으로, 즉 1차 반응을 끝내 버리고 조종하는 2차 반응으로 따라오는 것이다. 회피는 미묘할 수도 있다. 예를 들어, 우리가 말할 때 치료자가 살짝 집중하지 못하는 것을 느끼면, 말하려던 것을 바꾸어서 자기를 덜 보여 주기도 한다. 우리는 우리가 재빨리 도망쳤던 슬픔이나 수치심 같은 취약한 첫 불꽃을 인식하지도 못한 채, 배우자에게 화를 낸다. 도망과 회피는 치료 회기 중 해리나 의도적 자해 같은 현상을 통해 명백히 나타날 수도 있다.

이런 조건화된 감정 반응이나 회피 패턴은 당신이 내담자의 반응을 수인하거나 비수인할 때 나타날 수 있다. 결과적으로, 노출 치료의 원칙들이 당신의 치료 작업에 방향을 제시할 수 있다. 공식적인 노출 및 반응 방지 기법에서와 같이, 당신은 무엇이 힘든 감정을 특정하게 불러일으키는지, 그리고 어떤 행동이 도피의 기능을 하는지를 파악한다. 그다음 당신은 단서 노출과 반응 방지 기법을 통해 감정 경험과 표현이 높아지도록 점진적으로 조형한다. 시간이 지남에 따라, 이런 비공식적 노출을 통해 방해와 회피를 줄여 나가면서 내담자는 타당한 반응을 체험하고 표현하는 것을 배운다. 이런 뉘앙스를 이해하기 위해 다음과 같은 임상 사례를 살펴보는 것이 좋겠다.

어느 날 치료 회기에서 내담자가 지난주에 있었던 중요한 일에 대해 이야기하다가, 갑자기 그에게 감정 변화가 생기고 수치심을 경험하는 것처럼 보인다. 몇 마디 더 하다가 그는 갑자기 치료에 진전이 전혀 없고, 그가 당신에게 짐이 될 뿐이며, 당신의 시간을 낭비하고 있다는 식의 극단적인 말들을 쏟아 놓기 시작한다. 그는 멍해 보였으며, 다음과 같은 짜증스러운 말로 마무리했다. "우리는 도대체 여기서 뭘 하고 있는 건가요?"

이런 일이 처음 다섯 번 정도 있었을 때, 당신은 그의 질문에 직접적인 답을 하였다. 아마 당신은 지금 벌어지고 있는 것에 대하여 명확하지 않는 가설을 세웠고, 그가 지금 수치심을 느끼고 있다는 막연한 느낌만 가졌을 것이다. 당신은 그에게 변화는 보통 시간이 걸리고 어려운 과정이라 말하며 그의 수치심을 줄이려 했다. 당신은 "우리가 원래의 치료 목표를 다시 점검하고, 그것이 오늘의 주제와 어떤 연관이 있는지 알아보도록 할까요?" 정도로 대답을 했다. 자, 이제 다시 여섯 번째로 반복되고 있고, 당신은 이 시나리오가 계속 반복되리라는 것을 깨달았다. 그를 안심시키고 치료 과정에 대해 수인하려는 당신의 시도가 별로 효과가 없어 보인다.

그래서 오늘 당신은 공포 조건화와 노출 치료의 개념을 이용해서 치료 회기 중 무엇이 그에게 감정 변화를 일으켰는지 평가하고, 그의 일상화된 회피 패턴이 어떻게 발동되는지 가설을 추론하는 것으로 시작한다. 아마도 수치심은 더 1차적인 감정에 대한 2차 반응일 가능성이 높다. 당신은 이렇게 묻는다. "방금 무슨 일이 일어났을까요? 우리는 X에 대한 이야기를 하고 있었고, 내가 Y를 말했는데, 갑자기 어떤 지점에서 당신은 절망적인 이야기를 쏟아 내기 시작했어요. 우리 다시 돌아가 볼 수 있을까요? 내가 Y를 말했을 때, 그것은 당신에게 어떤 영향을 주었나요?" 당신은 그의 경험을 매초마다 따라가면서 사슬 분석을 시행하여 치료 회기 내에 감정 조절을 어렵게 만든 조절 요인들을 확인한다. 당신은 그가 치료 회기의 초반에는 당신에게 호의적이었으나, 그가 당신에게 말한 중요한 내용을 당신이 오해하는 것이 그 변화를 불러일으킨다는 것을 알게 된다.

1차 감정의 첫 번째 불꽃은 자신이 오해받고 있다는 것에 대한 상처였다. 그는 자신이 상처 입었다고 바로 판단을 했고, 자신이 당신에게서 이해받기를 원했다는 것에 수치심과 모멸감을 느꼈다. 이것은 그를 자신이 매우 미성숙하고 과도하게 반응한다는 주제의 자기-비수인의 거친 물살로 끌고 들어갔다("너는 빌어먹을 철부지, 밑빠진 독이야."라는 생각). 그 다음에는 분노가 타올랐는데, 치료자에 대한 분노는 자신의 중요한 욕구를 충족시키지 못한 것에 대한 1차 반응이었고, 자신에 대한 분노는 이런 고통스럽고 취약한 감정으로부터의 도피 반응이었다. 그 다음 그는 멍해졌고, 치료에 집중할 수 없는 것에 짜증이 났으며, 치료 성과도 없어서 당신에게 짜증이 났다. 당신은 그에 대한 당신의 오해가 2차 반응의 연쇄를 불러일으켰고, 이들은 1차 감정인 갈망(이해받고 싶은)과 상처(당신이 그를 오해한)의 불편함으로부터 도피하는 역할을 한다는 가설을 세운다.

무엇이 1차이고 어떤 것이 2차인지를 구별하기 어려울 수 있다. 그린버그(Greenberg, 2002)는 1차 감정은 그 순간의 상황에 반응하여 급변하는 특징이 있고, 생생하거나 새로운 느낌이며, 전체적이고, 깊고, 심지어 행복하지 않지만 '좋다'라고 느끼는 특징이 있다고 하였다. 2차 감정은 이와 반대다. 2차 감정이 타오를 때에는 모호하거나 뿌연 느낌을 받고, 분노, 절망, 혼란, 억압의 감정을 느끼며, 무기력하고 울적해진다.

비공식적인 노출을 위해 당신은 감정을 일으키는 단서들을 다시 제시할 수 있다. 예를 들어, 당신은 이렇게 말할 수 있다. "그래서 내가 당신을 오해했을 때……." 내담자가 감정 조절에 취약하면, 당신은 내담자가 감내할 수 있도록 단서의 강도를 조절하고, 점차 그 강도를 높인다. 예를 들어, 거미 공포증과 연관된 단서의 강도를 점차 높이기 위해서는 거미의 사진으로 시작해서, 방에 작은 거미가 돌아다니게 하는 것을 거쳐, 결국 타란툴라를 다루는 것으로 강도를 올릴 수 있다. 이것은 홍수법 (flooding)이나 내폭 치료(implosion therapy)는 아니다. 다양한 개인 경험에 접촉하고 그에 대한 내성을 늘리도록 격려하기 위해, 당신은 그가 내적으로 집중할 수 있게 부드러운 지시를 한다. 당신은 현재 감정에 대한 마음챙김 기술을 통해 감정을 관찰 하고 서술하는 것을 가르친다. 사슬 분석 또한 감정에 집중하도록 한다. 당신은 내 담자가 감정을 말로 표현하도록 돕고, 특히 1차 감정을 구분하고 잘 이해할 수 있도 록 돕는다.

이 사례에서 치료자는 처음에는 내담자가 한 말을 거의 그대로 따라 하는 것으로 시작하고, 치료가 진행되면서 내담자의 경험에 대하여 더 강한 감정이 실린 서술을 부드럽게 추가할 수 있다. "당신의 한 부분은 당신의 반응들을 판단하고 그것이 신 경 쓰이는 것은 아니라고 말하지만, 사실 그것은 당신의 신경을 건드리고 있어요. 그건 상처가 되죠. 그리고 내 생각에 그건 이해가 돼요. 그런 순간에서는 나도 이해 를 원하고 이해를 필요로 할 것 같아요."(수준 5의 수인) 이어서 치료자는 내담자의 감정 욕구에 대해 좀 더 강하게 수인하고, 비유를 이용한 간접적 수인을 통해 단서 를 점차 높인다. "나에게 감정적인 욕구는 물에 대한 갈증과 같아요. 내가 만약 사막 에서 물 한 잔을 얻게 된다면, 그것은 매우 중요한 일이죠. 결핍은 자연스럽게 모든 것을 더 강한 느낌으로 만듭니다."

비공식적 노출 치료의 다음 과제는 회피 행동을 막는 것이다. 당신은 내담자가 도 피나 부적응적 대처를 하지 않고 자신의 1차 감정을 온전히 경험하도록 돕는다. 내 담자의 회피 행동을 막기 위해 내담자가 주변 상황과 자신에 대한 조절력을 강화시 킬 수 있도록 해야 하는 것이다. 그러므로 당신은 내담자의 회피 행동을 막기 전에, 1차 감정의 경험과 표현을 회피하는 것에 대한 장점과 단점을 내담자와 함께 명확 히 이야기할 필요가 있으며, 치료 작업 협력의 이점을 내담자가 명확하게 이해할 수 있도록 미세-오리엔테이션을 할 수 있다. 더 공식적인 노출 치료에서처럼, 당신은 내담자에게 1차 감정이나 타당한 반응들을 느끼거나 표현하고 싶지 않을 때, 그들 이 그것을 어떤 방법으로 회피(자신을 억제하거나 혹은 방해함)하는지에 대해 설명하 거나 재연해 달라고 요청할 수 있다. 감정 경험을 회피하는 방법은 아주 많지만, 도피 행동으로 기능하는 두 가지 흔한 방법에 대해 주목할 필요가 있다. 이 방법들은 감정 경험과의 연결을 끊고, 그럼으로써 적응적 감정과 기타 타당한 행동을 방해한다. 이 두 가지 중 첫 번째는 2차 감정들이고, 두 번째는 자기-비수인이다. 앞의 예로 다시 돌아가서, 내담자가 상처받았다고 당신이 내담자에게 말할 때, 당신은 그를 상처받고 실망하는 느낌에 접촉하도록 해서 부드럽게 회피를 막는 것이다. 그다음 그는 당신에게 이렇게 말한다. "맞아요. 하지만 그때 내가 슬픔을 느낀 것은 바보 같은 것이었고, 그건 별것도 아닌 일이죠." 당신은 말한다. "맞아요. 그것은 분명 큰일은 아니죠. 하지만 당신이 약간 상처를 입었다는 것은 여전히 당신에게 중요한 일이에요. 누군가 나에게 중요한 일에 대해 오해할 때, 나 역시도 상처를 받아요." 당신은 내담자가 습관적인 자기-비수인 과정을 통하여 회피하려는 시도를 자연스럽게 차단하고 단서를 다시 제시하며 1차 감정을 수인한다. 이런 많은 비공식적 노출 절차를 통해 내담자는 고통스러운 감정을 감내하는 능력을 기르고 덜 부적응적인 회피를 하게 된다. 우리는 내담자가 상처라는 1차 경험과 여기서 비롯되는 행동 충동을 충분히 체험하고 탐색할 때까지 여기에 함께 머무를 수 있다. 그렇지 않더라도, 만약 내담자가 감정 경험이나 감정 표현에 아주 큰 어려움을 겪고 있다면, 일시적으로라도 그 경험이나 표현에 머무르는 것이 내담자를 좀 더 감정을 조절할 수 있게 근접시키는 최선의 접근법이 된다.

비공식적 노출의 마지막 요소는 내담자가 1차 감정과 기타 진실한 반응들에 대해 다르게 반응하도록 돕는 것이다. 반대 행동하기는 이를 위해 고안된 DBT 기술이다. 리네한(Linehan, 1993b)은 말 그대로 특정 감정의 행동 경향에 대해 정확히 반대의 행동을 하는 것에 대해 썼다. 예를 들어, 공포의 행동 경향은 얼어붙거나 도망치는 것이다. 이에 대한 반대 행동은 접근하는 것이 된다. 수치심의 행동 충동은 숨는 것이고, 이에 대한 반대 행동은 예를 들면 '부끄러운 일'에 대해 열린 자세로 당당하게 이야기하는 것일 수 있다. 수인을 비공식적 노출로 이용하는 맥락에서는 1차 감정 경험을 피하기보다 그것에 머무르는 것이고, 그 경험을 밀어내지 않고 오히려 열심히 그 경험을 하려는 것이다.

하지만 수인도 내담자에게 매우 자극적이고 힘들 수 있다. 내담자가 이전에 회피

했던 1차 감정이나 반응에 대한 당신의 수인하는 말이 그에게 공포를 불러일으키고 혼란을 초래할 수도 있다. 어떤 내담자들에게는 비수인을 건드는 것보다 수인을 받는 것이 더 힘들 수 있다. 어떤 내담자들은 감정을 경험하는 것 자체가 트라우마가 될까 봐 두려워하고, 실제로 공포감을 압도적으로 경험해서 지치고 조절력을 상실한다. 예를 들어, 힘든 치료 회기 이후에 3일 동안 누워 있었던 내담자도 있다. 사람들이 이렇게 감정적 취약성이라는 2차 표적을 가지게 되면, 이것은 복잡하고, 참기 힘든 수치심, 절망, 우울, 체념, 탈진과 더불어 아무도 도울 수 없다는 소외감의 끔찍한 확신을 만들어 낸다. 이런 내담자들에서 감정 경험 자체와 연관된 트라우마는 감정을 변화시키거나 감정을 기술적으로 변형시킴으로써 가장 잘 치료할 수 있다. 감정 경험에 의지하거나 빠져드는 대신, 내담자는 감정 경험으로부터 나오는 방법을 배울 필요가 있다. 그러나 이 방법은 내담자에게 해롭지 않아야 하고, 자제력을 강화시켜야 하며, 경험에 대한 소외감을 줄이는 방식으로 작동해야 한다. 내담자가 감정을 변화시키는 능력을 키울 수 있도록 돕는 한 가지 방법은 내담자의 적응적인 감정을 불러일으키도록 수인을 사용하는 것이다.

적응적인 감정을 불러일으키기 위하여 수인을 사용하기: 감정을 변화시키기

감정은 우리가 빨리 적응하는 것을 돕기 위해 진화하였다. 우리의 감정 체계는 우리의 주변 상황을 지속적으로 살피고 빠르게 해석하여, 우리의 행동, 성향, 오리엔테이션을 끊임없이 변화시켜 항상 변하는 상황에 우리가 잘 위치하고 적응하도록 우리를 재조직하고 움직이도록 한다. 토끼와 토끼굴에 대한 켈리 윌슨의 우화는 이런 과정을 잘 보여 준다(Wilson & DuFrene, 2008). 토끼가 풀이 많은 초원에 앉아 있을 때는 할 수 있는 전체 행동 목록을 갖추고 있고, 그중 몇몇은 다른 동물보다 강하다. 햇살 가득한 안전 상황에서, 토끼는 먹고 주위를 살피고 몸을 긁고 자신을 가꾸고 편하게 눕는다. 이런 반응에는 유연하고 변화하는 자연스러운 특성이 잘 나타난다. 하지만 만약 풀숲에서 포식자의 부스럭거리는 소리가 들리는 순간, 토끼의 행동 목록은 생존에 상당한 장점이 있는 단 하나의 반응으로 좁혀지고 즉시 토끼굴로 재빠르게 도망간다. 그러한 상황에서 몸을 긁거나 먹는 행동은 (말 그대로) 멸종된다. 다른 토끼들의 공포를 인지하자마자 바로 도망가는 감정적으로 예민한 토끼들도 생존에 유리한 강점을 가지는 것이다. 그린버그(Greenberg, 2002)와 감정 이론가인 프리다(Fridja, 1986), 이자드(Izard, 1991), 톰킨스(Tomkins, 1963, 1983)에 따르면, 감정은 그렇게 작동한다. 우리 몸은 특정한 단서가 몸 전체에 복잡한 반응을 일으키도록 만들어져 있으며, 여기에는 행동 동기와 타인과의 의사소통뿐 아니라 환경과 자신의 관계에 대한 빠른 파악 능력도 포함되어 있다.

당신이 수인을 할 때(혹은 비수인을 할 때), 당신은 종종 감정을 불러일으킨다. 당신은 이것을 내담자의 이익을 위하여 의도적으로 사용할 수 있다. 감정이 불타오르면, 이는 그 사람이 현재 하고 있던 활동을 방해하고 그 다음 상황을 위해 그를 재조직한다. 수인을 사용해서 적응적인 감정을 불러일으키는 것은 그 적응적 감정과 연관된 기술적인 행동 목록 전체를 활성화해 준다. 다시 말해, 적응적인 감정을 불러일으키는 것은 이전의 미아의 사례에서처럼 내담자를 더 적응적인 행동으로 빠르게 재조직해 준다. 미아는 토끼와 아주 비슷하다. 그녀는 힘든 면접 이후에 치료 회기에 왔고 회기 내에 할 수 있는 전체 행동 목록을 지니고 있었는데, 어떤 것은 강해서 그 순간을 지배했고, 어떤 것은 좀 약했지만 모든 행동이 의미 있는 방식으로 가능했으며, 두드러지지는 않지만 존재하고는 있었다. 치료자가 미아에게 "그것은 매우 실망스러운 일이었겠네요!"라고 언급한 것은, 그녀의 주의를 사로잡아 강한 슬픔과 실망의 경험을 하도록 유발하였다. 그 상황에 대한 다른 실망 요소들이 생각나고, 뒤따라 눈물이 흘렀다. 당신이 내담자의 감정을 불러일으킬 때, 당신은 그 감정의 전체 반응도 불러일으키는 것이다. 이것은 문제 있는 감정뿐 아니라 적응적인 감정도 마찬가지다. 당신이 이를 명심한다면, 당신은 힘든 상황의 내담자가 현재 진정으로 겪고 있는 적응적 1차 감정을 수인하기를 힘을 다해 선택할 수 있다.

적응적인 감정을 불러일으키기 위해서는 내담자에게 존재하지만 가장 눈에 띄는 감정의 배후에 있는 적응적 1차 감정을 찾아내야 한다. 이는 흡사 폭풍이 휘몰아치는 숲에서 열심히 폭포 소리를 들으려고 하는 것과 같다. 내담자의 말에 주의를 기울여서 그의 경험 내에 존재하지만 덜 지배적인 것을 찾으라. 예를 들어, 고속도로에서 어떤 차가 내 앞을 가로막을 때 내가 느끼는 가장 격렬한 감정은 분노다. 하지만 나는 놀라움도 느끼며, 그렇게 운전하는 사람들에 대한 실망도 느끼고, 두려움도 느끼고, 나도 때때로 그렇게 운전을 하기에 겸손해지기도 한다. 만약 당신이 이런 여러 측면에 대해 수인하는 말을 하면, 그 말은 내 경험의 일부분을 나와 접촉하게 만들고 아마도 내 유연성을 늘릴 것이다. 나는 분노를 느끼고 분노 행동을 하는 것만이 아니고, 당신이 내 주의를 이끈 다른 것들에 대해서도 영향을 받는다.

적응적인 감정을 유발하기 위한 수인을 미끼 상술로 이용하면 안 된다. 다시 말해, 당신이 다른 어떤 것을 수인함으로써 나의 문제 반응을 없애려고 한다면, 그것은 나의 1차 반응이 타당하지 않다고 말하는 것이 된다. 적응적 감정을 찾는 비결은 변증적으로 생각해서, 모든 반응에서 '진실'을 보고, 각 감정 반응에서 타당한 것을 말해 주는 것이다. 이는 그 감정들을 구분하여서 내담자가 자신의 감정에 있는 행동 충동과 정보를 더 명료하게 깨닫도록 돕는다. 예를 들어, 그린버그(Greenberg, 2002)는 "왜 하필 나야?"라고 불평하는 것을 '항의의 목소리'라고 하면서, 이것을 분노와 슬픔이 융합되거나 구분되지 않은 채 섞여 있는 것으로 설명하였다. 슬픔("당신은 당연히 매우 실망했겠네요.")과 분노("정말 힘들고 짜증나는 상황이군요!")을 구분하여 수인하는 것은 그 경험을 변화된 감정 경험으로 체험시키고, 한 감정의 행동 충동이 더 우세해져서 자연스럽게 행동으로 이어지게 하는 자기-재조직으로 해결되게 한다.

적응적인 감정을 일으키기 위해서 치료자는 내담자의 1차 감정이 적응적이고 그 감정이 내담자를 재조직하는 데 유용하다고 믿어야 한다. 치료자는 슬픔이나 절망의 경험에서 내담자를 구해 내고 싶다는 유혹을 이겨 내야만 한다. 1차 감정은 "인식할 필요가 있는 것(문제)을 우리에게 보여 주기 위한 스포트라이트"와 같다 (Greenberg, 2002). 감정이 명료하게 드러날 때, 그 감정의 행동 경향은 자연스럽게 문제 해결 쪽으로 가게 된다.

'감정 처리(emotion processing)'에는 말 그대로 시간이 걸린다. 감자를 찌는 것과 마찬가지로 서두른다고 되는 일이 아니다. 하지만 도움을 받을 수는 있다. 당신은 내담자를 지지하는 것과 지시를 제공하는 것 사이에서 적절히 균형을 맞추려 노력한다. 새로운 감정 문제 해결 전략과 이를 수행하는 방법을 명확하게 제공하면서, 동시에 내담자가 무엇을 경험하고 있는지에 집중하고 확인하라. 초보자에게 가파르고 어려운 바위산 등반을 가르치는 것처럼 과정에 대한 지침을 많이 제공하라. 당신에게는 손을 뻗을 다음 지점이 보이지만 내담자는 보지 못한다. 당신은 내담자에게 잡을 지점이 어딘지 알려 주고, 그곳으로 뻗어 가기 위해 어떻게 체중을 왼쪽 다리로 옮겨야 하는지 가르친다. 당신은 그녀가 불가능한 지점을 피해서 어떤 경로를 택해야 하는지 볼 수 있다. 그녀에게 앞으로 잡아야 할 지점이 세 개 더 있다는 것을 지금은 말해 줄 필요가 없다. 당신은 그녀가 지금 필요로 하는 지시만 제공한다.

게다가 만약 등산가가 공포에 빠지면, 당신은 어쨌든 그 감정 조절이 어려운 상태를 뚫고 그녀의 관심에 도달해야 한다. 때로 내담자는 자신을 소외시키는 무서운 2차 감정의 취약성에 사로잡혀서, 당신이 그 자리에 있음에도 불구하고 당신의 따뜻함과 도움에 접촉 자체를 하지 못한다. 이전 사례에서 치료자가 미아와 했던 것처럼, 당신은 내담자가 당신의 따뜻함과 연결됨을 실제로 느낄 수 있게 확실히 함으로써 협력과 새로운 학습을 할 수 있도록 충분한 적응적인 감정을 불러일으켜야 한다.

그러므로 당신이 수인을 이용하여 내담자의 적응적인 감정을 불러일으키려고 할 때, 당신은 때로 적극적으로 행동해서 그 감정을 조절하고 변용시키면서 내담자에게 필요했지만 그동안 결핍되었던 내담자의 그런 반응을 강화시켜야 한다. 당신이 내담자가 지금까지 회피했던 힘든 감정을 수인하면, 이는 감정 경험과 표현의 접촉과 수용을 늘리는 것이다. 이는 정확하게 한 상태에서 다른 상태로의 전환이며 분리된 상태를 함께하도록 하는 것인데, 이것이 부적응적인 감정들을 변형시키기 위한 핵심이다(Greenberg, 2002). 효과적으로 감정을 변화시키는 능력과 감정 경험을 수용하는 능력, 모두를 강화시키는 것이 DBT다.

다음의 임상 사례를 통하여 이러한 수인 전략들을 자세히 살펴보겠다. 당신은 1차 감정인 슬픔을 조절하려는 내담자의 시도가 어떻게 자기 비수인 같은 문제 행동을 야기하는지 볼 수 있을 것이다. 당신은 수인의 여러 수준, 수인의 다양한 대상, 그리고 비공식적 노출로 수인을 이용하기와 적응적인 감정을 불러일으키기 위해서 수인을 이용하기도 볼 수 있을 것이다.

■ 임상 사례: 라라

라라: 나는 상처받았고, 화가 나고, 널 때문에 울고 싶지는 않아요, 아시겠어요? 난 한심해 보일 것이고, 기분이 더 나빠질 거예요. 그래서 나는 울고 싶지 않아요(슬픔을 회피한다).

치료자: 울면 기분이 더 나빠지나요? (슬픔을 회피하는 것이 어떤 의미가 있는 것인지 평가한다.)

라라: 아니요, 난 그저 침착하기를 원할 뿐이에요. 나는 모든 것에 대해 자제력을 잃고 싶지는 않아요.

치료자: 당신이 울면, 자제력을 잃게 되나요? (슬픔을 표현하는 것이 자제력을 잃는 것이라는 내담자의 관점에 부드럽게 도전한다. 치료자는 부적응적 반응으로 판단되는 것을 부드럽게 비수인한다.)

라라: 울면 한심해 보이겠죠. 이제 출근해야 하는데, 바로 지금도 한심해 보이잖아요. 나는 그저 일상을 유지하고 싶어요(내담자는 치료자의 도전에 대해 슬픔 회피가 필요하다는 자신의 주장을 더 강하게 하는 것으로 대응한다).

치료자: 당신은 지금 자신이 한심해 보인다고 생각하나요? (슬픔을 표현하는 것은 문제고 이를 회피해야 한다는 내담자의 관점에 다시 도전한다.)

라라: 네, 한심해 보여요. 난 피곤한데 잠도 못 자요. 1시, 2시에도 잠이 안 와요. 아침 7시에는 일어나야 하는데, 아시겠어요? 그리고 널의 물건들도 돌려줘야 한다고요.

치료자: 출근하기 전에 그런 일들을 꼭 해야 하나요? (이런 것이 내담자에게 효과적이지 않을 것임을 암시한다.)

라라: 네, 할 거예요(화가 나서 목소리가 올라간다. 그녀는 비수인을 느끼고, 실제로 비수인되었다).

치료자: 라라(라라의 관심을 끌어서 그녀의 감정 격화를 막으려고 시도한다).

라라: 난 그렇게 할 거라고요.

치료자: 라라. 그렇게 하는 것도 좋아요(명료한 수인). (부드럽게) 나는 당신이 오늘을 잘 보낼 수 있게 돕고 싶어요. 당신이 원한다면, 나는 그 도움을 줄 수 있어요(돕겠다는 제안을 내담

자가 정말로 선택할 수 있다는 목소리로 제안한다. 강요하지 않는 말투로). 그리고 내가 돕고 싶은 또 하나는 당신이 중요한 감정을 너무 서둘러 차단하는 점이에요. 왜냐하면 서둘러 차단하면 그 감정은 계속 되돌아오거든요(오리엔테이션을 하고 슬픔이라는 적응적 감정을 불러일으킨다).

라라: (울면서) 오늘 화장도 이상하게 되었는데, 울어서 화장이 더 번지고 얼굴 전체가 엉망이 되겠네요. 왜 지금 이런 감정을, 왜 내가 울어야 하는 건가요? (자기-비수인, 약간의 회피로 전환한다.)

치료자: 내 생각에 지금 당신이 울고 싶은 이유는 많아요. 지금 벌어지고 있는 일들을 보면 울고 싶은 것이 지극히 정상적인 반응 같아요. 라라(보통은 회피하던 슬픔이라는 단서와 접촉을 유지시키는 수준 5의 수인). 당신에게는 요즘 많은 슬픔과 많은 고통이 있었어요. 많은 상처도요. 왜냐하면 당신은 그를 정말 신경쓰니까요(슬픔을 수인함으로써 슬픔의 경험을 다시 촉진시킨다).

라라: 내가 만약에 그놈에게 신경을 쓰고 있다면, 그건 너무 최악인데요(자신에 대한 분노의 2차 반응인 자기-비수인이 슬픔에 대한 부적응적인 자기-조절로 기능하고 있다).

치료자: 좋아요. 기다려 봐요. 잠시 나와 함께 멈추고, 알았죠? 잠시 머물러 봐요(회피를 차단한다). 지금 벌어지는 일은 당신이 바로 지금 경험하고 있는 것이죠. 진짜 압도될 것 같은 그 느낌들, 그 슬픔, "나는 이러고 싶지 않아. 나는 자제력을 잃고 싶지 않아."라는 그 느낌이요. 그래서 당신의 뇌는 번쩍하면서 분노로 가요. 그리고 당신은 분노를 통해 약간 자제가 되고 약간 덜 압도되는 느낌을 가져요(현재 생각과 감정의 효과를 수인한다). 자, 그러니까 한 가지 방법은 나와 함께 잠시 그 슬픔에 그냥 머물러 보는 거예요. 그 다음에 이번 시간에 내가 당신을 도와서, 당신이 감정들을 치워 놓고 밖에 나가서 당신이 해야 하는 일을 하고, 그 사람 물건도 돌려주고, 이런 것들을 잘 했다는 성취감을 느끼는 거죠(오리엔테이션을 한다).

라라: 피곤하고 이런 문제들이 있는데, 어떻게 기분 좋게 출근을 하라는 건가요?

치료자: 글쎄요. 기분이 좋지는 않겠죠, 하지만…….

라라: 나는 직장에서 해고당할 거예요(이 내담자에게는 절망감도 자주 느끼는 2차 반응이고 회피의 기능을 하고 있다).

치료자: 지금 바로 그건 절망이라는 생각이네요(그 생각으로부터 거리를 두고 회피를 막기 위하여 이름을 붙인다).

라라: 그런가요. 내가 일을 잘하지 못하니까 그렇겠죠. 일요일에 직장에서도 제대로 일을 못했

어요.

치료자: 그랬군요. 무슨 일이 있었나요? (내담자가 직장에서 심각한 어려움을 겪고 있으므로, 치료자는 현재 내담자에게 위기가 시작되고 있는지와 이번 회기의 치료 우선순위를 바꿀 필요가 있는지를 평가할 두 번째 치료 과제를 가진다.)

라라: 나는 그냥 굉장히 불안정하다고 느껴요. 나는 상처받았고, 그래서 그냥 내 뇌가 작동을 잘 안하는 것 같아요.

치료자: 그렇군요. 지금 세 가지 문제가 있네요. 불안정한 기분을 느끼고, 뇌가 제대로 작동하지 않고, 직장 일도 잘 못하고요.

라라: 이전에는 안 그랬는데, 자신감을 전혀 못 느꼈어요. 난 이제 자신감이 전혀 없어요.

치료자: 좋아요. 그런데, 당신이 직장에서 일을 실제로 못한다는 근거가 있나요? 아니면 그저 당신의 느낌일까요?

라라: 내 동료가 아주 진상이었죠. 아니요, 사장님은 나를 좋아하긴 했는데, 그런데 내가 제대로 못해요!

치료자: 그렇군요. (직장에 위기가 시작되고 있지는 않다고 판단하고, 슬픔을 회피 없이 경험하고 표현하는 치료 과제로 다시 돌아가기로 한다.) 그게 내가 당신에게 도움을 주고 싶은 부분이에요. 왜냐하면 내 생각에 당신이 슬픔에 머물러 조금만 시간을 보내면, 그것이 슬픔을 조절하는 데 도움이 되고, 당신은 압도되는 감정을 느끼지 않아도 되거든요(감정 조절을 촉진하기 위한 비공식적 노출 과제로 다시 오리엔테이션을 한다). 지금 벌어지는 상황을 보세요. 당신은 슬픔이 조금만 가까이 오면 거기서 도망쳐 버려요. 그러면 슬픔을 극복할 기회가 전혀 없는 거죠.

라라: 나 지금 울고 있죠?

치료자: 울고 있네요. (부드럽게) 당신은 상처를 많이 받았으니까요.

라라: 맞아요.

치료자: 그래요. 상처에 대해 더 말해 주세요(1수준 수인이 비공식적인 노출을 확장하는 단서를 제시하는 기능을 한다).

라라: 음, 그 남자는 진짜 아팠고 그와 함께할 수 없다는 것을 깨달은 것이 너무 상처였어요. 그와 더 이상 함께하지 못한다는 것이요.

치료자: 그와 더 이상 함께하지 못한다는 것을 생각하면 당신은 어떤 감정을 느끼나요? (슬픔에 집중하도록 부드럽게 밀어붙인다.)

라라: 슬퍼요. 하지만 동시에 안심이 되기도 해요.

치료자: 그런가요? 두 가지를 모두 느끼나요?

라라: 네.

치료자: 그와 더 이상 함께하지 못한다는 것을 생각하면 또 어떤 것들이 떠오르나요? (슬픔에 집
중하도록 지속적으로 부드럽게 밀어붙인다.)

라라: 외로움이요.

치료자: 그렇군요.

라라: 나는 여자로서 가치가 없어요.

치료자: 그렇군요.

라라: 당신도 알고 있나요?

치료자: 음, 잠시 그것에 머물러 봅시다(외로움이 중요한 1차 감정임을 감지하고, 아마도 적응적
인 감정일 것이라 판단하여, 주의를 여기에 집중시킨다).

라라: 그건 사실이 아니죠. 나도 알아요. 나는 내가 그 사람보다는 잘 지낼 것이라는 걸 알아요.

치료자: 음, 그러니까 이것이 그런 감정을 조절하기 위해 당신이 시도하는 것이네요. 자신에게 잘
지낼 것이라는 걸 안다고 말하는 거요(인지적 반증이 2차 반응임을 강조한다). 그리고 당
신은 당신이 말한 것들이 사실이 아닌 것도 알고요. 좋아요.

라라: 나는 나 자신에게 분노를 돌리지 않으려고 많이 노력하는 거예요. 나처럼 나쁜 남자들과 지
내는 여자들은 자주 그렇게 되거든요.

치료자: 자, 이제 그 외로움에 머물러 봐요. 맞아요. 이제 아무도 없이, 정말 혼자니까요(외로움의
단서를 다시 제시한다).

라라: 난 친구들이 있는데요(회피한다).

치료자: 그래요. 근데 우리는 지금 남자들에 대해 이야기하고 있어요(외로움의 단서를 다시 제시
한다).

라라: 이제까지 데이트 신청도 여러 번 받았었고요. 그 다음 날에도 받았었다고요(회피한다).

치료자: 좋아요. 그런데.

라라: 그건 문제가 아니에요, 난 다만 지금은 누구와도 데이트하고 싶지 않은 거예요.

치료자: 좋아요. 내가 지금 하려는 것은요(회피를 막고, 지금은 라라와의 협력을 강화하고 패턴에
대한 통찰을 늘리기 위해서 오리엔테이션을 시도한다).

라라: 그런데, 당신은 자꾸 그것을 다르게 보려고 하네요.

치료자: 맞아요. 당신은 외로움을 생각하는 것이 너무 무서워서 "그렇지만 난 데이트가 있어."라
고 말하게 되는 것 같아요. 아마 당신이 혼자일 것이라는 사실에 그저 머무르는 것은 어

려워요. 아마 당신은 외로울 거예요.

라라: 맞아요. 하지만 영원히 그러진 않겠죠.

치료자: 아마 그렇겠죠. 그런데 내가 지금 하는 말을 잘 이해하고 있나요? 내가 말하려는 것은……

라라: 내가 외롭다는 사실을 받아들이게 하려는 거죠.

치료자: 그리고 그 이유는, 내 생각에 그것은 당신에게 매우 무서운 일이니까요.

라라: 맞아요.

치료자: 그리고 그것은 당신에게 이 모든 생각과 행동들을 나오게 해요. 닐에게 전화하는 것 같은, 공포란 것에 대해 말하자면, 그 공포를 극복하기 위해서는 우리가 두려워하는 그것을 직면할 필요가 있다는 것이에요. 때로는 그 공포가 지속되지 않을 거라고, 이제 변할 거라고, 스스로에게 말하는 것이 진짜 좋기도 해요. 하지만 지금은 당신이 그러지 않기를 바라요. 나는 당신이 그냥 혼자임을 느끼고 외로움을 경험하고 그것과 함께 벌어지는 일들을 체험하기를 바라요. 당신이 그것을 체험할 수 있고 그리고 도망치지 않고 나아갈 수 있다는 것을 알기 위해서요.

라라: 좋아요.

치료자: 좋아요. 이제 닐은 당신 인생에서 사라졌어요(다시 외로움의 단서를 제시하고 체험을 격려한다).

라라: 네.

치료자: 이제는 아무도 없어요. 당신에게 연락을 하는 사람은 있어도, 당신을 진짜 이해하는 사람, 정말로 아끼는 사람은 아무도 없어요. 그리고 아마도……

라라: 글쎄요. 마리오가 있어요.

치료자: 네, 그런데 그는 결혼했잖아요.

라라: 맞아요. 그는 그냥 친구죠.

치료자: 네, 그냥 친구. 그러니까 그건 다르죠(또다시 치료자는 외로움을 핵심 감정으로 보고, 외로움과 연관된 단서를 제시해서 그 감정들을 더 잘 구분할 수 있도록 돕는다).

라라: 내가 그렇게 느끼긴 하지만, 사실은 그렇지가……

치료자: 그럼, 당신이 외로움에 대해 생각할 때 떠오르는 것은 주로 무엇에 대한 것일까……

라라: 나의 가치요.

치료자: 그럼, 그것과 연관된 느낌은 어떤 건가요?

라라: 실패한 인간관계요.

치료자: "실패한 인간관계.", "나는 할 수 없어." 뭘 할 수 없는 거죠? (가장 고통스럽고 회피하는 것에 대해 더 평가하려는 시도를 한다.)

라라: 글쎄요, 나는 그 생각들을 하면 안 돼요(자기-비수인을 한다).

치료자: 하지만, 잠시 멈춰 봐요. 당신은 바로 지금 그 생각들을 해야만 해요. 그래요. 왜냐하면, 그 생각들이 당신의 머릿속에 떠올랐으니까요(수준 5의 수인을 함). 그런데, 이런 식으로 노력하는 것, 이것이 당신이 보통 하는 건가요? "나는 그 생각들을 하면 안 돼."라고 말하는 거요(이런 2차 반응들이 회피로 기능하는 방식을 강조해서 보여 주기 시작한다).

라라: 음, 만일 내가 절망적인 생각들을 하면, 나는 절망을 점점 더 느끼게 되니까.

치료자: 맞아요.

라라: 나는 그런 생각을 하고 싶지 않아요. 그건 나를 망가트릴 거예요(절망을 피하기를 원한다. 절망은 내담자에게 1차 부적응적 감정이며, 매우 고통스럽고 자해와 자살 행동과 연관이 있다. 다시 말해, "너의 내담자를 알라.").

치료자: 맞아요. 내 생각에 지금 우리가 하고 있는 것이 도움이 될 거예요.

라라: 왜요?

치료자: 우리는 그 생각을 할 때 나타나는 느낌들에 당신을 노출시키고 있기 때문이죠. 당신이 "나는 그런 식으로 생각해서는 안 돼."와 같이 말하기 때문에 그 감정들이 계속 당신에게 돌아오는 거예요. 하지만 문제는 당신은 바로 그런 식으로 생각을 하고 있다는 거죠. 그래서 해결책은 "나는 그런 식으로 생각해서는 안 돼."라고 말하지 않는 것이에요. 내 말은, 당신은 절망적인 생각을 하면서 살아가는 것을 원하지 않죠. 하지만 당신은 관계 상실의 결과로 이런 감정들을 가지게 되는 거예요. 그냥 생각 때문에 그런 것이 아니죠. 그리고 그 결과 다음에 당신은 그 감정에 대처하기 위해서 그 생각들을 하는 거죠(수준 5의 수인으로 오리엔테이션을 한다).

라라: "나는 이런 식으로 느껴서는 안 돼" 같은 것.

치료자: 맞아요.

라라: 나는 상실의 감정을 느껴서는 안 돼.

치료자: 맞아요. 그래서 나는 당신이 자신에게 진짜 중요한 생각 하나에 머물러 보기를 원해요. 그것은 "나는 아무런 가치도 없어." 같아요. 그 생각에서 떠오르는 느낌은 무엇인가요? (감정적 경험에 부드럽게 집중하는 것으로 다시 돌아온다.)

라라: 수치심이요.

치료자: 수치심. 지금 우리가 말하고 있을 때, 당신은 그 감정을 느끼나요?

라라: 네, 수치심과 죄책감이 느껴져요.

치료자: 좋아요. 당신의 감정들에 집중을 해 봅시다. 우리는 닐이 당신에게 그런 감정들을 많이 유발한다는 것을 알아요. 우리는 그게 당연하다는 것을 알아요.

라라: 나는 수치스러운 느낌에 익숙하고, 그럴 때면 나 자신을 질책하고, 자신을 비난해요. 내가 그에게 전화했던 날처럼요. 전화를 끊고 나서 나는 전화한 것이 나에 대한 신뢰를 완전히 망쳐 버렸다고 생각해요. 내가 그렇게 엉망이니까, 그래서 그에게 전화를 한 거겠죠. 말도 안 돼. 나는 모든 것을 과장하고 있어요.

치료자: 좋아요, 기다려 봐요. 그것이 지금 일어나고 있는 일인가요? 바로 지금 말이예요. 당신은 외로움을 느꼈고 그에게 전화를 했고, 그 다음 당신 자신을 비난하죠. 지금 그때로 돌아간다면 당신은 어떻게 다르게 행동할 수 있을까요? 여기서 시작할까요. 나는 닐에게 전화를 하지 말았어야 해.

라라: 나는 이렇게 말할 것 같아요. "그래, 나는 닐에게 전화를 했어. 이게 세상이 끝장난 것은 아니야. 나는 그냥 실수한 거야." 합리적 정서치료 책에서 이런 걸 읽었어요.

치료자: 아, 당신은 그것을 좀 연습했던 것 같네요. 내가 당신을 어떤 감정에 머물게 하려고 할 때마다 당신은 그 감정을 바꾸려는 생각으로 돌아가는 것 같아요. 그것이 아마 당신이 가진 기술인 것 같아요. 그런데 조심해야 할 것이 있는데, 그 기술을 현명하게 사용해야 하거든요. 당신의 감정을 매번 너무 빨리 잘라 버리려고 하지는 마세요. 예를 들어, 당신이 출근해야 할 때처럼 감정을 빨리 잘라야 하는 상황이 아니라면, 조금 머무르세요. 당신이 감정을 비수인하지 않아도 되는 방법을 찾아볼까요? 당신이 아까 말했던 것, "그래, 나는 닐에게 전화를 했어. 나는 그냥 실수한 거야." 이렇게 말하지 않고 다른…….

라라: 나는 그것에 대해 화낼 필요가 없어(자기-비수인).

치료자: 하지만 당신은 화가 실제로 나죠. 봐요. 그것이 바로 당신이 생각을 바꾸는 것에 정말 조심해야 하는 이유예요. 당신은 그 과정에서 당신의 느낌을 비수인하기를 원하지는 않을 거예요. 그래서, 아마도 대신에 우리는 이렇게 시도해 볼 수 있어요(치료 시간이 얼마나 남았나 점검하고, 오늘 치료 시간에 내담자의 감정 경험과 표현이 매우 높았다는 것을 알고, 이제 오늘 치료 시간을 차분하게 정리하기 위하여 내담자의 적극적인 감정 조절을 도우려고 한다). 당신이 화가 나면, 죄책감도 들죠? 그렇죠? 당신은 바로 그 감정도 비수인하려고 하면 안 돼요. 당신은 이렇게 말하면서 자기를 조금 진정시킬 수 있어요. "좋아, 나는 죄책감을 느껴. 나는 아주 많은 감정을 느껴. 그건 괜찮아. 이것은 완전히 정상적인 거야. 힘들지만 정상이야. 나는 이것을 견디며 나아갈 수 있어. 내 느낌을 느끼고, 나 자

신을 잘 보살피면서." 자 이제, 오늘은 당신의 감정들을 어떻게 관찰하고 서술하였는지 살펴보도록 합시다. 좋아요, 그런 다음, 자기 위안과 자기 수인을 하고요. 그리고 감정을 밀어내거나 도망치지 않고 오늘을 겪어 나가는 방법에 대하여 계획을 세워 봅시다. 괜찮아요? (자기-비수인을 대체할 수 있는 그리고 감정 강도를 누그러트리면서 감정 경험을 촉진하는 기술들을 제공한다.)

　　이 사례에서 치료자는 내담자의 감정 조절 능력을 강화시키기 위하여 수인 전략들을 사용한다. 대화는 내담자의 상처와 분노를 다루며 시작된다. 수인을 비공식적 노출로 사용하여, 치료자는 내담자의 1차 감정인 첫 번째 슬픔을 경험하고 표현하도록 돕고, 다음에 외로움에 대해서 돕고, 내담자가 압도적 감정을 조절하기 위해 습관적으로 사용하는 자기-비수인을 차단한다. 이 대화에는 (제3장에서 설명한) 미세-오리엔테이션과 같은 변화 전략도 스며들어 있다. 치료자는 또한 우선순위가 가장 높은 치료 표적(직장에서의 어려움)을 다룰 필요가 있는지 평가하려고 잠시 방향을 바꾸기도 했지만, 힘든 감정을 수용하는 연결 고리를 다루고 이를 치료 시간에 연습하는 것이 내담자의 습관적인 고통 감정 회피에서 비롯되는 위기를 물리치는 최선의 방법이라고 결정하였다.

　　일반적으로, 내담자가 감정 조절이 되지 않는 상태에 있을 때, 나는 문제의 중요성, 과제의 어려움, 감정적 고통, 조절을 못하는 느낌, 내담자의 최종 목표에 담겨 있는 지혜, 특히 내담자의 위치에서 보는 관점을 수인한다. 타당한 것을 찾아야 함을 기억하라. "너의 내담자를 알라." 타당한 것을 수인하고 타당하지 않은 것을 비수인하라. 그리고 리네한의 수인 수준에 따라 가능한 한 가장 높은 수준의 수인을 하라.

　　비수인에 특별히 예민한 사람에게 정확하게 수인하는 것은 매우 어렵기 때문에, 이는 DBT 치료자로서 길러야 하는 가장 핵심적인 능력 중 하나다. DBT에서 당신은 수용 지향인 수인 전략들과 변화 지향 전략들의 균형을 적절히 맞추어서, 내담자의 실제 취약한 부분을 채워 주고, 자애롭게 필요한 변화를 요구한다. 마음속에 상반되어 보이는 요소들을 동시에 함께 품는 태도를 개발하는 것이 다음 장의 주제인 변증이다. 변증은 내담자들이 겪는 강한 고통을 치료자가 견디는 데 필요한 확고한 중심

잡기 능력을 배양시켜 주고, 우리는 고통을 줄이기 위한 변화를 통해 내담자를 도우려 하지만, 때로는 의도치 않게 또는 어쩔 수 없이 그 고통을 더해 준다는 사실을 견디고 감내하도록 도와준다.

제5장

변증적 태도와 전략

수용과 변화의 균형 맞추기

어떤 사람이 최고의 지성을 가졌는지를 시험하려면, 반대의 두 가지 생각을 동시에 품고
있으면서도 여전히 잘 기능하는지를 보면 된다. 예를 들면, 어떤 일이 희망 없다는 사실을
알면서도 그것을 다르게 바꿔 보겠다는 결정을 할 수 있어야 한다.

－피츠제럴드,『무너져 내리다』(1936)

　내담자가 복잡하고 삶을 위협하는 문제로 강렬한 감정에 사로잡힐 때, 우리는 극
단적인 상황에서도 명료한 생각을 하면서 작업해야 한다. 그러나 복잡하고 모호한
상황에 직면해 위험 부담이 커지면 우리는 익숙한 옛날 패턴으로 돌아가 심리적으
로 경직된다. 내담자와 치료자는 양극단에 서게 되고 팽팽한 힘겨루기에 들어간다.
　변증행동치료(Dialectical Behavior Therapy: DBT)의 변증적 태도와 전략은 심리적
유연성과 균형을 회복하고 유지하는 실용적 방법을 제공해서 치료의 진전을 가능
케 한다. DBT가 자유, 균형, 숙련된 기술을 강조하는 것은 리네한의 선(Zen) 연구
에서 비롯된 것인데, 실제로 변증행동치료는 이전에 선 행동치료라고도 불렸었다
(Linehan과의 개인적 대화, 1990). 세 가지 DBT 핵심 전략 중 마지막 전략인 이 변증
적 태도와 전략은 과도한 단순화를 지양하고, 어설프거나 위태로운 타협이 아닌
진정으로 실천 가능한 문제 해결과 수인, 이성과 감정, 수용과 변화의 결합을 찾는
것이다.
　치료자는 두 가지 방법으로 '변증적이 되거나' '변증적으로 행동한다'. 첫째, 내담
자와 그 순간을 완전히 수용하는 입장과 변화를 향해 시급히 나아가는 입장이 동시
에 가능하다는 세계관을 취하여 변증적이 된다. 치료자는 양극화를 자연스러운 것
으로 보고, 각 요소에 있는 타당한 것을 찾고 이들을 아우르는 전체를 찾음으로써
작동하는 진실에 닿을 수 있음을 안다. 치료가 교착 상태에 빠질 때마다 치료자는
모호함과 대립을 이해하고 이에 대응하기 위해 이런 변증적 태도를 드나든다. 둘째,
치료자는 구체적인 전략들을 변증적으로 사용한다. 제3장과 제4장에서 다룬 변화
와 수인 전략과 함께 스타일별 사례 관리, 그리고 이 장 후반에 나오는 특정 변증 전

략들을 변증적으로 사용한다. 태도와 전략 모두에서 반복하고 반복하며 변증으로 돌아가는 것이 당신의 마음을 민첩하고 유연하게 유지해 줄 수 있다.

변증적 태도

변증적 태도를 취하는 것은 신체적으로 말하면 몸의 중심 자세를 잡는 것과 비슷하다. 몸의 자세가 우리가 할 수 있는 동작을 결정한다. 몸을 구부리고 다리를 넓게 벌려 단단한 자세를 하면, 빙글 도는 동작은 할 수가 없다. 한쪽 발 앞쪽에 온 체중을 실은 채로는, 힘 있게 미는 동작은 할 수 없고 팔을 뻗는 동작만 가능하다. 그러나 중심 잡은 자세를 취하면 유연하게 움직이거나 팔을 뻗거나 힘 있게 밀거나 빙글 돌 수도 있다. 우리의 마음이 경직되거나 혹은 갈등 속에서 눈치 보는 방식에 반하여, 변증적 태도는 심리적 유연성의 중심을 잡는 몇 가지 전제를 채택한다. 이는 당신이 그 순간에 맞게 자유롭게 움직이도록 해 준다.

다음 세 가지 전제가 DBT의 변증적 태도를 규정한다. ① 현실은 전체적이고 상호 연관이 있다. ② 현실은 복잡하고 양극성(polarity)을 가진다. ③ 변화는 끊임없이 지속되고 상호 교류적이다. 이 전제들을 받아들이면 당신은 모호함, 모순, 갈등을 만났을 때 유연하게 움직일 수 있다.

현실은 전체적이고 상호연관이 있다

첫째, 변증적 관점은 현실이 본래 총체적이고 연결되어 있고 관계 안에 존재한다고 본다. 우리는 마치 부분이 전체와 분리되어 독립된 것처럼 말하지만, 이는 단지 말하는 방식일 뿐임을 알고 있다. 우리는 어떤 것이 전체와 연결된 관계가 있기 때문에 그것을 요소나 부분이라고 말할 수 있다. 농구 경기를 간단한 예로 들어 보자. 우리는 어떤 선수의 행동이 독립된 것처럼 말하지만 그 개인의 행동은 전체에 의해 결정된다. 팀이 맨투맨 방어를 할 때 수비수는 슛을 막기 위해 상대방을 바짝 추격

한다. 연결은 분명히 보인다. A 선수의 변화는 B 선수의 변화로 이어진다. 공이 움직이면 선수들도 움직인다. 각 선수의 동작은 상대 선수의 동작과 직접 연결된다. 때로 지역 방어에서처럼 부분과 전체의 연결이 분명하게 보이지 않을 때도 있는데, 이때는 한 선수의 포지션 변경이 어떤 변화를 유발하긴 하지만 맨투맨 방어에서만큼은 변화가 크지 않다.

마찬가지로, 치료에도 이 총체적 상호의존성 전제를 적용하면 우리는 치료자와 내담자가 분리되고 독립된 개체인 듯 말하지만, 깊이 들여다보면 그들은 서로 연결되어 있으며 더 큰 전체의 일부임을 알 수 있다. 이런 관점에서 보면, 분리성과 단순한 선형적 인과관계는 덜 중요하고 심지어 착각으로 간주되기도 한다. 선 가르침의 예시가 이를 잘 보여 준다. 선 마스터가 종이 한 장을 들고 "이게 무엇인가요?"라고 묻는다면 우리는 "종이"라고 답할 것이다. 목재 펄프와 화학 물질이 종이를 만드는 데 사용된다. 펄프를 만드는 나무는 수년 간의 햇빛과 비가 길렀다. 머나먼 별에서 온 빛 입자와 먼 바다에서 온 물 분자들, 나무를 베고 펄프를 쳐서 종이를 만들고 포장해서 가게로 가져온 노동자들도 있다. 노동자들이 이렇게 일할 수 있도록 그들이 먹을 식량을 재배하고 음식을 준비한 사람들, 그 기계를 설계하고 발명한 사람들을 포함한 이 모든 관계, 우리는 한 장의 종이가 문자 그대로 전 우주를 포함하고 있음을 안다. 그 순간에 '종이'라 불린 특정한 공간과 시간에 수많은 인과 과정이 함께 모이는 순간, 그 종이 한 장은 완전히 '종이가 아닌 요소들'이라고도 말할 수 있다. 우리가 '치료자' 또는 '내담자'로 부르는 그 특정 시공간도 마찬가지라 할 수 있다.

우리는 이런 상호의존성을 이해하고 있지만, 모호함과 갈등을 맞닥뜨리면 이를 잊어버리는 것 같다. 내담자가 우리가 싫어하는 행동을 할 때(예: 공격적인 전화 메시지를 남기기, 무리한 요구하기), 우리의 첫 조건 반응은 시야가 좁아지면서 '타인이 나에게 나쁜 짓을 한다.'라는 경직된 생각에 빠지는 것인데, 우리는 이런 반응을 잘 교정하고 피해야 한다. 우리는 내담자의 행동이 종이의 사례처럼 수많은 인과적 가닥이 함께 모인 결과라는 사실을 놓친다. 이 순간에 벌어진 일들이 실제로 일어나기 위해선 수많은 상황과 환경이 모두 함께 원인으로 작용한 것이다. 짜증 내는 우리 자신의 반응, '문제 있다' 또는 '부적절하다'고 우리에게 붙은 평가도 수많은 조건이 함께 만든 결과다. 예를 들어, 어떤 전문가 훈련 과정에서는 내담자가 평소에 하는 행동을 우리에게 하면 직접 작업할 수 있게 되어서 (짜증이 아닌) 기뻐할 수도 있는 것이다.

현실이 전체적이고 연관되며 연결 속에 있다는 이 전제는, 모든 것에 원인이 있고 깊은 의미에서 그렇지 않을 수가 없다는 견해로 이어진다. 인과의 네트워크가 보이지 않아도 내담자와 치료자의 반응에는 모두 원인이 있다. 변증적 관점에서는 평가와 개입에 내담자 개인뿐 아니라 그를 둘러싼 관계, 그의 공동체, 치료자, 치료자의 공동체도 고려한다는 뜻이다. 예를 들면, 서양에서는 환자 안에서 병리를 찾는 경향이 있다. 변증적 관점에서는 그 대신 전체 시스템에서 찾으려고 한다. 예를 들어 어떤 내담자가 극도로 민감한 이유 중 적어도 일부는 내담자가 인종차별로 심한 비수인을 경험했기 때문이다. 식료품점에 가는 것도 그에게는 비수인 펀치를 한 방 맞는 경험이 되었는데, 그의 어두운 피부색과 큰 덩치로 인해 사람들이 무의식적으로 물러서고 점원도 흠칫 놀라고 움츠러들기 때문이었다. 변증적 철학을 지닌 치료자와 치료 팀은 그 사람을 맥락 안에서 보려고 노력하며, 특히 교착 상태에 빠졌을 때에는 더 큰 인과 관계 네트워크를 탐색하여 사례 개념화에 빠진 것이 무엇인지 찾으려 노력한다(변증적 평가).

현실은 복잡하고 양극성을 가진다

둘째, 변증적 관점은 현실이 복잡하고 대립적이며 양극성을 가진다고 본다. 우리는 우리의 삶과 치료 작업에서도 이를 직관적으로 알 수 있다. 15세쯤 되어 보이는 12세 가출 소년이 경찰에 의해 정신병원에 입원한 경우를 생각해 보자. 자료를 보니 이 소년은 어렸을 때 끔찍한 신체 학대를 겪었고 가벼운 발달장애가 있었다고 한다. 당신이 그를 면담해 보니 심한 흥분성을 보이는 조증 증상이 있는 것으로 보였다. 약물 검사에서는 여러 약물이 검출된다. 이 소년은 경과 관찰을 위해 입원되었다. 이 시점에서 여러분은 "흠, 이 문제도 있고 저 문제도 있고, 또 저것도 문제네.

와, 꽤나 복잡해."라고 생각한다. 그런데 이 소년은 병동에서 작은 체구의 어여쁜 사회복지사를 성희롱하고 신체적인 위협을 하였으며, 이로 인해 병동 직원들의 감정이 격해졌다. 어떤 직원이 프로그램 규칙에 대해 유연한 입장을 취하자, 바로 다른 사람은 왜 이 경우에만 그러냐며 규칙에 예외가 있어서는 안 된다고 주장한다. 어떤 사람은 그를 당연히 퇴원시켜야 한다고 생각하고, 다른 팀원은 그건 좋은 생각이 아니라고 반응한다. 우리는 복잡한 일에 대립적이거나 양극화된 방식으로 반응하곤 한다. '찬성'의 존재는 '반대'를 부르고, '전부'는 '전무'를 낳는다. 어쩌면 이것이 현실의 본질이거나, 어쩌면 인간의 지각이나 언어의 본질일 수도 있다. 이유야 어떻든, 우리는 대립 요소들이 서로 팽팽한 긴장을 이루는 과정에 빠지기 쉽다. 사람들 사이의 갈등에 적용해 보아도 두 입장 모두가 진실이거나 진실의 요소를 지닐 때가 많다(예: 퇴원을 해야 하는 이유와 퇴원을 보류해야 하는 이유가 모두 타당할 때). 종합하면 이 첫째와 둘째 변증적 전제가 뜻하는 것은 누구도 내담자에 대한 '전체' 관점을 가지지는 못한다는 것이다. 직원들은 코끼리의 일부분을 만지면서 자신이 만지는 부분이 전체와 똑같다고 확신하는 장님과 같다. "코끼리는 크고 푹신해.", "아니야, 아니야. 길고 둥글고 가늘어.", "아니야, 아니야, 벽처럼 단단해." 각자가 다른 관점을 가지고 있다. 모두가 진실이고 모두가 부분이다.

이런 관점으로 보면 똑똑하고 합리적인 사람들은 서로 의견이 다르기 마련이다. 문제가 복잡할 때 양극화되는 다른 견해를 피할 수는 없어 보인다. 잘못된 것은 없다. 내담자가 팀을 병적으로 분열시키고 있는 것이 아니다. 치료자는 순진하거나 자기애적인 것인 아니다. 이것은 단순히 현상의 본질일 뿐이다. 치료 팀의 어느 누구도 진실의 열쇠를 갖고 있지 않다. 어떤 이해도 부분적이며 중요한 것을 빼먹고 있을 것이다. 따라서 DBT는 통합으로 이어지는 대화에 더 중점을 둔다. 어떻게 내가 가진 조각을 당신의 조각과 맞추어 더 완전하고 일관되고 작동하는 전체를 만들 수 있을까? 우리는 하나의 결론을 내리려고 애쓰기보다는 갈리거나 대립된 입장 각각에서 타당한 것을 함께 찾는다. 변증법의 한쪽을 탈락시키거나 한쪽 입장만(내 입장만!)을 내세워 인위적으로 갈등을 해결하기보다는 부당한 요구를 들어주거나 항복하거나 지배하지 않으면서도 내담자와 연결된 상태를 유지하려 노력한다.

변화는 끊임없이 지속되고 상호교류적이다

셋째, 변증적 관점은 만일 우리가 깊이 들여다보면 알아차리기 어려울 만큼 점진적일지라도 변화가 끊임없이 지속되고 있다는 것이다. 땅에 떨어진 씨앗은 끊임없이 변한다. 부풀어 오르고 싹을 틔우고 꽃으로 자란 후 썩어서 다음 씨앗을 자라게 하는 영양소가 된다. 이렇게 끊임없이 변화하지만, 우리의 주된 경험은 지속되는 것들에 대한 경험이다. 우리는 우리의 몸을 지속되는 것으로 경험하지만 사실 몸의 모든 분자는 변화하고 있다. 이런 점진적 변화는 때로 급속한 변화로 합쳐진다. 콘크리트 고가도로가 얼었다가 녹고, 트럭과 자동차가 하나씩 지날 때마다 아주 조금씩 변하다가 어느 순간 갑자기 약해지고 무너진다. 여기서의 전제는 자연 전체가 움직이고 있다는 것이다. 당신은 같은 강물에 두 번 발을 들여놓을 수 없다(헤라클레이토스). 우리 마음은 주로 변하지 않는 지속성을 보지만, 변증적 관점에서는 지속적인 변화가 더 기본적인 것이다. 정적으로 지속된다는 느낌은 사람이 만든 인식이거나 착각이다.

정체성도 역시 관계성 안에 있는 것이고 지속적 변화 속에 있다. 그가 늙어 보이는 이유는 단지 그녀가 더 젊어 보이기 때문이다. 내가 고집스러워 보이는 이유는 단지 당신이 융통성 있기 때문이다. 만약 우리 팀에 더 고집스러운 사람이 새로 들어온다면 갑자기 나는 비교적 융통성 있는 사람으로 보인다. 변증적 관점을 택하는 것은 '좋다', '나쁘다' 또는 '역기능적이다' 같은 단어를 맥락 안에서 그 사람을 찍은 스냅 사진일 뿐이지 그 사람에 내재된 특성은 아니라고 보는 것이다. 시간에 걸쳐 자문 팀이나 기술 훈련 그룹을 지켜보면 좋은 사례들을 볼 수 있다. 항상 '문제'가 되는 사람이 있다. 나머지 사람들을 미치게 만드는 가장 ○○한(당신의 표현을 골라 보라. 부정적/긍정적, 과제 중심적/과정 중심적) 사람이 있기 마련이다. 하지만 그 상황에 머물러 있게 되면 언제나 어떤 일이 발생하고 사람들은 변화한다. 때로는 완전히 변한다. 기술 훈련 집단의 어떤 '문제적' 내담자는 항상 부정적인 말을 하고 가혹하지만 재치 있는 비판을 했다. 반대로 집단의 리더인 기술 훈련 치료자는 방어적인 낙천주의자처럼 보였다. 새로운 공동 치료자가 들어오게 되었을 때, 그는 '문제적 내담자'와 같은 방식으로 냉소적인 유머를 썼지만, 가혹하지는 않았으며 유쾌하고 풍자적인 웃음을 지었다. 새 공동 치료자는 리더인 기술 훈련 치료자를 존경하고 좋아했다. 집단의 분위기는 비판에서 정감 어린 농담으로 바뀌었고, 밝지만 여전히 예리한 피드백의 연결이 만들어졌다. 집단 리더는 갑갑한 마음에서 벗어나 유머를 그대로 받아들이면서 더 창의적이고 호감을 주는 사람이 되었다. '문제적 내담자'는 비판을 줄이고 더 편하게 배울 수 있었다. 사태가 진정되었다(다음의 '문제적' 사람이 생길 때까지는!).

목표의 균형을 맞추는 변증법

두 가지 진실이 커다란 전체의 일부로서 나란히 공존할 수 있음을 직접 경험하지 못하고 각각의 힘이 양극단의 개념에 갇히기 쉽기 때문에 치료자가 변증적 자세를 유지하기는 어렵다. 특히 DBT의 두 가지 주요 목표인 내담자의 감정 조절력 강화와 자해 같은 표적 행동 감소에 있어서 변증적 자세를 유지하는 것은 매우 어려울 수 있다. 따라서 DBT 치료자는 이 목표들을 변증적 방식으로 보아야 한다.

감정 조절의 변증법

DBT는 감정 조절을 위한 변증적인 목표를 제시한다. 내담자는 감정을 변화시키는 기술과 감정을 있는 그대로 수용하는 기술을 배운다. 관념상으로는 이 두 입장이 모순되어 보이고, 내적 경험에 어떻게 반응해야 할지에 대해 엇갈리는 메시지를 준다. 하지만 우리가 실제로 경험하는 것을 살펴보면 모순은 사라진다. 우리의 삶에서 가장 어려운 순간에는 감정 반응을 진정시키기(변화시키기)와 마음챙김으로 체험하기(수용하기)가 모두 필요할 때가 많다.

임상 사례를 살펴보자. 어떤 여성 내담자는 힘든 이혼 소송 후 두 살배기 딸의 양육권을 잃었다. 남편측 변호사는 내담자의 정신과 입원과 자살 시도에 대해 굴욕적인 이야기를 쌓아 가면서도 최근의 치료에서 진전이 있었던 것은 교묘하게 감추었다. 양육권 상실은 누구에게나 괴로운 일이며, 특히 자신의 잘못이 그런 결정에 영향을 주었다면 더 괴로울 것이다. 내담자의 감정은 쉴새 없이 몰아쳐 온 마음을 다 빼앗길 만큼 강렬했다. 미칠 듯한 고통이었다. 실제든 상상이든 전남편과의 대면은 불에 기름을 뿌리는 것이었다. 그녀의 고통은 분노로 폭발하고 복수하겠다는 환상으로 번졌다. 내담자는 자신이 형편없는 엄마라는 남편의 주장이 사실이고 자신이 없는 게 딸에게 더 나을 거라 확신하며 자신을 혐오했다. 그녀는 딸 없이 살아가는 미래를 상상할 때마다 슬픔에 젖어 흐느꼈다. 고통을 견디기 어려워 그냥 항복하고 자녀 방문권을 포기하고 싶은 충동을 느꼈다. 충격에 휩싸여 멍하니 몇 시간을 앉아 있기도 했다.

그러나 법원이 자녀 방문권 조정을 시작하도록 요구했기 때문에 내담자는 감정을 정리하고 다음에 어떤 조치를 행해야 할지 생각할 시간도 부족했다. 그녀는 신뢰를 회복하고 자녀 방문권을 최선으로 협상하기 위해 자신의 역량을 보여 주어야 했다. 법원이나 전남편과 연락할 때마다 그녀의 마음은 요동치는 도전에 부딪혔다. 그러나 감정 조절의 어려움을 약간이라도 보인다면 남편은 그런 점을 그녀에게 불리하게 이용할 것이다. 이 상황에서 그녀에게는 목표 달성을 위해 섬세한 감정 조절이 필요했다.

사슬 분석을 바탕으로 치료자와 내담자는 수치심이 가장 문제가 되는 반응을 일으키는 1차 감정임을 파악했다. 이것은 내담자가 "나쁜 엄마"라는 말을 듣거나 생각할 때 특히 그랬다. 다음 회기에서 내담자와 치료자는 이 비난이 사실인 부분에 대해 힘들지만 위축되지 않게 직시하였다. 즉, 내담자는 딸에게 도움을 주지 못했고 엄마로서 자신의 기준에도 부합하지 못한 점들을 전부 나열했다. 이전 장에서 설명한 대로 치료자는 수인을 사용하여 내담자를 비공식적 노출 절차에 머무르도록 하였고, 문제가 되는 2차 반응으로 도망가지 않고 수치심을 경험하도록 도왔다. 수인은 또한 적응적 감정을 불러일으켰다. 이토록 마음 아파하고 부끄러워하는 이유는 딸을 간절하게 사랑하고, 딸에게 최고로 잘해 주고 싶었으며, 좋은 엄마가 되기를 몹시 갈망했기 때문이었다. 내담자와 치료자는 내담자가 끼친 피해를 미화하지 않고 엄마로서 실패로 이어진 모든 상황을 만들어 낸 원인들의 연결을 직시하면서 완전한 수용의 DBT 기술을 연습했다. 자발적으로 그리고 치료자의 도움으로 내담자는 어떻게 수치심이 깊은 후회로, 그리고 피해를 회복시키는 건강한 행동 충동으로 변하는지를 체험하였다. 내담자는 딸에게 더 잘하기 위한 변화를 위해 자신이 치열하게 치료에 임하는 것에 조금이나마 자부심을 느꼈다.

내담자는 또한 남편을 향한 격렬한 분노로 몸부림쳤다. 여기서 치료자는 내담자가 분노를 적극적으로 가라앉히고, (과거에 여러 번 그랬던 것처럼) 남편이나 남편의 물건에 신체적 · 언어적 공격을 하지 않기 위해서 분노 단서를 피하도록 도왔다. 예를 들어, 내담자의 친구들은 충실하게 그녀의 편에 서서 남편 사진을 다트 과녁판으로 사용하거나, 직장에서 남편의 평판을 망치는 계획을 하고, 남편이 얼마나 불공평한지 끝없이 이야기함으로써 내담자의 분노를 부채질하였다. 조정 회의에 앞서 내담자는 친구들을 소집해 작전을 바꿨다. 그들은 철저히 절제되고 비판단적인 태도로 상황에 대해 이야기하거나("이혼은 정말 힘들어.", "이 상황에서 내가 마음에 들지 않는 점이 있어." 등), 그 주제를 피하고 내담자가 새로운 삶을 만들어 가고 있는 부분에 집중하기로 하였다.

또한 내담자와 치료자는 분노를 가장 많이 일으키는 남편의 행동 두 가지를 찾았고, 치료자가 신호를 주면 내담자는 자신을 진정시키기 위해 의도적으로 호흡을 바꾸도록 하는 연습을 반복 훈련했다. 숨을 들이마시며 셋을 세고, 숨을 참은 채 둘을 세고, 천천히 그리고 완전히 내쉬면서 다섯을 셌으며, 끝까지 내쉰 다음 숨을 멈추고 둘을 셌다. 이렇게 연습하면서 자신의 상황에 대한 각각의 생각이나 감정을 상자에 넣으며 "나중에"라고 부드럽게 말하는 모습을 적극적으로 상상했다. 그리고 남편이 딸을 안고 있는 사진을 보면서 자신에 대한 수치심을 완전히 수용하기를 연습했다. 그 사진을 봉투에 넣었다가 다시 꺼내 사진을 응시하는 것을 반복하면서 연습했다. 내담자는 감정 신호와 완전히 연결되기 위해 주의를 집중하는 방법을 배웠다. 또한 감정을 진정시키기 위해 감정 신호로부터 주의 집중을 멀리하는 방법을 배웠다. 변증적 관점에서 두 가지 접근 방식이 모두 타당하며, 중요한 점은 각 전략이 그 특정 순간에 자신의 목표에 부합한지 아닌지를 내담자가 구별할 수 있도록 돕는 것이다.

변증적 금욕

변증적 금욕은 하나의 관점으로는 모순되어 보이는 두 가지 요소를 포용하는 또 하나의 대표적인 DBT의 목표다. 치료자는 내담자에게 문제 행동(약물 사용 또는 의도적 자해)을 지금 당장, 영원히 중단해 달라고, 예외는 없다고 요청한다. 치료자는 매 순간 완전한 금욕을 끈질기게 주장하는 입장을 취한다. 문제 행동을 또 다시 하는 것은 아주 나쁜 결과를 초래한다는 메시지를 전한다. 하지만 동시에, 문제 행동이 발생하면 치료자는 재발을 막기 위한 문제 해결식 접근을 비판단적으로 한다. 말랏(Marlatt & Donovan, 2005)의 탈출 전략처럼, 이것은 '금욕 위반 효과'를 최소화하기 위함이다. 문제 행동을 하는 실수 이후에는 강렬한 부정적 감정과 생각을 느끼곤 한다("이제 무슨 소용이야? 이미 다 날려 버렸는데. 그냥 막 가 버리는 게 낫겠어.") 이런 것들은 다시 금욕할 의지를 무너뜨릴 수 있다. 문제 행동 실수가 일어났을 때 변증적으로 접근하는 치료자는 실수로 이어지게 한 요인을 파악하여 향후 이런 실수를 예방하는 계획을 고안하도록 돕는다. 그러고 나서 치료자는 완전한 금욕에 다시 전념할 것을 요청한다.

변증적 금욕은 눈보라 속에서 길을 잃었을 때 안전한 장소로 가기 위해 빙판 길을 오르는 것에 비유할 수 있다. 계속 올라가지 않으면 죽을지도 모른다. 사소한 실수도 생명을 위협할 수 있다. 그러므로 발을 딛고 이동하는 데 자신의 에너지를 100% 투입한다. 하지만 넘어지면 다시 일어난다. 넘어지지 않고 앞으로 가기 위해 자신의 에너지를 100% 쏟는 상태로 즉각 돌아온다. 외과 의사가 동맥 혈관을 수술할 때도 마찬가지다. 실수 없이 시술하려고 100%의 주의를 기울이되, 만일 실수를 하면 빠르게 복구한다. 그리고 작업에 다시 100%의 주의를 기울인다.

변증적 균형 전략

변증적으로 전략을 사용하면 난관을 뚫고 치료를 앞으로 나아가게 할 수 있다. 우리는 앞서 수인 전략을 행동 전략인 오리엔테이션, 전념, 사슬 분석 및 문제 해결과 어떻게 변증적으로 균형을 이루어야 할지 논의했다. 이 외에도 세 가지 중요한 전략 세트를 변증적으로 사용해서 경직된 양극화로 빠지지 않도록 하는데, 스타일 전략, 사례 관리 전략, 구체적 변증 전략이 그것이다. 스타일 전략은 치료자가 대화하고 소통하는 방식에 대한 실용적인 변증 전략인데, 따뜻하게 상호 존중하는 방식과 불손하게 대결하는 방식 간의 균형을 유지하는 것이다. 사례 관리 전략은 내담자가 자신의 주변 환경을 조정하는 것을 돕는 전략으로, 스스로 하도록 내담자에게 자문하기와 내담자를 대신해서 직접 개입하기 간의 균형을 잡는 것이다. 구체적 변증 전략은 특정 양극화를 직접 겨냥하는 것이다. 사례마다 그 목표는 내담자의 취약성을 수용하는 것과 내담자의 강점을 찾아 변화하는 것의 적절한 혼합을 창조하는 것이다.

스타일 전략: 상호 존중 방식과 불손한 방식

DBT에서 치료자는 두 가지 대화 스타일, 즉 상호 존중 방식과 불손한 방식의 균형을 맞춘다. 상호 존중 대화 스타일은 수용을 강조한다. 치료자는 내담자의 행동의 뉘앙스를 민감하게 알아차리고, 내담자가 말하는 주제를 진지하게 받아들여서 이것에 직접적인 반응을 한다. 이것의 숨은 의미를 해석하지는 않는다. 만일 내담자가 치료자의 개인적인 사항을 질문했을 때, 치료자가 상호 존중 방식으로 답한다면 자기 공개와 따뜻한 관심을 보이면서 진실되게 그 질문에 답하는 식이다. 치료자가 설정해 놓은 직업적 · 개인적 원칙에 따라서 그 질문에 대한 답변을 깔끔하게 거절할 때에도 상호 존중 방식을 사용할 수 있다. 상호 존중 방식을 통하여, 치료자는 자기 경험을 공개해서 내담자를 이해시키고, 내담자를 수인하며, 내담자가 치료자를 모델링하도록 도울 수도 있다. 이런 전략적인 자기 공개는 치료 관계를 강화하고, 내담자의 경험을 정상화하며, 적응적으로 친밀감을 쌓는 행동의 모델이 될 수 있고(Goldfried, Burcell, & Eubanks-Carter, 2003), 진실성을 보여 주며(Robitschek & McCarthy, 1991), 치료 관계에서의 평등 관계를 촉진하고(Mahalik, Van Ormer, & Simi, 2000), 치료 관계 강화와 이를 실제 대인 관계와 더 비슷하게 만들어서 일반화를 촉진한다(Tsai et al., 2008).

그러나 상호 존중 대화 방식만 있거나 이 스타일에 너무 치우쳐 있는 것은 난관을 초래할 수 있다. 같은 고충을 여러 번 털어놓은 침울한 내담자에게 치료자가 그와 비슷한 단조로운 목소리로 같은 말을 돌려주기만 할 경우 내담자의 기분은 그대로 유지되거나 악화될 확률이 높다. 강렬한 감정을 가진 내담자는 종종 감정적이 되지 않기 위해 또는 자신의 감정 반응을 약화시키기 위해 주변 사람들을 눈치 보게 만든다. 결과적으로 그 사람은 자기 문제들에 대해서 필요한 피드백을 결코 얻지 못한다. 이런 이유로 상호 존중 방식은 변화를 강조하는 불손한 스타일로 균형을 잡을 필요가 있다.

불손한 대화 방식은 유머를 사용하거나 익숙하지 않은 색다른 방식으로 내담자와의 의사소통을 재구성하는 것이다. 천사도 다가가기 두려워하는 곳에 뛰어들기, 감정적 말투나 표현의 강도를 전환하기, 무력감 또는 전지전능함 표현하기, 대결적 말투 사용하기, 내담자의 허세에 기죽지 않고 받아치기도 여기에 포함된다. 천사도 다가가기 조심하는 곳에 뛰어들기는 대부분 말하기 꺼려 하는 내용을 치료자가 사실 중심으로 건조하게 말하는 것이다. 예를 들면, 남편이 자신을 떠나겠다고 위협할 때 자살 시도를 하는 여성에게 "보세요, 자기 손목을 그어서 욕실 바닥에 피를 흘리는 건 남편과 진정한 관계를 가질 수 있는 희망을 파괴하는 거예요."라고 말한다. 또는 새로운 내담자에게 "당신이 이전 치료자 세 명 중 두 명에게 폭력을 사용했다는데, 어떻게 그런 일이 일어났는지, 과연 나에게는 그러지 않을 수 있는지부터 시작합시다. 내가 당신을 두려워하면 당신에게는 아무런 도움이 되지 못할 테니까요".

치료자는 말투나 표현의 강도를 전환할 수 있다. 내담자와의 힘겨루기 상태에 있던 치료자가 갑자기 말투를 바꾸고 웃으며 말한다. "있잖아요. 지금은 내가 기대한 만큼의 심한 이분법은 아니네요." 자살 위험이 높은 한 내담자는 정해진 일정이 없는 시간이 길어지지 않게 주말에도 활발한 활동을 유지할 필요가 있었다. 내담자와 치료자는 브레인스토밍을 시작한다. 치료자가 더 적극적이 될수록 내담자는 더 수동적이 된다. 중요한 목표를 대하면서도, 내담자는 각 아이디어가 실현 불가능하거나 불편하다고 깎아내린다. 난관에 봉착한 순간에 치료자는 몸을 앞으로 기울이면서 조용하지만 강렬한 목소리로 갑작스럽게 강도를 전환하며 말한다. "이건 생사가 달린 문제예요. 당신 인생이 지금 무너지고 있어요. 당신을 더 활동적으로 만들기 위한 우리의 이 힘겨루기에서 내가 진다면 당신은 죽을지도 몰라요." 또는 같은 상황에서 치료자는 다음과 같이 무력감을 표현할 수 있다.

> **치료자:** 음, 아쉽네요. 그게 내 마지막 아이디어였어요. (긴 침묵) 이제 더 이상은 생각이 안 나는데(한숨을 쉰 후 1분 동안 조용히 앉아 있다).
> **내담자:** 포기하지 마세요. 난 도움이 필요해요.
> **치료자:** (한숨을 쉬며) 알아요. 그런데 내 아이디어는 다 제시했어요. 더 이상은 없네요.

이제 내담자가 아이디어를 제안할 여지가 생긴다. 반대로 치료자는 전지전능함을 표현할 수 있다. 예를 들어, 자신에게 결점이 너무 많고 '지혜로운 마음'이 없다고 주장하는 내담자에게 치료자는 다음과 같이 말할 수 있다. "아니요. 난 아주 잘 알아요. 당신은 지혜로운 마음을 가지고 있어요."

대결적 말투를 사용하는 것도 불손한 대화 방식에 포함된다. 한 내담자는 분노 조절의 어려움으로 대인 관계 문제를 자주 겪었던 이력이 있었다. 내담자는 치료자가 전화에 바로 회신을 주지 않아 화가 난 채로 회기에 참석했다. 그녀는 치료실에 들어서자마자 옆 사무실에도 들릴 정도로 목소리를 높이며 불평하기 시작했다. 치료자는 대결적 말투를 사용하여 큰 소리로 단호하게 "멈춰 주세요."라고 말했다. 내담자는 깜짝 놀라 멈춰 섰다. 치료자는 "당신은 소리를 지르기 시작했는데 이것은 매우 중요한 사안입니다."라고 이어갔다. 내담자가 말을 하려 하자 치료자는 이를 끊었다. "아니요. 내 말을 들으세요. (그리고 조용하지만 강조하는 목소리로 낮추어, 거의 속삭이듯 말했다.) 이것은 굉장히 중요한 문제예요. 나는 무엇이 당신을 화나게 했는지 듣고 싶어요. 그런데 당신이 소리를 지르면 나는 당신 말을 들을 수가 없어요. 난 당신 이야기를 듣고 싶어요. 여기 앉아서, 그 문제에 대해 말해 주세요. 하지만 소리는 지르지 말고요. 알겠죠?" 채혈사인 내담자가 자신의 혈액 한 병을 전 애인의 직장 우편함에 가져다 놓겠다고 위협하자, 치료자는 색다르게 재구성하기(off-the-wall reframing)와 함께 대결적 말투를 사용했다. "그건 오래 전에 하던 정신병 환자 같은 행동이네요. 우리가 그 단계는 지난 줄 알았는데요." 내담자는 충격을 받고 잠시 멈추었다. 치료자는 상호 존중 말투로 바꾸어서 말을 이어 갔다. "언제쯤 자기 자신을 진지하게 돌볼 건가요? 그 사람을 많이 사랑했기 때문에 지금 아픔을 느끼는 건 당연한 거예요. 이렇게 자극적인 방법으로 마음을 분산시킬 게 아니라, 당신에게는 위로가 필요해요. 난 당신 마음이 얼마나 상처받았는지 알아요."

내담자도 난관에 봉착할 때 불손한 대화를 사용한다. 어떤 내담자는 치료자가 자신을 변화시키려고 이끄는 것을 느꼈지만 치료자가 문제를 너무 단순화한다고 생각하여 이에 저항하고 있었다. 서로 있는 힘껏 잡아당기는 줄다리기 같은 느낌이었다. 갑자기 내담자는 줄다리기에서 줄을 놓아 버리듯 논쟁을 포기했다. 그리고 갑자기 뒤로 물러나 앉으며 잘난 척하듯 웃으며 말했다. "여기서 당신이 사용해야 할 약어가 있지 않나요?" 이 말은 치료자가 경계를 풀고 웃음을 터트리게 만들었다. 치료자도 내담자에 맞추어 농담조로 말했다.

치료자: 맞아요, IMHO입니다. "내 짧은 개인적 생각으로는(In My Humble Opinion)."
내담자: 나는 그걸 아직 못 배웠는데, 기술 훈련에서 배우나요?
치료자: 아니요. 그건 적당한 무기가 없을 때 내담자가 치료자에게 가르치는 기술이거든요.
치료사와 의뢰인 모두 웃음을 터트렸다.

불손한 전략 중 환자의 허세에 기죽지 않고 받아치기(calling the patient's bluff)는 가장 까다로운 기술이고 설명하기 쉽지 않다. 내담자의 능력과 상황을 세심하게 파악하여 내담자가 더욱 극단적인 주장으로 치닫지 않게 하고 모멸감 없이 자신의 극단적 주장을 취소하는 방법을 만들어야 하기 때문이다. 예를 들어, 부유한 가정에서 자란 한 내담자는 이전 치료에서 달갑지 않는 제한 사항이 있으면 치료자를 해고하거나 치료자의 감독자에게 보고하겠다고 공격적으로 위협하는 행동이 학습되었다. 새 DBT 프로그램의 개인 치료 두 번째 회기에서 내담자는 자신의 치료견을 기술 훈련 집단에 데려와야 하고, 치료자가 자신의 전 치료자들에게 정보를 얻지 않겠다는 동의를 해야 하고, 특정 병원에 원하는 시간에 입원할 수 있다는 것에 즉시 동의해 달라고 요구했다. 치료자는 어느 정도 타당성이 있는 요청이라 가정하고 내담자에게 무엇이 중요한지 이해하기 위해 부드럽게 질문하기 시작했다. 내담자는 급속도로 방어적인 태도를 취하며 협박을 했고 프로그램을 그만둔다며 순식간에 방을 뛰쳐나갔다. 그날 오후 동안 내담자는 점점 더 강력하고 까다롭게 요구하는 메시지를 20통이나 남겼다. 치료자는 전화를 걸어 내담자가 편한 시간에 가능한 한 빨리 방문하면 좋겠다고, 그런 중요한 질문을 전화로는 다루지 않는다고 친절하고 정중하게 설명했다. 내담자는 동의했다. 다음날 만남에서 치료자는 전혀 흔들리지 않는 진지한 태도로 자신이 진정 도움이 될 수 있다고 생각하고 내담자의 요구가 타당함을 의심하지 않으며, 내담자가 원한다면 자신의 개인적·직업적 한계 내에서 창의적으로 문제를 해결하고 싶다고 말했다. 치료자를 해고하거나 불만을 제기하는 것이 적절하다고 생각한다면 어떤 결정이든 내릴 수 있다고 내담자의 온전한 권리를 인정했다. 지난 만남에서 치료자가 알게 된 내담자의 타당한 염려를 다시 정확하게 표현하면서, 치료 센터 CEO까지 망라한 상사들의 이름과 전화번호 목록을 내담자 앞에 조용히 펼쳐 놓았다. 흔들림 없이 중심 잡힌 치료자의 태도는 내담자가 더 이상 극단적인 행동 없이 치료에 참여할 수 있는 경로를 만들어 냈다.

치료자는 치료 작업의 추진력을 얻기 위해 상호 존중 방식에서 불손한 방식으로, 또 그 반대로 무게중심을 옮기기도 한다. 예를 들어, 한 내담자는 불안한 생각을 곱씹는 경향이 있었는데 직장 상사가 자신을 흉보았다는 걸 듣고 얼마나 동요했는지 설명하기 시작했다. 전체 관리자들과 하는 회의에서 상사는 내담자에게 "고약한 냄새가 난다."라고 말했다. 치료자는 고통에 공감하는 깊은 탄식을 내뱉은 다음(상호 존중 방식), 익숙하지 않은 색다른 방식으로 재구성했다. "헉, 이런! 웩!" 그런 후 눈을 반짝거리며 말했다. "그런데 당신이 했던 상사 욕에 비하면 양반이네요." 내담자는 깔깔 웃으면서 인정했다. 불손함은 습관적으로 불안한 생각을 곱씹는 소용돌이로부터 내담자를 완전히 벗어나게 했다. 그런 다음 그는 자신이 공개적으로 상사를 비판한 것 중 일부를 회상하고 유머 있게 과장한 다음, 좀 더 적극적인 태도로 전환했다. 내담자와 치료자는 문제 해결로 들어가서 그 상황에 적절한 행동이 무엇이었을지 찾아보았

다. 치료자는 따뜻하고 적극적이며 반응적인 스타일로 다시 전환하여 내담자의 감정
적 반응을 적극적으로 수인하면서, 상사의 말을 흘려보낼 때와 조치를 취할 때와의
장단점을 비교하였다(이 상사는 그 회의에서 인종 비방 등 부하직원에 대한 부적절한 발
언을 많이 했다). 내담자는 자신의 고민을 이메일을 보내기로 결정했다. 치료자는 내
담자가 요점을 기억할 수 있도록 메모해 주고 나서 커다란 웃긴 글씨를 쓰면서 말했
다. "좋아요. 이제 '친애하는 악취남 드림'이라고 씁시다." 두 사람 모두 눈물이 나도
록 웃었다. 상호 존중 의사소통은 경로를 벗어난 사람에게 정신이 번쩍 들게 하는 불
손함과 함께 균형을 이루면서 내담자가 치료 작업을 재개할 수 있게 해 준다.

사례 관리 전략

내담자가 사회나 직장에서 만나는 사람들은 내담자가 도움 없이 할 수 있는 일과
할 수 없는 일이 무엇인지 알지 못할 때가 많다. 그들은 내담자가 할 수 있는 일인
데 내담자를 약하게 보고 앞장서서 통제하거나, 내담자의 실제 능력을 넘어서는 수
행을 기대하고 내담자에게 필요한 도움을 주지 못한다. 여러 치료 제공자도 가족이
나 친구들처럼 내담자의 삶과 치료에 적극적으로 관여할 때 비슷한 갈등이 생기기
쉽다. 이런 중요한 주변 사람들은 치료에서 해야 할 일과 하지 말아야 할 일에 관한
의견을 가지고 있으며, 환자를 위해 할 수 있는 일을 치료자와 논의하고 싶어한다.
DBT에서 이런 흔한 문제들은 '내담자에게 자문하기'라는 변화 지향적 개입과 수용
지향적인 환경 개입의 균형을 통해 다룰 수 있다. 내담자에게 자문하기는 내담자가
개인적·직업적 관계에 있어 더 기술적으로 능숙해지도록 돕는다. 환경 개입은 치
료자가 내담자의 실제 취약성을 받아들여서 내담자 대신 직접적이고 적극적으로 환
경 조정에 개입하는 것이다.

내담자에게 자문하기

예를 들어, 한 내담자가 기술 집단 리더가 진도를 너무 빨리 나가고 자신을 성가
신 열등생으로 취급한다고 불평할 때, 치료자는 내담자가 무엇을 원하는지를 내담

자에게 자문했다. 기술 훈련자를 변화시키려는 노력을 할까, 재촉을 당하는 상황에 견디는 능력을 키울까, 아니면 둘 다 하는 게 좋을까? 개인 치료자는 DBT 치료자 팀 내에서도 이렇게 내담자에게 자문하는 태도를 유지했다. 개인 치료자는 기술 훈련자에게 내담자의 수업 속도에 맞춰 달라고 하거나 내담자에게 짜증을 내지 말아 달라고 요청하지 않았다. 대신 내담자에게 자문을 구한 후, 개인 치료자는 내담자가 기술 집단에서 약간 어려움을 겪고 있어서 대인관계 기술과 고통 감내 기술을 사용하는 법을 배우고 있다고 말했다. 내담자는 기술 집단에서 더 많이 배울 수 있는 방법을 논의하고자 기술 훈련자에게 전화하여 면담을 요청할 수 있을 것이다.

위기 상황에 닥쳤을 때도, 가능하면 내담자에게 자문하는 태도를 유지한다. 내담자가 응급실에 가면 응급실에 있는 중증도 분류 간호사나 당직 레지던트는 치료자에게 연락하여 어떻게 조치할지 물어볼 가능성이 높다. 내담자에게 자문하기 전략을 따른다면, 치료자는 먼저 내담자와의 전화 통화를 요청하여 응급실에 간 경위를 묻고 입원이 내담자의 장기 목표 및 합의한 치료 계획에 부합하지 않음을 논의할 것이다. 그런 다음 치료자는 내담자가 스스로 자신의 계획에 대해 응급실 의료진과 대화하는 법을 코칭하고 응급실에서 신뢰성 확인을 필요로 한다고 할 때만 개입한다. 만일 응급실 의료진이 내담자의 자살 위험을 염려하여 퇴원시키기를 꺼린다면, 치료자는 내담자를 퇴원시켜 달라고 의료진에게 직접 이야기하는 대신에 내담자가 스스로 상황에 맞는 주장을 하도록 코칭하여 내담자가 응급실 의료진의 염려를 누그러트릴 말과 행동을 하도록 돕는 것이다. 다시 말하면, 환경 개입이 아니라 내담자에게 자문하기를 먼저 시도하는 것이다.

환경 개입

어떤 상황들에서는 예외적으로 DBT 치료자가 내담자를 대신하여 환경에 개입한다. 학습을 못하는 장기적 손실보다 단기적 이득이 클 때, 내담자 스스로 행동할 수 없는 사안이면서 그 결과가 매우 중요할 때, 그리고 그 개입이 인간적인 행동이고 해를 끼치지 않을 때가 해당된다. 이런 경우에 치료자는 내담자 주변 사람들과 교류하여 정보를 제공하거나 옹호자 역할을 하고 직접 환경에 들어가 도움을 줄 수 있다. 하지만 이때도 기본 정신은 내담자가 자신을 옹호하는 능력을 키우도록 하는 것이다. 따라서 치료자는 환경 개입과 환자에게 자문하기 사이의 변증적 균형을 이뤄야 한다. 내담자와 함께 모임에 참석하면 주로 내담자가 자신에 대해 말하고 치료자는 지지하는 역할을 한다. 치료자라는 위치가 내담자의 자율성과 능력에 확신을 줄 수 있다.

구체적 변증 전략

치료의 추진력을 이어가기 위해, 문제 해결과 수인, 상호 존중 의사소통과 불손한 의사소통, 환자에게 자문하기와 환경 개입 간의 변증적 균형에 더하여 구체적 변증 전략 몇 가지를 사용할 수 있다. 치료자는 치료가 정체될 때 변증 전략을 고려한다. 그러나 치료가 정체될 때, 치료자는 좌절감이나 절망감을 느끼고 변증 전략을 잘못 사용하기도 쉽다. 리네한의 치료 매뉴얼에서도 아주 조심하라고 언급된 중요한 내용이므로 여기서 한 번 더 설명하려 한다. 변증 전략은 속임수나 말장난과 쉽게 혼동될 수 있다. 따라서 치료자는 "나는 다 알고 있고 당신을 속여서 내 방식대로 보게 하겠어."라는 우월적 입장이 아니라, 최대한 사려 깊게 정직하고 헌신적인 말과 행동으로 겸손하게 변증 전략을 사용해야 한다.

역설로 들어가기

내담자가 해결하기 어려워 보이는 딜레마를 만나면 치료는 난관에 부딪히는데, 이런 상황은 치료 중에도 자주 발생한다. 예를 들어, 치료자가 어떤 문제 행동을 변화하도록 제안하자 내담자는 "내가 얼마나 괴로운지 선생님이 아신다면 내가 할 수 없는 일이나 지금보다 오히려 더 나빠지게 만드는 일을 하라고 요구하실 수 없을 텐데요."라고 대답했다고 하자. 결국은 상황이 나아진다고, 혹은 사실 내담자가 할 수 있는 일이라고 설득하지 않고 치료자는 이 역설 속으로 들어간다. 합리적인 방식은 아니다. 치료자는 내담자를 투쟁에서 끌어내지 않은 채 역설적이거나 모순적인 요소를 강조하고 딜레마를 체험하면서 해결하도록 격려한다. 어떤 것이 진실이면서 또한 진실이 아닐 수 있고, 예와 아니요가 모두 될 수 있음을 찾도록 격려한다. 내담자가 지금 최선을 다하고 있지만, 그래도 더 노력할 필요가 있다는 역설로 들어가면서 치료자는 이렇게 말할 수 있다. "말할 필요도 없을 정도로 나는 아주 잘 이해하고 있어요. 나는 당신을 포기하는 것이 당신을 가장 배려하지 않는 것이라고 생각해요." 리네한(Linehan, 1993a)은 다음과 같이 DBT에서 일어나는 여러 가지의 역설을 강조했다. 내담자는 자신의 행동을 자유롭게 선택할 수 있지만, 의도적 자해를 줄이기로 선택하지 않으면 DBT에 머무를 수 없다. 치료자는 내담자를 인간으로 대하고 진심 어린 배려를 하지만, 내담자가 치료비를 지불하지 않으면 치료는 중단된다. 치료자는 내담자가 지나치게 통제하려는 충동을 통제하도록 촉구한다. 치료자는 내담자의 자유를 증가시키기 위해 고도로 통제하는 기술을 사용한다.

은유

은유는 내담자가 이해하지 못하는 것을 이해하고 있는 것에 비유하는 것이다. 치료자의 주장을 간접적으로 전달할 수 있기 때문에 내담자는 통제 당하는 느낌 없이 어려운 주제들을 논의할 수 있다. 은유는 보통 여러 의미를 담고 있으므로, 내담자가 자신만의 스타일로 은유를 사용할 수 있어 개방감을 주고, 압도되거나 귀를 막아 버리지 않도록 도와준다. 이 책에서도 이미 많은 은유가 사용되었듯이, DBT는 치료를 팀을 이뤄 함께 만들어 가는 여행이나 등산에 자주 비유하여 강조한다. 예를 들어, 내담자에게 이렇게 말하기도 한다. "당신이 이렇게 계속 로프를 풀어 버리고 뛰어내리면 우리가 함께하는 이 등산을 확실히 이끌어 가기가 어렵습니다." 튤립 정원에 홀로 있는 장미, 다른 사람들은 짐 없이 평지를 걸을 때 30kg 배낭을 메고 등산하기, 이런 두 은유는 내담자의 어려움을 한 번에 이해하게 해 준다.

악마의 변호사

악마의 변호사 기법은 치료자가 더 부적응적인 방향의 입장을 취함으로써, 내담자가 보다 적응적인 방향으로 움직이게 하여 그쪽 입장을 변호하도록 풀어 주는 것이다. 이는 내담자가 일단 적응적인 반응 쪽으로 움직일 때 이런 내담자의 입장을 강화하기 위해 사용하는 기법이다. 예를 들어, 자살 행동을 그만두고 DBT를 시작하는 것의 장단점을 논의한 뒤에, 내담자가 일단 1년 간 DBT에 전념하겠다고 말할 때 치료자는 이렇게 물을 수 있다.

> **치료자:** 자살 행동은 당신의 비장의 무기인데, 왜 1년 동안 자살을 포기해야 하는 치료를 시작하려고 하는 걸까요?
>
> **내담자:** 나에겐 선택의 여지가 없어요. 이게 유일한 선택지예요.
>
> **치료자:** 맞아요. 나도 그렇게 느껴져요. 하지만 당신도 알겠지만, 한밤 중에 상황이 너무 힘들 때, 당신은 이렇게 말하고 싶을 거예요. "포기할래. 난 못 하겠어." 당신이 지금 서명하면, 아무리 어려워도 포기하지 않고 1년 동안 자살이라는 선택지를 완전히 버려야 해요. 백기를 들고 기권하는 대신 앞으로 배울 새로운 기술을 전부 사용하고 저에게 도움을 청해야합니다. 이건 굉장히 어려운 작업이 될 거예요. 나는 개인적으로 당신이 이 치료를 잘 해낼 거라 생각합니다. 하지만 당신이 정말로 자살이라는 선택지 없이 어려운 시간들을 기꺼이 견뎌 낼 마음이 있는가 하는 더 중요한 질문을 드리고 싶네요.

확장하기

확장하기는 내담자가 공격하거나 위협할 때 가장 많이 사용된다. 이것은 치료자가 내담자의 요구를 내담자의 예상보다 더 진지하게 받아들이고, 심지어 한술 더 뜨는 방식이다. 예를 들어, 이전 치료에서 위협하는 행동이 학습된 탓에 치료자나 프로그램상의 제한이 마음에 들지 않으면 위협이나 도발을 하는 내담자가 이렇게 말한다. "당신이 이것을 바꿔 주지 않으면, 이 치료는 나에게 도움이 되지 않을 게 뻔해요(도발)." 확장하기를 사용하여, 치료자는 이렇게 말할 수 있다. "이 치료가 도움이 되지 않는다면 뭔가 조치를 취해야 할 텐데요. 치료를 그만두고 싶으신가요? 이거 참 심각한 문제네요." 확장하기는 치료자가 이를 진지하게 받아들일 거라는 예상을 하지 못한 내담자에게 가장 효과적이다.

지혜로운 마음 작동시키기

DBT에서 치료자는 내담자가 감정과 이성을 통합하고 의미나 진실을 직관적으로 파악하는 방법인 지혜의 능력을 가지고 있다고 가정한다. 기술 훈련을 통해 지혜의 능력을 기르기 위하여 내담자는 다양한 마음챙김 기술과 유도된 심상 기법을 차근차근 배운다. 치료 중 난관에 봉착했을 때 치료자는 "당신의 지혜로운 마음은 뭐라고 말하나요?"라고 질문함으로써 내담자의 지혜를 불러올 수 있다. 소년원에서 한 소년이 다른 수감자의 놀림을 받고 상처를 받았는데 교도관은 그냥 방으로 들어가라고 지시했다. 그의 감정은 고조되고 있었는데, 그가 가장 좋아하는 교도관이 그를 불러서 "조! 너의 지혜로운 마음은 지금 뭐라고 말할까?"라고 묻자, 소년은 태도를 완전히 바꾸고, "방에 들어가서 좀 진정하라고 말하네요. 이따가 산책이나 가야겠어요."라고 대답했다. 매우 강렬한 감정에 사로잡히는 순간에도 내담자는 무엇이 필요한지 알려 주는 지혜에 접속할 수 있다.

레몬에서 레모네이드 만들기

레몬에서 레모네이드 만들기는 내담자가 문제 있는 것을 자산으로 변환시키도록 돕는 기법이다. 치료자는 낙담할 만한 사건을 고통 감내를 연습할 기회로 볼 수 있다. 예를 들어, 한 내담자는 성폭행을 당했던 남자와 몹시 닮은 남성 리더가 있는 기술 집단에 속하게 되었고 다른 집단의 선택지는 없었다. 그래서 내담자와 치료자는 '레몬에서 레모네이드 만들기'를 하여 기술 집단 시간에 기술 훈련자와 적극적으로 대면하여 이것을 노출 치료로 활용하기로 하였다. 때로는 힘든 상황에서 좋은 것을 찾기란 잔디밭에서 바늘 찾기처럼 불가능에 가깝기도 하다.

자연스러운 변화를 추구하기

치료자는 인위적으로 안정성과 일관성을 만들어 내지는 않는다. 대신 자연스럽게 변화가 일어나도록 허용하여, 내담자가 변화와 모호성과 예측 불가능성과 비일관성에 익숙해지도록 돕는다. 이것 역시 현실을 있는 그대로 받아들이는 연습의 기회임을 알기 때문이다. 예를 들면, 매우 신뢰할 수 있고 예측 가능한 치료자도 직장과 가정에서 문제를 가지고 있어서 전화에 즉시 응답하지 못할 수 있다. 이는 내담자가 자신의 기술을 일반화하고 홀로 사용할 수 있는 기회가 될 수 있고, 일상에서 반응이 지체되더라도 안정적인 보살핌은 유지되고 있다는 것을 배우는 기회가 된다.

우리는 난관에 부딪히면 첫 번째로 좌절감이나 무력감 때문에 타인을 비난하는 것과 같은 습관적인 행동을 먼저 하게 된다. 변증적 관점에서는 균형을 되찾기 위해 두 번째 행동을 빠르게 하는 것이 요령인데, 예를 들어 내담자의 반응과 치료자의 반응을 모두 설명할 수 있는 인과 네트워크를 파악하고 서술하는 것이 되겠다. 연습을 통해, 내담자와의 관계가 '난관에 부딪힌' 느낌을 이 관계에 변화가 필요하다는 것을 알려 주는 신호로 삼을 수 있다. 우리는 실제로 벌어지고 있는 일에 저항하지 않는 태도를 가지고, 서로 협력하는 변증적 자세로 돌아간다. 우리는 단순히 "나는 당신에게 이것을 하고 있고 당신은 나에게 저것을 하고 있다."(이원성)와 같은 경직되고 낯선 반응을 하기보다는, 서로가 연결되어 있고 함께하고 있음을 기억한다(통합성). 우리는 어떤 관점이든 반대 관점이나 보완적 관점 역시 어느 정도 타당성을 가질 수 있다는 것을 기억한다. 변증적 전략은 치료자와 내담자가 모순과 긴장을 가지고서도 점점 더 기능적이고 실행할 수 있는 수준으로 조화와 해결을 향해 나아갈 수 있도록 해 준다.

변증적 사고와 전략은 갈등이 있을 때 가장 뚜렷하게 보이고 가장 필요하다. 다음 사례는 다양한 갈등 지점과 실제 상황의 변증적 전략들을 보여 준다.

임상 사례: 이베트

이베트는 10대 후반부터 반복적으로 자살 시도를 했던 26세 여성이다. 이베트는 부모님과 심한 갈등을 겪었다. 새아버지는 16세인 이베트를 '나쁜 친구들'로부터 떨어뜨려야 한다며 시골에 사는 친척집으로 보냈다. 이베트는 도망쳐 도시로 돌아왔고 거리에서 살다가 성폭행을 당했다. 헤로인에 중독된 이베트는 마약을 사기 위해 매춘에 뛰어들었지만 헌신적인 친구들 덕분에 겨우 매춘에서 벗어날 수 있었다. 부모님에게 이 모든 일을 비밀로 하면서도 이베트는 부모님을 원망했다. 다시 부모님과 살면서 고등학교 생활을 재개했지만 긴장을 해소하기 위해 면도칼로 팔을 긋기 시작했다. 그녀는 17세와 19세에 자살 시도를 했는데 두 번 모두 이로 인해 정신병원에 오랫동안 입원하였고, 이 기간에 자살 행동이 더 빈번하고 심각해져서 의료진과의 힘겨루기가 되곤 했다. 마지막 퇴원 후 그녀는 한동안 잘 지냈다. 부모님은 그녀가 고등학교 검정고시를 합격하고 학위를 얻어 보육일을 할 수 있도록 모든 비용을 지원했다. 학위를 거의 다 마쳤을 때 이베트는 우연히 전 남자 친구를 만나 충동적으로 멕시코 여행을 떠났다. 하지만 다툼이 일어나자 전 남자 친구는 이베트를 버리고 갔고 그녀의 지갑과 여권도 사라져 있었다. 이베트가 상황을 처리하고 집에 도착했을 때는 기말고사 기간이 지나 있었지만 학교 상담사를 만나 담당 교수와 협상하여 간신히 '불완전 이수' 학점을 받을 수 있었다. 이번에도 가족들은 아무것도 몰랐다. 겨울방학으로 집에 와 있던 어느 날 밤, 이베트는 친구들을 만나러 외출을 했다가 술에 취해 집에 돌아왔고 새아버지와 격렬한 말다툼을 했다. 이베트는 치사량이 될 수 있는 약을 먹었고 곧 겁에 질려 응급실로 차를 몰았다. 72시간의 대기 후 이베트는 주간 치료 프로그램을 거쳐 외래 환자 DBT 프로그램에 들어갔다.

표준적인 DBT 목표에 더하여, 이베트는 개인적 목표를 정규직 구하기와 어머니와의 관계 개선으로 삼았다. 새아버지와의 사이는 멀어졌다. 부모님의 부부 치료자의 조언에 따라 새아버지는 이베트와의 싸움 이후, 출석과 충분한 치료 경과를 증명하는 전제하에서만 그녀에게 치료비와 등록금을 지원하고 나머지 경제적 지원은 중단하기로 했다. 치료를 받은 지 3개월 만에 이베트는 어머니와 다시 만났다. 이베트는 주점에서 웨이트리스로 아르바이트를 했고 학위를 위해 남은 학교 과정을 이수하고 있었다. 하지만 이베트는 굉장히 힘들어했다. 아르바이트를 하는 주점에서 그녀는 끊임없이 자신에 몸에 쏟아지는 불쾌한 시선을 느꼈고, 야간 근무로 수면 패턴이 무너졌다. 학교 공부에 집중하기가 점점 더 어려워졌다. 학교에 복귀해서 공부하는 것 자체가 예상보다 훨씬 더 힘들었고, 그녀의 완벽주의는 우울감과 수행능력 저하가 더해져 엄청난 스트레스를 주었다. 이렇게 이베트가 학기 말에 위기 상황에 있을 때, 어머니는 새아버지의 은퇴 파티에 그녀를 초대했다. 중요한 가족 행사에 초대함으로써 새아버지는 화해의 시도를 한 것이다.

이베트는 토요일 저녁에 가족과의 만남이 길어지면 수치심을 느낄 것 같았고 이에 대처하는 계획에 대하여 치료자와 함께 철저히 준비했다. 이베트는 계획에 따라 마음을 진정시키기 위해 주방에서 잠시 휴식을 취하였고, 뜻밖에 스페인어를 사용하는 종업원 여성을 만나 기분을 전환할 겸 스페인어 연습을 하였다. 그러나 이베트가 거실에 돌아왔을 때 한 손님이 그녀를 종업원으로 착각하고 매우 거들먹거리는 태도로 그녀를 대했다. 이베트는 오해를 바로잡지 않고 굽실거리듯 행동한 후 주방으로 돌아가면서 혼자 웃음을 터트렸다. 이베트는 몰랐지만 새아버지는 모든 대화를 듣고 있었다. 새아버지는 주방으로 따라 들어가 말했다. "그렇게 할 필요는 없지 않니? 여기 와서 나를 모욕하지는 말아라." 이베트는 능숙하게 대응했다. 새아버지를 진정시키고 깊이 사죄하여 문제가 해결되었다고 생각했다. 그녀는 그 후 작별 인사 없이 일찍 떠났다. 저녁 늦게 이베트가 없다는 걸 알게 된 어머니는 새아버지의 이야기를 듣고 걱정이 되었다. 이베트가 전화를 받지 않자 어머니는 몹시 당황하여 치료자에게 전화를 걸었다. 치료자는 호출을 받고 이베트에게 연락하여 자살 위험도를 평가했다. 자살과 자해 충동이 조금 일어났지만 실행할 계획은 없다고 했다. 치료자는 어머니에게 문자 메시지를 보내도록 코칭했다("나는 괜찮아요, 엄마. 걱정 끼쳐서 죄송해요. 새아버지의 파티를 망치고 싶지 않았어요. 지금은 콘서트에 와 있는 중이라, 내일 전화할게요."), 그리고 다음 날 치료자에게 전화하기로 했다. 치료자는 어머니에게 전화를 걸어 메시지를 받았는지 확인하고 이베트가 열심히 치료를 받고 있다고 안심시켰다.

이베트는 일요일에 치료자에게 전화를 걸어서, 코칭을 잘 활용하였고, 미리 고안한 계획으로 화요일 예정된 회기까지 잘 지낼 수 있을 것 같다고 말했다. 그러나 일요일 늦은 밤 이베트는 거의 들리지 않는 목소리로 치료자의 업무용 전화에 메시지를 남겼다. "이제 못 하겠어요. 소리가 다시 들려요. 선생님은 저에게 지쳐 버리고 말 거예요. 나는 견딜 수가 없어요." 치료자는 월요일 아침에 그 메시지를 듣고, 다시 이베트에게 전화를 했고 그녀가 어머니에게 작별 편지를 쓰며 일요일 밤을 지샜음을 알게 되었다. 이베트는 아주 소극적으로 전화에 응했지만, 치료자는 담당 정신과 의사와의 응급 진료를 잡아 정신병적 증상과 수면에 대해 도움을 받게 했다.

월요일 오후, 치료자는 DBT 팀을 만나 다음의 딜레마를 설명했다. 내담자의 외현상 유능과 안 좋은 일은 비밀로 하는 성향을 고려하면 그녀의 자살 위험도 평가 결과에 확신을 가지기 어려웠다. 학교를 그만두는 것 같은, 스트레스 요인을 줄이는 선택지는 이베트에게 패배감을 줄 것 같다. 그리고 입원은 그녀에게는 자살 행동을 늘리는 쪽으로 작동했다. 무엇보다도 치료자는 다음 주말에 새로 사귄 남자 친구와 함께 처음으로 여행을 떠날 계획이었다. 팀 동료는 "어쩐지 철조망에 걸려 있는 말의 이미지가 자꾸 떠오르네요. 이베트는 몸부림칠수록 더 갇히게 되고 스스로 나갈 수 없음을 알고 나서는 이제 수동적으로 누워 있기로 마음을 바꿨네요."라고 말했다. 다른 동료는 "맞아요. 그리고 그 망할 말 때문에 너무 오래 지체되면 당신의 새 카우보이가 당신을 버리고 노을 속으로 떠나 버릴까 봐 서둘러 이베트를 철조망에서 빼내려 하고 있어요!"라고 맞장구 쳤다. 이 유머와 은유를 통해 치료자는 진정하고 치료를 천천히 진행해야 할 필요성을 다시 떠올렸고, 내담자에게는 '잠시 가만히 있어 보자고' 요청하여 함께 하나씩 문제의 철조망을 잘라가는 동안 상황을 악화시키는 행동을 하지 않도록 했다. 또한 치료자는 자신이 남자 친구와 함께 여행을 간 주말에 전화를 받을지 논의해야 함을 깨달았다. 치료자는 다음 날 이베트를 만나기 전에 자신의 한계를 명확히 정하고 싶었다.

그 면담에서 치료자는 자신의 치료 표적을 명확히 하였다. 치료자가 치료 표적을 너무 많이 잡았고 이베트는 열심히 임했기 때문에, 주말에 앞서 회기를 더 길게 하기로 정하고, 일요일에는 코칭 전화를 하기로 했으며, 이베트가 가장 좋아하는 기술 훈련자가 주말에 전화를 받을 수 있게 주선하였다. 주어진 시간 동안, 입원을 하지 않고 위기 상황의 악화를 막으려면 이베트를 좀 더 적극적인 문제 해결 자세로 전환시킬 필요가 있었다. 최소한 다음의 작업이 필요했다.

- 외현상 유능이 지속되리라는 것을 고려하면서, 정확한 자살 위험도의 정보를 얻는다.
- 자살 생각을 작별 편지를 쓸 정도로 악화시킨 주요 문제들을 치료적으로 다룬다.
  - 수면장애 및 정신병적 증상
  - 학업 실패(낙제)의 두려움과 새아버지로부터의 모욕감

이런 위기를 다루는 회기에서는 치료자가 변화를 위해 너무 무리하게 밀어붙여 내담자의 저항을 일으키거나, 내담자를 너무 취약하게 보고 위기 상황에서 새로운 기술 행동을 사용하도록 격려할 기회를 놓침으로써 힘겨루기의 교착 상태에 빠지기 쉽다. 변증적 태도를 가지고 전략들의 변증적 균형을 잘 맞추는 것이 반드시 필요하다.

치료자는 대화 스타일 전략의 균형을 맞추며 회기를 시작해서, 이베트를 적극적인 자세로 회기에 임하도록 이끌어 갔다. 먼저, 상호 존중 스타일로 매우 따뜻하고 강렬하게 시작했다.

> "이베트, 우리는 지금 위기에 처해 있죠? 주말 동안 나와 함께 작업을 훌륭히 잘 했지만, 당신이 힘들어 하는 게 느껴져요. 당신은 보통 힘들고 상황이 악화될 때 사람들에게 알리지 않는 것 같아요. 그래서 더욱 악화되죠. 우리는 작업을 아주 잘 하고 있었어요. (그런 다음 살짝 차분하고 사무적인 태도로) 그런데 왜 그런지 모르겠지만 일요일 밤 당신은 자살이라는 옛날 대처 방식으로 돌아가서 작별 편지를 썼죠. (가볍게, 미소를 지으며, 불손하게) 우리가 추구하는 최신 방식은 아니었네요. 내 생각엔 우리가 무엇이 자살 충동을 치솟게 했는지 알아보고 이 옛날 대처법을 하지 않고 견딜 수 있는 방법을 찾아야 할 것 같아요. 당장 오늘 회기부터 당신이 그 옛날의 수동성에 빠지지 않도록 내가 도울 수 있는지 알아보죠. 괜찮을까요?"

치료자가 자살 사고가 급격히 올라간 원인을 평가하려 하자 이베트는 심드렁하고 단조로운 목소리로 상상을 늘어놓기 시작했다.

> "내가 죽으면 부모님은 정말 더 좋을 거예요. 나를 위해 그렇게 많은 돈을 쓸 필요도 없고 더 이상 나를 상대할 필요도 없잖아요. 난 헤로인을 과다복용하는 방법으로 좋은 스토리를 만들 수도 있어요. 그럼 부모님은 곤경에서 완전히 벗어날 수 있거든요. 부모님 주변 사람들은 엄청 동정하면서 말할 거예요. (약간 과장된 목소리로) '아, 정말 슬픈 일이야! 이 분들은 딸을 위해 얼마나 노력했는데!' 나는 훌륭한 증명서를 쓰는 거죠."

치료자는 이것을 '옛날 대처법'으로 보고 이베트가 이 비생산적인 경로에서 빠져

나오도록 대결적인 말투를 취한다. 진지한 표정으로 치료자가 말한다. "이제 극적인 음악을 틀어 볼까요? 그럼 이제 당신 친구들에게 카메라를 돌려 봐야겠네요. 친구들은 남은 인생 동안 당신을 돕지 못했다고 자책하고 있을까요?(불손함)" 둘은 침묵한 채로 앉아 있다. 그리고 나서 치료자는 의자를 앞으로 당겨 앉는다. (그리고 다시 매우 강력하지만 조용하고 따뜻한 상호 존중 태도를 취한다.) "이베트, 괜찮은 척하기에는 너무 벼랑 가까이 서 있어요. 고통을 가라앉혀요. 우리 함께 길을 찾아봐요."

이베트는 다음 주에 낙제에 대한 두려움으로 자살 충동이 심해질 거란 예상을 할 수 있었다. 특히 논문 마감과 시험이 같은 날이란 것을 생각하면 자살 생각이 심해졌다. 집중력이 떨어져 공부를 할 수 없었고 환청이 들려 괴로웠다. 그녀는 제대로 하지 못하면 새아버지가 학비 지원을 끊어 버릴 거라 믿었다. 어떤 순간에 치료자가 이베트에게 압도감과 절망감을 느끼더라도 대화에 적극적으로 참여하고 해결책을 도출하도록 끌어가고 있을 때였다. 이베트는 소리쳤다. "이해가 안 되세요? 난 못 해요!" 치료자는 문제 해결의 변화 전략에 초점을 맞추고 있었지만 이베트는 자신의 취약성을 주장한다. 이때, 치료자는 초점을 전환하여 이베트가 실제 취약성으로 대학을 그만둘 여지가 있는지 탐색하려고 한다. 하지만 이런 방법은 이베트가 치료자에게 더 공격적이 되거나 아예 입을 닫아 버리게 할 위험성이 있다. 치료자가 더 이상 그녀를 믿지 못하는 것이라고 느껴지거나, 새아버지가 줄곧 옳았던 것이라고 느껴지거나, '감정 문제'가 계속 괴롭히고 삶은 끝없는 실패의 연속일 터이니 더 이상 살 이유가 없다고 생각될 수 있기 때문이다.

대신 치료자는 공감과 수인을 하면서 이베트의 전형적인 패턴을 서술함으로써 변증적으로 반응한다. 치료자는 이베트의 감정이 어떤지, 이베트가 과거 사슬 분석의 그녀의 패턴 속 어디에 위치하고 있는지 정확히 알고 있음을 보여 주고, 그 다음 문제 해결로 돌아간다.

"이베트, 잘 들어 보세요. 당신의 지금 상황을 설명해 볼게요. 일이 잘 풀리다가 스트레스가 쌓이면 당신은 겁에 질리고 자살을 상상해요. 하지만 주변 사람들은 상황이 얼마나 나쁜지 조금도 알 수 없죠. 내 말이 맞나요? (이베트가 고개를 끄덕인다.) 하지만 이번에 당신은 다르게 하고 있어요. 이건 당신에게 효과가 있을 텐데, 왜냐하면 내가 당신이 여기 한 가닥 줄을 잡고 있는 걸 보고 있기 때문이죠. 당신은 병원에 가서 잠과 환청에 대해서 도움을 받았죠. 그건 정말 잘했어요. 뇌에 도움이 되는 거니까요. 이건 당신이 잡고 있는 줄을 더 튼튼하게 해 주는 것이죠. 당신에게는 내가 있고, 우린 좋은 팀이죠. 나는 당신이 얼마나 힘든 상황인지 알죠. 다행스러운 일이에요. 하지만 당신은 점점 지쳐 가고 있어요. 그리고 지칠 때 당신의 마음은 자꾸 자살을 해결책으로 찾아가네요. 이제는 오래된 패턴을 그만두고, 수동적인 건 화장실 변기에 버리세요. 난 당신이 몇 번이나 그 패턴을 더 할지, 그 패턴을 극복할지 잘 모르겠네요. 당신은 그것 때문에 자신을 미워하죠. 당신은 점점 더 통제 안 되는 행동을 하고, 부모님은 점점 더 당신을 통제하게 되고요. 당신은 그걸 또 싫어하고, 따라서 우리는 선택의 여지가 있습니다. 맞죠? 당신 자신이 통제력을 갖든지 아니면 다른 사람이 그러든지 둘 중 하나입니다. 나는 당신에게 투표하겠어요. 그래서 우리가 해결해야 할 문제는 다음 중에 당신에게 더 좋은 것을 고르는 거예요. 질병 휴학이 좋을지, 아니면 교수님들과 상의해서 학기를 마무리할 방법을 찾아내는 게 좋은지요. 여기에 사용할 기술은 장단점 비교하기입니다. 해 보시겠어요? 이게 당신에게 맞는 것 같나요?"

잠시 후, 이베트는 새아버지에게 주간 보고서를 제출하는 게 얼마나 수치스러운지 분노에 차서 장광설을 늘어놓았고, 어머니가 공황에 빠져 최악을 가정한 것에 대해 분개했다. 이에 치료자는 불손하게 반응한다.

"그건 이미 많이 불러 본 레퍼토리 같은데요. '너는 정말 짜증나!'(우스꽝스럽게 두 주먹을 휘둘러서 이베트를 웃게 만들었다.)라고 퍼붓는 거 말이죠. 만약 이렇게 미친 여자처럼 소리치면서 있다면, 부모님은 당신을 통제하려 들고 당신의 말을 더 불신할 겁니다. 당신이 미친 행동을 할 때는 꽤 무서워요. 그리고 당신이 그럴 때 부모님도 미친 행동을 해요. 이건 우리가 원하는 게 아니에요. 우리는 새로운 노래가 필요해요. 제목은 '이베트는 잘 대처하고 있다' 정도? 이 노래를 하면 부모님은 당신을 진지하게 받아들이고 당신을 통제할 필요가 없다고 느낄 거예요. 부모님의 통제력을 당신이 완벽히 통제하는 거죠."

이 마지막 코멘트로, 치료자는 내담자의 통제력에 대한 딜레마에 역설로 들어가기를 변증적으로 사용한다.

다른 때에 치료자는 이베트가 주변의 도움을 더 많이 받을 수 있는 방법에 대해 논의하고 있었다. 이베트는 이런 것까지 할 필요는 없다고 주장하기 시작했고, 구체적인 계획이 없어도 학교 생활과 주말을 잘 지낼 수 있다고 확언했다. 치료자는 말했다. "당신 말은 마치 실험 가운을 입은 사람들이 칠판에 알 수 없는 방정식을 적어 놓고 '이제 기적이 일어나리라.'라고 외치는 만화 장면 같아요." 이베트는 웃었다.

> 이베트: 기적이 일어나면 좋겠네요.
> 치료자: 기적이 일어난다면 어떤 모습일지 궁금해요. 만일 당신이 필요한 도움을 제대로 받는다면?
> 이베트: 나는 병원에 들어갈 수도 있지만 나와서 학교에 가거나 일을 하거나 하겠죠. 어쨌든 혼자는 아니겠죠.

이베트는 자신에게 얼마나 간절하게 도움이 필요한지를 느끼고는 수치심의 파도에 휩싸여 한동안 말을 잇지 못했다. 치료 시간이 얼마 남지 않아서 치료자는 수치심을 스스로 진정시키는 기술을 코칭하는 대신에 유머를 말해 주어 그녀의 수치심 조절을 도왔다.

> 치료자: 애니 라모트(Annie LaMott, 역자 주: 미국의 베스트셀러 작가) 아세요? 그녀가 말하기를 "내 마음은 못된 이웃과 같다. 나는 거기에 절대 혼자서는 가지 않는다."라고 했어요. 지금 우리에게 완전히 딱 맞는 좌우명이죠. 당신에게 도움을 줄 수 있는 사람이 더 없을까요?
> 이베트: 모르겠어요.
> 치료자: 음, 지혜로운 마음은 뭐라고 할까요?
> 이베트: 모르겠는데요.
> 치료자: 혹시 모르니 그냥 한번 해 봅시다, 알겠죠? (질문을 하고 답을 기다리는, 지혜로운 마음 훈련을 시행한다.)
> 이베트: (몇 분 후, 아주 침착하게) 다이앤과 함께 있어야 해요. 다이앤은 나에게 병원이 되어 줄 수 있어요. 식당 예약을 했을 때처럼 스케줄을 짜 보아야겠어요.
> 치료자: 좋아요. 기분이 어때요?
> 이베트: 다이앤은 생각도 못 했었네요. 그 친구는 나를 도와줄 거예요.

치료자: 전화번호를 알고 있나요?

이베트: 네.

치료자: 지금 전화해 봅시다.

결국, 치료자와 내담자는 위기 상황을 대비한 계획을 세웠다. 이베트는 부모님에게 정신병적 증상이 심해져서 학교를 다니기 어렵게 만드는 문제를 설명하고 조언을 구하는 편지를 썼다. 언제든지 도와줄 수 있는 친구 집에 머무르면서, 과제 하나를 빼고 남은 과제에 완전히 집중할 수 있도록 조정했다. 생각을 곱씹지 않고 활동적으로 지내려고 추가로 주말 아르바이트를 구했다. 치료자가 연락 가능한 시간과 범위를 명확히 하자 그들은 이에 맞추어 더 적합한 계획을 세울 수 있었고, 치료자가 휴가 때에도 전화 연결을 시도한 것을 알고 이베트는 감동받고 고무되었다. 그녀가 치료자를 더 믿으면서, 그녀는 더 기술적으로 행동하였다. 부모님은 안심하고 강제로 통제하지 않게 되었다.

지금의 현실을 수용하는 맥락에서 변화를 추구하는 이 변증의 핵심은 극과 극의 대립을 같은 호흡으로 결합하는 형태를 취한다. "맞아요. 그리고"라는 치료적 언어다. "당신은 할 수 있는 최선을 다하고 있어요. 그리고 더 열심히 시도해야 해요." 수인과 문제 해결의 비율은 상황에 따라 달라진다. 시간의 흐름에 따라 균형은 변화를 강조하여 맞추어지기도 하고, 수용을 강조하여 맞추어지기도 한다. 또는 치료자가 이 위치에서 저 위치로 빠르게 이동하여 내담자의 균형을 무너트리고 경직된 태도에 고착되지 않게 할 필요도 있다. 균형 잡힌 추진력을 유지하기 위해서는 빠르게 전환하는 능력이 필수적이다. 이 장에서 설명한 변증적 태도와 구체적인 변증 전략은 치료자가 온 마음의 확신과 능력과 헌신을 가지고, 또 한편으로는 수용과 변화의 균형을 잡는 절묘한 민감성을 가지고, 치료를 진전시키도록 돕는다. 다음 장에서는 지금까지 논의한 변화와 수용과 변증 전략을 치료자가 어떻게 잘 통합하여 각 임상적 상호작용에서 최대의 진전을 얻는지를 소개한다.

제6장

평가하고, 동기 부여하고, 움직이기

각각의 상호작용을 최대한 활용하기

　이제 제3, 4, 5장에서 핵심 전략의 사용법을 자세히 다뤘으므로, 이 장에서는 제2장에서 소개한 임상적 의사결정을 위한 변증행동치료(Dialectical Behavior Therapy: DBT)의 프레임워크로 돌아가겠다. 제2장에서 나는 1차 표적 행동에 대한 조절 변수를 파악하여 초기 사례 개념화를 만드는 방법을 설명하였다. 이번 장에서는 치료 전 단계 이후에 치료자가 무엇을 어떻게 치료하는지에 대해, 매 순간 결정하는 방법에 집중하면서 회기들이 어떻게 진행되는지 설명하고자 한다.

　내담자의 문제를 적극적으로 공식화하고, 치료를 계획하며, 치료 개입을 하는 것이 각각의 임상적 상호작용에서 계속 이루어지고, 한 치료 회기 과정에서 이런 상호작용은 여러 번 벌어진다. 험난한 지대를 헤치며 길을 찾을 때면 먼저 땅의 형세를 파악해야 한다. 즉, 각 치료적 접촉이 시작되면 당신은 당신과 내담자가 치료 계획 내에서 현재 어디에 있는지, 그리고 그곳이 둘이 목표로 하는 곳과 어떤 연관이 있는지에 대한 전반적 이해를 얻기 위해 평가를 해야 한다. 그 다음, 당신은 동기를 부여해야 한다. 내담자가 당신의 제안에 끌려가는 것이 아니라, 자신의 힘으로 제안한 길을 가는 데 동의하고 기꺼이 갈 의지가 있는지 확인해야 한다. 마지막으로, 당신은 움직여야 한다. 치료자는 내담자의 목표를 향해 가능한 한 가장 큰 움직임을 만들기 위해 치료적으로 개입한다. 이러한 전반적인 절차는 간단해 보이지만, 여기에 '사악한 문제들'이 있기 마련이고, 이에 따른 많은 복잡한 관계와 얽힘이 생겨서 나무만 보고 숲을 보지 못하게 되기 쉽다. 따라서 나는 이 절차를 다섯 가지 주요 작업으로 나누어 구성하고, [그림 6-1]에 표시된 의사결정 나무로 그려 보았다.

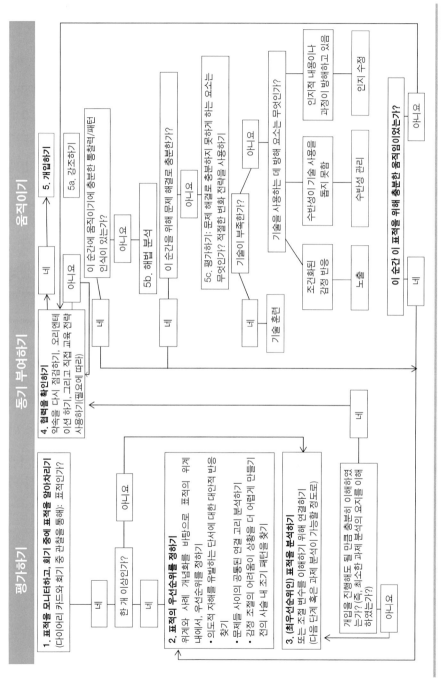

[그림 6-1] 평가하고, 동기 부여하고, 움직이기: 행동 분석과 개입 사용 단계

평가하기: 우리가 어디 있는지 알기

과제 1: 표적을 모니터하고, 회기 중에 표적을 알아차리기

상호작용을 시작할 때, 치료자는 문제 및 진행 상황과 관련하여 내담자가 어디에 있는지 알아야 한다. 내담자의 다이어리 카드를 검토하고 내담자의 지난 한 주에 대한 보고를 듣고 회기 중에 내담자를 직접 관찰함으로써 이를 수행한다. 제3장에서 설명한 바와 같이 표준 DBT 다이어리 카드([그림 3-1] 참조)는 치료자가 현장에서 임상적으로 관련된 행동이 무엇인지 빠르게 볼 수 있도록 도와준다. 내담자는 매일 모든 1차 치료 표적을 관찰하고 다이어리 카드에 정보를 기록한다. 치료자는 필요에 따라 매주 혹은 주기적인 표준 평가 도구 혹은 개인에게 특별히 맞춤화된 평가 도구를 추가할 수 있다. 내담자는 완성된 다이어리 카드를 각 회기에 가져오고 일반적으로 치료 회기는 두 사람이 다이어리 카드를 함께 검토하는 것으로 시작한다.

치료자는 그 사람의 삶에서 발생하는 다이어리 카드를 완성하는 데 방해가 되는 문제를 예상해야 한다. 예를 들어, 내담자가 자신의 행동에 대한 심한 수치심으로 어려움을 겪는다면, 내담자는 수치심의 증가를 피하기 위해 다이어리 카드에 문제를 기록하는 것을 피할 수 있다. 내담자가 친구들의 아파트를 전전하며 살고 있다면, 그녀는 혼란스러운 거주 상황에서 자신의 다이어리 카드를 간수하지 못할 수도 있다. 어느 경우든, 다이어리 카드 자체는 내담자의 삶의 문제 전반에 걸친 공통적인 연결 고리에 대해 작업할 수 있는 기회가 된다. 예를 들어, 내담자가 다이어리 카드를 가져오는 것을 잊었을 때 방해 요소에 대해 간단한 사슬 분석을 시행한다. 그녀는 지난 회기를 마칠 때 실제로 그것을 하겠다고 약속했는가? 그녀는 주중에 다이어리 카드 작성하는 것을 기억하고 있었는가? 그녀가 다이어리 카드를 실제로 작성하려고 했고, 기억도 하고 있었다면 다이어리 카드를 완성하는 데 방해가 된 것은 무엇인가? 종종 다이어리 카드를 완성하지 못하거나 잊어버리게 한 연결 고리는 다른 문제 행동을 일으키는 연결 고리로도 작용한다.

다이어리 카드를 함께 검토할 때, 진행 상황이나 문제 및 패턴 등을 찾아보라. 카드에 기록된 행동들 간의 기능적 연관성에 대해 내담자와 함께 이야기를 나누면서 탐색한다. 예를 들어, "술을 덜 마신 이 이틀 동안 두려움과 수치심이 훨씬 더 높았 네요. 알고 계셨나요? 이것이 관련이 있을까요?"와 같이 이야기할 수 있다.

다이어리 카드 외에도 당신은 내담자를 직접 관찰하고, 내담자가 그 주에 무엇이 중요했다고 이야기하는지 관찰한다. 그다음에 두 번째 작업은 임상적으로 관련된 행동(문제이거나 혹은 진전이거나)이 회기 중에 발생하는 순간을 알아차리는 것이다 (Tsai et al., 2008). 회기 사이의 일상생활이나 또는 회기 중에서 이런 것들을 발견할 때마다, 치료 진전을 강화하고 필요한 변화를 촉진하는 기회로 이용한다. 이는 종종 간단히 내담자의 발언을 수인해 주거나 강조함으로써 수행할 수도 있다.

과제 2: 표적의 우선순위를 정하기-무엇에 관심을 두어야 하는가

보통 하나 이상의 표적 행동이 주중 혹은 회기 중에 발생한다. 여러 표적 행동에 치료적 관심이 필요한 경우, 표적의 위계와 사례 개념화를 함께 고려해서 치료 작업 의 우선순위를 결정한다. 사례를 통해 이 두 가지를 고려해서 우선순위를 결정하는 방법을 보여 주려 한다.

캐리는 지난 회기 이후, 담뱃불로 자신의 몸에 화상을 내고 치료자에게 음성 메시 지를 남겼는데, 약에 취한 목소리에다가 작게 웅얼거려서 치료자는 무슨 말인지 알 아들을 수가 없었다. 또한 치료자는 캐리가 다음 주에 위기에 처하기 쉬운 두 가지 상황에 직면하게 된다는 것을 알게 되었다. 룸메이트와 대화가 잘 되지 않으면 머무 를 곳을 잃을 것이고, 새 직장을 구하기 위한 면접이 예정되어 있다. 만약 당신이 그 녀와 50분간 면담을 한다면 그 시간을 어떻게 사용하겠는가?

1단계의 표적 위계를 적용하면, 의도적 자해와 같은 생명을 위협하는 행동을 줄 이는 데에 우선순위를 두어야 한다(표적 1). 그 다음 치료적 관계 자체의 문제를 예 방하거나 해결할 수 있다(표적 2). 그런 다음 심각한 삶의 질 문제(표적 3)와 앞의 모 든 것을 뒷받침하는 데 필요한 기술을 제공하는 것(표적 4)으로 캐리를 도울 수 있 다. 최적의 회기에서 치료자는 가능한 한 많은 표적에서 최대한 많은 진전을 얻으려고 노력할 것이다. 이렇게 회기 시간 중에 우선순위를 정하기 위한 표적의 위계만 사용하면, 치료 작업을 위한 다음과 같은 작업 의제가 정해진다.

① 앞으로의 자해를 방지한다. 캐리가 담뱃불 자해를 할 수밖에 없었던 상황을 이 해하기 위해 사슬 분석을 시행하고, 다음 번 비슷한 상황에서는 다르게 행동할 수 있는 방법을 알기 위해 해법 분석을 한다. 자해를 중단하겠다는 약속을 왜 지킬 수 없었는지 확인하고, 필요하다면 다시 약속에 대해 논의한다.

② 치료 방해 행동을 줄인다. 문제의 음성 메시지와 같은 상황이 발생할 가능성을 줄이기 위해 필요한 조치를 취한다. 사슬 분석, 해법 분석 그리고 아마도 수반 성 명료화 및 수반성 관리가 사용될 것이다.

③ 삶의 질 방해 행동을 줄인다. 시간이 있으면 룸메이트와의 문제와 면접 문제를 도와준다.

그러나 표적의 위계가 금과옥조는 아니다. 표적의 위계는 사례 개념화와 함께 사 용되어야 하는 일종의 가이드라인이다. 이 특정 내담자의 경우 머물 곳을 잃거나 면 접에서 떨어지면 부모에게 돈을 요청해야 한다. 돈을 요청하는 일은 캐리에게 굴욕 감을 주고, 부모님은 그녀를 가혹하게 비판할 것이다. 과거에 이 상황은 그녀의 자 살 시도와 관련된 상황이었다. 캐리의 사례 개념화에 따르면 삶의 질 문제를 치료하 지 않으면 자살 시도의 가능성이 증가한다(표적 1). 이 경우에 표적 1을 치료하는 가 장 좋은 방법은 캐리가 룸메이트와의 대화와 취직 면접을 성공적으로 마칠 수 있도 록 돕는 것이다. 이러한 치료 과제는 임박한 자살 위기 행동의 가능성에 영향을 미 치기 때문에 다른 의제 항목보다 우선해서 다루어져야 한다. 자살의 위험을 줄이는 것이 담뱃불로 하는 의도적 자해보다 우선순위가 높다.

이 예는 행동 기능 분석의 중요성을 보여 준다. 우선순위가 가장 높은 표적을 식 별하려면 연관 요소들이 영향을 미치는 패턴을 이해해야 한다. 형식에 초점을 맞추 는 것은 잘못된 판단이다(예: "이것은 삶의 질 방해 행동이므로, 우선순위가 낮지."). 그 보다는 기능에 초점을 맞추는 것이 좋다("이 삶의 질 문제는 기능적으로 자살 시도와 관련이 있네."). 만약 치료자와의 갈등이 과거의 자살 행동 증가와 관련이 있었다면, 내담자의 그 음성 메시지에 대처하지 못하는 것이 자살 위기를 촉발할 수도 있다. 만일 그렇다면 음성 메시지와 관련한 치료자와 내담자의 치료 방해 행동을 해결하는 것이 최우선순위가 될 텐데, 이 문제를 해결하는 것이 자살 위기 행동의 확률을 가장 직접적으로 감소시킬 것이기 때문이다. 표적의 위계는 규칙에 얽매이거나 세련되지 않은 방식은 좋지 않고, 항상 사례 개념화와 함께 사용해야 한다.

치료자는 내담자가 '치료 계획 내에 어디에 있는지' 알기 위해, 현재 상황을 살펴보고 말 그대로 내담자가 표적 행동으로 가는 경로에 있는지 확인한다. 한 내담자의 경우, 치료자는 과거의 심각한 자해 사건과 가장 관련이 있는 두 가지 변수를 보자마자 그녀가 자해로 가는 중이라는 것을 알 수도 있다. 그녀는 회기 중 해리 증상을 보였고 계획되지 않은 주말을 앞두고 있었다. 내담자를 알고 그가 위치한 '지형'을 읽고서, 치료자는 의도적 자해의 위험을 줄이기 위해 해리를 치료하는 것을 우선순위로 둔다. 그러나 다른 내담자에서는 해리 증상이 종종 몇 시간 동안 잠을 자는 것으로 이어져서 해리가 그녀를 의도적 자해의 경로에서 벗어나게 만든다(그러나 아마도 결근으로 인해 해고되는 길로 갈 수도 있겠다). 이렇게 내담자에게 특유한 사슬과 그 행동이 움직이는 경로를 아는 것이 치료 작업의 우선순위를 결정한다. 캐리가 자살 위기로 향하는 경로에 있다면, 정확히 거기의 어디쯤에 있는가? 자살 쪽으로 가까이 있는지? 아직은 멀리 있는지, 천천히 움직이고 있는지 아니면 빠르게 움직이고 있는지? 그녀가 자신의 목표를 향해 나아가면서도 자살 충동을 피할 수 있는 대체 경로는 어디인가?

사례 개념화의 맥락 안에서 표적의 위계를 사용하여 치료 작업의 우선순위를 결정하면, 치료자는 회기 내에 달성하고자 하는 목표를 생각할 수 있다. 치료자가 대화 중에 더 많은 것을 알게 되면서, 우선순위가 바뀌거나 더 명확해질 수 있다. 이것이 우리를 그 다음 단계로 이끌어 간다.

과제 3: 최우선순위인 표적을 분석하기-우리는 길 위의 어디에 있는가

임상적 의미가 있는 내담자의 표적 행동을 파악하고 이들의 우선순위를 정하고 나면, 다음에 할 작업은 우선순위가 가장 높은 표적의 특정 사례를 조사하는 것이다. 사슬 분석을 사용해서 치료 개입이 가능할 만큼 조절 변수에 대한 명확하고 충분한 이해를 얻어야 한다. 사슬 분석은 "우리가 함께 이것에 대해 자세히 살펴볼까요?"라는 질문에 대한 내담자의 명시적 혹은 묵시적 동의가 있어야 시작할 수 있다. 따라서 내담자가 이 작업에 기꺼이 협력할 의향이 있는지를 먼저 확인해야 한다. 만일 내담자가 작업을 꺼리고 있다는 것을 감지하면 치료자는 내담자의 동기를 북돋는 작업으로 전환하고(과제 4 참조), 이후에 다시 사슬 분석으로 돌아온다.

보통, 사슬 분석에서 두 지점의 작업을 먼저 하는 것이 가장 합리적이다. 한 지점은 여기를 넘으면 돌이키기 어려운 지점, 즉 여기는 내담자가 문제 행동을 저지르지 않고 뒤로 물러설 수 있다고 생각되는 지점이다. 두 번째 지점은 사슬 초기에 감정 조절의 어려움 때문에 경로 변경이 어렵게 되기 직전의 지점이다. 이 지점은 종종 문제 행동으로 가는 경로의 첫 번째 신호에 가까운 경우가 많다.

동기 부여하기

과제 4: 협력을 확인하기

변화 정도를 평가하거나 변화로 이끌어 갈 때마다 치료자는 내담자와 충분히 협력하여 작업하고 있는지 확인해야 한다. 내담자는 충분히 오리엔테이션이 된 상태에서 치료 작업을 시작해야 한다. 내담자는 자신의 목표와 관련하여 어떤 행동이 문제인 이유와 변화를 만들면 어떻게 목표를 향해 나아가는 것인지를 생생하게 이해해야 한다. 변화를 시작하기 전에 지도를 꺼내 내담자에게 "당신은 지금 여기 있습니다. 우리는 여기에 가고 싶은 것이지요. 맞나요? 현재의 행동을 지속하는 것은 목표 지점으로 가는 경로에서 벗어나게 하는 것이 보이나요? 지금 있는 곳에서 가고 싶은 곳으로 가려면 대체 경로가 필요합니다. 동의하십니까?"라고 말하는 것과 같다.

내담자가 치료 과제에 대해 치료자와 잘 작업할 수 있을 만큼 충분히 동의하는지 지속적으로 모니터링해야 한다. 이것은 정교하거나 명시적일 필요는 없다. 때로는 암묵적인 동의가 너무 명확하여 치료가 마치 잘 협력하는 두 마리의 말처럼 진행되기도 한다. 또 어떤 때에는 치료자는 잘 동의되었다고 생각하지만 내담자는 그렇지 않은 경우도 있다. 내담자는 여러 가지 이유로 미묘하게 주저할 수 있다. 내담자가 작업을 꺼리는 것을 감지하면, 치료자에 대해서건 내담자에 대해서건 협력을 다시 얻기 위한 작업으로 전환해야 한다. 예를 들어, 때때로 내담자는 치료자가 제안한 것이 얼마나 목표와 연관이 있는지 이해하지 못하거나, 치료자가 문제를 진정으로 이해하지 못한다는 느낌을 받는다. 이 경우 치료자는 내담자의 관점을 보다 정확하게 이해하기 위해 평가로 전환하거나, 내담자를 정확히 이해하고 있음을 전달하기 위해 직접 교육 혹은 오리엔테이션 전략으로 전환해야 한다. 또 다른 경우로, 내담자가 치료 과제와 그 근거를 이해하지만 변화에 대해서 양가감정을 갖고 있을 수도 있다. 이 경우, 치료 전념에 대한 약속 자체가 작업의 명시적인 초점이 된다. 치료자는 진정한 협력을 유지하기 위해 언제든 무엇이든 필요한 작업을 해야 한다.

그런 다음, 구체적으로 모든 변화 개입(사슬 분석 포함)은 "다음과 같은 작업을 우리 함께 실행할까요?"라는 질문에 대한 명시적 또는 묵시적 동의와 함께 시작한다. 그 순간에 무엇이 필요한지에 따라, 치료자는 내담자의 현재 상태와 명백하게 연결되는 방식으로 문제와 치료 과제를 분명히 할 수도 있고, 치료자는 비판단적이지만 직면하는 태도로 문제의 핵심에 대담하게 접근할 수도 있다. 그 다음 수인 및 변증에 대한 장(제4장과 제5장)에서 설명한 지침들이 잘 작동되도록 한다. 예를 들어, 치료자는 협력을 강화하기 위해, 선택할 자유, 대안의 부재라는 전념 전략을 사용하면서, 따뜻한 상호 존중 스타일과 불손한 스타일 사이를 오가며, 내담자의 의구심을 충분하고 생생하게 수인해야 할 수도 있다.

내담자의 목표를 향해 움직이기

필요한 치료 작업의 우선순위와 내담자의 동기에 대해 전반적으로 파악한 다음에는 가장 우선순위가 높은 과제부터 협력 작업을 시작하게 된다. '작업'은 다양한 형태를 취할 수 있으며 변화 지향적인 전략의 사용으로만 정의할 필요는 없다. 평가만으로도 충분한 작업이 될 수 있고, 특히 평가가 노출 치료로 기능하거나 감정을 관찰하고 서술하는 데 초점을 맞추어 적응적인 반응을 강화할 수 있을 경우에 그렇다. 아주 조금의 변화를 만드는 것만으로도 주어진 순간에 충분한 작업이 될 수 있다. 평가를 통해 다른 역기능적 연결 고리가 드러나거나, 회기 중에 다른 역기능적 연결 고리가 나타나는 경우 작업의 초점이 바뀔 수도 있다. 치료자는 '작업 가능한 순간'이 있을 때마다, 변화나 움직임이나 임상적 진전이 있을 때까지 또는 더 높은 우선순위 표적이 나타나서 초점을 바꾸어야만 할 때까지, 그에 대한 작업을 해야 한다. 작업 가능한 순간이란, 다른 모든 중요한 작업과 그 순간의 내담자의 능력을 감안할 때 주어진 시간에 약간이라도 변화를 일으키는 것이 가능하다고 치료자와 내담자가 이해한 순간을 말한다.

중요한 연결 고리를 식별했을 때, 특히 그 연결 고리가 여러 가지 문제와 연결되어 있다고 생각한다면, 그 연결 고리를 해결하는 데 회기의 시간을 배정하여 치료 과제의 우선순위를 변경할 수 있다. 예를 들어, 내담자가 금요일 밤에 맥주 다섯 잔을 마셨고 자해 충동이 급증했음을 치료자가 다이어리 카드에서 보았다고 하자. 치료자가 이에 대한 사슬 분석을 함께 시작했을 때, 내담자가 술을 많이 마시는 친구에게 자기 차를 빌려주었다는 것을 알게 되었다. 이런 경우, 즉시 치료 작업의 우선순위를 재편성해야 할 수도 있다. 치료자는 사례 개념화를 빠르게 점검해서, 특히 우선순위가 가장 높은 표적에 대한 조절 변수들을 기억해야 한다. 이것이 반복되는 위기 발생 행동 패턴의 시작이라면, 그녀는 계획대로 차를 되찾지 못해서 직장에 못 나가고 이미 아슬아슬했는데 결국 직장에서 해고당하거나, 지난번처럼 친구의 무책임한 행동에 대해 큰 말다툼을 하게 된다. 이러한 사건들이 자살 위기의 위험을 증가시킬 수 있는가? 만일 그렇다면, 내담자가 아직 위기의 초기 단계에 있을 때 대화의 방향을 그 위기 쪽으로 돌려야 한다. 치료자는 그녀가 향후 최악의 시나리오에 대하여, 자살 행동에 의존하지 않고 대처할 확실한 계획을 가지고 있는지 확인해야 한다. 만일 두 사건 모두 자살 행동의 위험을 증가시키지 않는다면, 간단하게 이 친구와의 관계에서 문제 있는 선택을 반복하는 패턴을 강조하고 추후에 이 위기 유발 행동을 줄이기 위해 무엇을 할지 생각해 보자고 할 수 있다.

치료자는 취할 수 있는 것을 얻고, 얻을 수 있는 것을 취한다. 치료자는 주어진 순간에 앞에 놓인 치료 과제를 알고 그 순간에 맞는 작업을 하는데, 이는 내담자의 능력과 회기 내 사용 가능한 시간 사이에서 가장 중요한 것에 균형을 맞추는 작업이다. 부정적인 피드백에 극도로 민감한 내담자의 경우에는, 피드백을 받아들이고 회기를 안정적인 상태로 마치도록 감정 조절하는 것을 돕는 데 치료자가 대부분의 시간을 사용해야 해서 내담자의 치료 방해 행동을 다룰 시간이 부족할 수 있다. 비판을 바로 받아들일 수 있는 다른 내담자는 치료자에게 "사람들도 항상 나에게 그렇게 말해요. 그 부분에 대해서 고쳐 보도록 할게요."라고 말하면서 웃어넘길 수도 있다. 내담자가 위기 상황 한가운데에 있을 때, 치료자에겐 시합 중의 권투 코치처럼 매우 짧은 시간만 주어진다. 권투 선수가 제대로 경기에 다시 임하도록 하려면, 치료자는 가장 높은 우선순위의 문제를 신속하게 다루어야만 한다.

과제 5: 개입하기

치료 여정 중에서 내담자가 다르게 행동하여 진전을 이룰 수 있는 갈림길을 발견하면, 강조하기나 해법 분석이나 네 가지 변화 절차(기술 훈련, 노출, 수반성 관리 및 인지 수정, [그림 6-1] 참조) 중 하나 이상을 활용하여 개입해야 한다. 다시 말해, 치료자는 기본 과제 분석을 떠올려서, 기존의 행동을 새로운 행동으로 어떻게 대체시킬 것인지 살핀다. 치료자에게는 사례 개념화와 그 순간이 어떻게 일치되는지에 따라 얼마나 강하게 개입할 것인지 다음 세 가지의 기본 선택지를 가진다.

선택 5a: 강조하기

강조하기는 내담자의 행동과 그 의미에 대한 특정 사례에 대해 간략히 언급하는 것으로, "……이런 것을 알아차리셨나요?" 혹은 "……이런 점이 흥미롭지 않나요?"와 같이 말하는 것이다. 강조하는 언급만으로도 변화를 이끌 수 있다. 예를 들어, 한 치료사는 내담자에게 장난스럽게 이렇게 말했다. "당신은 타인에게 합당한 요구를 할 때마다 항상 '귀찮게 해서 죄송합니다만'이라는 말로 시작하는 것을 알고 있나요? 이건 꽤 흥미로운 것 같은데, 어떻게 생각하세요?" 내담자가 대답하기를 "이제 제가 그러지 말아야겠죠? 기술 훈련에서 이야기했던 것처럼 죄책감의 행동 충동 때문에 그런 거 같아요." 그때부터 내담자는 지나치게 사과하는 스타일을 스스로 수정하기 시작했다. 강조하기 언급은 역기능적 행동에 대해 본격적인 작업을 할 시간이 충분하지 않지만 아무런 언급 없이 넘어갈 수는 없을 때, 이를 지적하고 넘어가는 것에도 자주 사용된다.

선택 5b: 해법 분석

강조하기 이상의 것이 필요한 경우에는 해법 분석이 최선의 방법일 수 있다. 이것은 내담자가 고려해 보지 않았던 해결책을 치료자가 제안하는 것 같은 최소한의 개입의 형태를 취할 수 있다. 다른 경우에는 제3장에서 마이클의 수면 문제에서 보여 준 것과 같이 확장된 해법 분석이 필요할 수 있다. 이는 문제를 파악하기, 해결책에 대한 브레인스토밍하기, 해결책 하나를 선택하기, 해결책을 실행하기, 그리고 그 결과를 면밀히 평가하여 문제를 해결하고 일반화하기로 구성된다. 해법 분석을 수행할 때는 많은 핵심 전략을 결합하여 내담자가 작업을 수행하는 데 충분히 동기를 부여받고 전념할 수 있도록 한다.

선택 5c: 기술 훈련, 노출, 수반성 관리, 인지 수정

문제를 분석하고, 해결책을 제안하고, 치료 방향을 오리엔테이션하고, 정보를 제공하고, 전념 약속을 얻는 것(즉, 대부분 그냥 대화임)이 효과가 없을 때, 치료자는 기본적인 행동치료의 평가 질문으로 돌아간다. 이 질문은 "내담자는 이것을 다르게 다루는 데 필요한 기술을 가지고 있는가?"다. 만일 그렇지 않다면 기술 훈련 절차를 사용한다. 내담자가 기술을 가지고 있지만 능숙하게 기술을 활용하지 못한다면 무엇이 방해가 되는지를 알아본다. 감정적 반응인가? 수반성 문제인가? 인지 과정이나 내용의 문제인가? 때로는 보다 적응적인 행동을 하도록 하기 위해, 이 네 가지 변화 절차를 사용하여 상당한 양의 작업을 수행해야 한다.

사례 개념화가 현재 처한 순간과 얼마나 일치하는지에 따라 얼마나 깊이 개입할지를 결정하라. 표적의 우선순위를 염두에 두라. 과거를 분석하는 것보다 미래의 심각한 문제 행동을 예방하는 것이 더 중요하므로, 내담자가 우선순위가 높은 표적 행동으로 갈 가능성을 줄이는 작업을 우선으로 하라. 내담자가 생명 위협 행동을 하지 않고 최악의 상황을 벗어날 수 있는, 막다른 그 지점에 대하여 작업하는 것이 현명한 경우가 많다. 극단적인 행동으로 가는 사건들의 사슬에서는 초기에 작업하는 것이 내담자가 아직 감정 조절이 가능하기 때문에 가장 쉬운 경우가 많다. 사슬들에 걸쳐 있는 공통된 연결 고리에 대하여 작업하는 것이 더 효율적이다.

▮ 임상 사례: 캐리

이제 앞서 설명한 결정 과정을 상세히 보여 주기 위해, 캐리의 사례로 돌아가 보자. 이 사례에서 단일 회기의 처음부터 시작하여 전체 과정을 훑어보겠다. 앞에서 보았듯이 치료자는 회기 시작 전에 몇 가지 우선순위 표적을 가지고 있다. 다시 요약하자면, 캐리는 지난 회기 후 담뱃불로 자신의 몸에 화상을 내고, 알아듣기 어려운 음성 메시지를 남겼다. 다음 주에 그녀는 취업 면접을 보게 되며, 룸메이트와 대화를 잘못 처리하면 머무를 곳을 잃을 수도 있다. 둘 중 하나라도 잘못되면 그녀는 부모에게 돈을 달라고 손을 벌려야 한다. 부모가 그녀를 심하게 비난하고 그에 따른 그녀의 굴욕감은 과거의 자살 시도와 관련이 있다. 따라서 캐리의 사례 개념화는 이러한 삶의 질 문제가 기능적으로 자살 위험 증가와 연관되며 따라서 이 회기에서 가장 높은 치료 우선순위가 될 수 있음을 시사한다.

과제 1: 회기 중에 표적을 모니터하고 알아차리기

치료자의 첫 번째 치료 과제는 회기의 작업 의제를 명확히 하는 것이다. 치료자는 자신과 내담자가 치료 과정 중 어디에 있는지를 파악하고 작업할 것들의 우선순위를 정해야 한다. 치료자가 면담 전 대기실에서 캐리를 만났을 때 그녀는 감정적으로 많이 고조된 상태인 듯 보였다.

앞서 논의한 세 가지 우선순위 표적을 사용하면, 지금까지 회기에서 다룰 잠정적인 의제는, ① 자살 행동의 가능성을 줄이는 것이며, 이를 수행하는 가장 좋은 방법은 그녀가 룸메이트와의 대화와 취업 면접에서 성공하도록 도와서, 실패하면 부모의 심한 비난을 유발할 수 있는 상황을 피하게 하는 것, ② 스스로 화상을 입히는 비자살적 자해를 앞으로 하지 않는 것, ③ 문제를 만드는 전화 메시지를 줄이기 위한 작업 수행이다.

회기가 시작되면, 캐리는 치료자에게 그녀의 다이어리 카드를 건네준다([그림 6-2] 참조). 캐리는 종종 다이어리 카드를 잊어버리므로 첫 번째 작은 치료 작업은 다이어리 카드 작성을 잘 하도록 강화하는 것이다. 치료자는 그냥 지레짐작하는 것이 아니라, 자신이 제공한 결과가 실제로 원하는 행동을 강화했는지 여부(수반성 관리)를 신중히 평가했다. 캐리는 "다이어리 카드를 아주 잘 작성해 오셨네요."와 같은 말을 혐오했다. 그런 말은 그녀가 과거에는 다이어리 카드를 잘 해 오지 않았다는 수치심을 불러일으켰고, 그래서 의도치 않게 카드 작성하는 행동을 처벌하는 기능을 했다. 대신에 "다이어리 카드는 그동안 당신 상황이 어땠는지 알아보는 데 도움이 됩니다."와 같은 간단한 언급이 훨씬 더 강화적이었다. 치료자는 다이어리 카드에 대한 순응도를 높이기 위해 이런 언급들을 점진적으로 사용했다.

치료자가 다이어리 카드를 점검하니, 캐리가 여러 항목을 비워 두어서 이 부분을 알 수가 없었다. 따라서 먼저 해야 할 작업은 비워 둔 항목에 대한 정보를 얻는 것이다. 그러나 우선순위가 높은 다른 작업이 많이 있기 때문에 이 작업은 빨리 수행해야 한다. 따라서 회기가 시작되면 치료자는 캐리와 함께 다이어리 카드를 보면서 다음과 같이 이야기할 수 있다.

변증행동치료 다이어리 카드

지침: 각 기술을 시행한 날에 ○표시를 하십시오.

이 카드를 얼마나 자주 작성하셨나요? ___매일 ___주 x 2-3번 ___한 번

다이어리 카드	회기 중 작성하였습니까? 예/아니요	월	화	수	목	금	토	일
1. 지혜로운 마음	○예			수	목	금	토	일
2. 관찰: 그냥 알아차림(충동 서핑)	예			수	목	금	토	일
3. 서술: 말을 붙이기	예			수	목	금	토	일
4. 참여하기: 체험으로 들어가기	예			수	목	금	토	일
5. 비판단적 자세	○예			수	목	금	토	일
6. 하나만 마음챙김으로: 한 순간에	예	○화		수	목	금	토	일
7. 효과성: 잘 작동하는 것에 초점 맞추기	예			수	목	금	토	일
8. 목적 효과성: DEAR MAN	예			수	목	금	토	일
9. 관계 효과성: GIVE	예			수	목	금	토	일
10. 자기 존중감 효과성: FAST	예			수	목	금	토	일
11. 취약성 줄이기: PLEASE	○예	○화		○수	목	금	토	일
12. 숙달감 쌓기	예			수	목	금	토	일
13. 긍정 경험 쌓기	예			수	목	금	토	일
14. 감정에 반대되는 행동(반대 행동)	예	○화		수	목	금	토	일
15. 주의 분산(적응적 거부)	예			수	목	금	토	일
16. 자신을 위로하기	○예	○화		수	목	금	토	일
17. 상황을 개선하기	예	○화		수	목	금	토	일
18. 장단점 파악하기	○예	○화		수	목	금	토	일
19. 철저한 수용	○예			수	목	금	토	일
20. 구조 만들기 // 일	예			수	목	금	토	일
21. 구조 만들기 // 사람	예			수	목	금	토	일
22. 구조 만들기 // 시간	예			수	목	금	토	일
23. 구조 만들기 // 장소	예			수	목	금	토	일

사용 충동(0~5): ___ 치료 회기 이전: 4 ___ 치료 회기 이후:

치료 중단 충동(0~5): ___ 치료 회기 이전: 2 ___ 치료 회기 이후:

자살 충동(0~5): ___ 치료 회기 이전: 3 ___ 치료 회기 이후:

BRTC 카드

변증행동치료 다이어리 카드

이름	ID 번호	회기 중 작성하였습니까?	얼마나 자주 이 다이어리 카드를 작성하나요?	시작 날짜
KS		예/아니오	매일 ___ ×2~3번 _X_ 한번 ___	

요일 & 날짜	충동			감정					약물				행동		기쁨	기술	R
	사용	자살	자해행동	신체적 고통	슬픔/비탄	수치심	분노/짜증	걱정/두려움	불법 약물	술	처방 약물	일반의약품	자해행동	거짓말			
	0~5	0~5	0~5	0~5	0~5	0~5	0~5	0~5	#	#	#	#	예/아니오	#	0~5	0~5	√
월	2	1	1	0	0	2	2	2					N	○		5	√
화	2	2	2	0	2	2	0	2					N	○		4	
수	2	1	2	0	2	2	0	2					N	○		5	
목	2	2	2	2	2	2	4	4					N	○			
금	3	2	5	2	4	4	4	4					N	○			
토	4	2	2	4	4	4	4	4					Y	○			
일	5	1	1	2	4	5	5	5					N	○			

*사용한 기술

명백하게 중요하지 않은 행동:
0 = 생각하지도 사용하지도 않았음
1 = 생각했지만, 사용하지 않았음, 원하지 않았음
2 = 생각했지만, 사용하지 않았음, 원했음
3 = 시도했지만 사용할 수 없었음

사용할 가능성을 열어 두기:
4 = 시도했고, 할 수 있었으나, 도움 되지 않았음
5 = 시도했고, 사용할 수 있었음, 도움 됨
6 = 시도 없이 사용함, 도움 되지 않았음
7 = 시도 없이 사용함, 도움 됨

[그림 6-2] 캐리의 다이어리 카드

"다이어리 카드를 같이 볼까요? (둘 다 볼 수 있도록 의자를 돌린다.) 아, 캐리, 언뜻 보기에도 힘든 한 주를 보냈네요. 다이어리 카드의 좋은 점은 이렇게 바로 즉각적인 공감이 된다는 거예요." (이 말을 하면서는 카드에서 눈을 떼고 캐리를 올려다보면서 친절하게 잠시 눈을 마주친다. 그런 다음 다이어리 카드를 다시 쳐다보며 사실 중심적으로 분석을 계속한다. 이는 수준 3의 수인이며 다이어리 카드 작성을 강화하려는 것이다.)

"어디 봅시다. 그래요. (강조하기) 일반 의약품과 술에 관련된 항목은 비어 있어서 파악할 수가 없네요." (강조하기)

캐리는 술에 대해서는 맥주 한 잔을 마셨고, 너무 적어서 기록할 생각도 하지 않았다고 답변한다. 그녀는 가끔 먹는 두통약 이부프로펜을 제외하고는 일반 의약품을 사용하지 않는다. 그녀는 자연스럽게 카드를 건네받아서 빈칸을 채우며 이야기한다. 다이어리 카드를 치료자에게 다시 건네주자, 치료자는 "괜찮았네요. 알겠습니다."라고 이야기한다.

이 대화에서 치료자는 나지막이 따뜻한 태도로 다이어리 카드를 작성하는 행동을 강화하려고 시도하고, 그 다음에 다이어리 카드 사용 습관을 형성시키기 위해 강조하기를 사용하였다. 여기서는 강조하기만을 사용하였고, 이것으로 다음번에 다이어리 카드를 잘못 채울 가능성을 줄일 수 있을 것이다. 치료자는 계속 이어 간다.

치료자: 가장 먼저 눈에 띄는 것은 자해 항목의 Y표시네요. 음성 메시지에서 얘기했던, 팔에 화상을 낸 것이죠? (지난 회기 후 캐리는 담뱃불로 팔을 화상을 입히고 치료자에게 알아듣기 어려운 음성 메시지를 남겼다.)

캐리: 네(고개를 끄덕인다). 나는 나 자신에게 많이 실망했어요. 이번 치료를 시작한 이후로는 자해를 하지 않았었는데.

치료자: 네, 알아요. 정말 많이 노력하셨던 것 알고 있어요(엄숙한 목소리로 말한 후, 잠시 멈췄다가 좀 더 사실 중심적인 말투와 속도로 말한다). 자해를 다시 한 것이 큰일이긴 하죠. 당신이 얼마나 실망했는지 이해할 수 있어요. 당신은 정말로 변화하기를 원하죠, 그래서 우리는 이것을 오늘 다뤄야 할 의제에 넣고 발생한 일에 대해 살펴볼 거예요(캐리의 의도에 대한 수준 3의 수인, 그리고 자신에 대한 실망감에 대한 수준 5의 수인을 함). 그리고 또, 자살 생각이 1s나 2s에서 5s로 크게 늘어났고(더 높은 심각도 수치로), 주초에 많은 기술을

진행했는데 그다음에는 없어지네요. 무슨 일이죠? 여기에 공백은 왜 그럴까요? (다시, 매우 사실 중심적으로 비판단적인 말투로 이야기한다. 치료자는 지금까지 회기 안에서 스타일 전략을 빠르게 바꾸면서, 때로는 더 따뜻하게, 때로는 좀 냉정하게, 수용과 변화의 변증적 균형을 잡으면서, 캐리가 감정 조절을 유지하도록 돕는다.)

캐리: 잘 모르겠어요. 내가 그걸 왜 안 적었는지 기억나지가 않네요.

치료자: 그렇군요. 아마도 우리가 회기를 진행하면서 기술 사용이 도움이 되는 지점이 있었는지 알아볼 거예요. 왜냐하면 이런 상황에서 당신에게는 여러 가지 선택할 수 있는 기술이 정말로 필요했던 것으로 보이니까요. 좋아요. 그래서 나는 오늘 회기 대부분의 시간을 당신의 자살 생각을 그렇게 높이고, 자해 충동을 증가시키는 것들을 어떻게 다룰지에 대해 사용하고 싶습니다. 내 말이 맞는 것 같나요? 괜찮을까요? (협력을 확인한다.)

캐리: 네.

과제2: 표적의 우선순위를 정하기

치료사는 우선순위를 파악하고 있다. 치료자는 자기 추측대로 캐리가 자살 위기로 가는 경로에 있는지를 알아보는 평가 질문을 할 필요가 있다. 캐리가 그 경로에 있는 것이 아니라면, 치료자는 비자살적 자해가 발생하는 상황 분석이나 자살 생각의 급증이 발생하는 상황 분석 중에서 내담자의 삶에 더 큰 위협이 되는 것을 골라서 분석할 필요가 있다. 치료자는 또한 비자살적 자해를 그만두겠다는 캐리의 약속을 다시 확립하기를 원할 것이다. 이 대화에서 함께 의제를 설정할 때, 치료자는 최선을 가정하여, 캐리가 실망한 것은 치료 전 단계에서 동의한 의도적 자해를 그만하겠다는 약속에 계속 노력하겠다는 뜻으로 생각한다. 하지만 치료자는 이 가정이 맞는지를 다시 확인하기를 바란다. 지난 주의 또 다른 표적 행동은 음성 메시지였다. 이것이 잘 다루어지지 않으면, 이런 행동은 치료자를 결국 지치게 만들 것이다. 치료자는 회기 초기가 가장 높은 우선순위의 작업으로 들어가기 전에 음성 메시지에 대해 약간의 작업을 할 수 있는 유일한 순간일 수 있다고 신속하게 결정한다. 따라서 치료자는 치료 방해 행동에 대한 간단한 사슬 분석을 진행하기 위해 살짝 방향을 전환한다.

과제 3: 치료 방해 행동인 음성 메시지를 분석하기

치료자: 본격적으로 들어가기 전에 한 가지 빠르게 짚어 볼 것이 있어요. 어젯밤에 나에게 남긴 음성 메시지를 기억하세요? 당신이 거의 약에 취한 것처럼 들렸기 때문에 나는 굉장히 걱정했어요. 무슨 일이 있었던 건가요? 무엇 때문에 말이 그렇게 웅얼거리게 된 건가요? (천사도 다가가기 두려워하는 곳에 발을 내딛는다.)

캐리: 수면제를 먹었는데도 마음이 진정되지 않았어요. 그래서 당신에게 전화를 하겠다고 마음 먹었는데 바로 그때부터 약효가 나타나서 잠이 들었던 거예요.

치료자: 약을 복용하기 전에 나에게 전화를 해 줄 수 있을까요? 아니면 난 많이 걱정할 것 같아요. 혹시 약을 과다복용하진 않았나요?

캐리: 아니요. 정량만을 복용했어요.

과제 5a, 5c: 음성 메시지 개입

치료자: 좋습니다. 당신이 몸을 가누지 못하겠고, 정신이 없는 상태일 때는 이렇게 꼭 말해 주세요. "내 말이 웃기게 들린다면 그냥 수면제를 복용했기 때문이에요. 나는 약 과다복용은 하지 않았어요." 괜찮죠? 왜냐하면 나는 그때 정말 혼란스러웠거든요.

캐리: 네. 그럼요.

이와 같은 약간의 강조하기와 수반성 명료화는 이 치료 방해 행동이 다시 발생할 가능성을 줄이기에 충분하다. 그러나 캐리가 "그럼요."라고 말하는 순간, 치료자는 캐리의 자세에서 아주 약간의 변화를 알아차렸다. 캐리는 몸을 뒤로 빼고, 눈맞춤을 피하고, 몸을 약간 움츠린다. 그녀는 풍선에서 공기를 약간 빼는 것처럼 오므라든다. 치료자는 캐리가 수치심을 느끼고 전화에 대한 피드백으로 인해 약간 숨거나 뒤로 물러서기 시작했는지 궁금해진다. 만일 그렇다면 치료자는 캐리가 가장 우선순위가 높은 치료 작업을 수행할 수 있는 능력을 유지할 수 있을 만큼 감정 조절을 하게 도울 필요가 있다. 치료자는 다시 강조하기를 사용한다.

과제 1, 5a: 회기 중 감정 조절의 어려움

치료자: 잠시만요, 방금 무슨 일이 있었나요? 조금 뒤로 물러나신 것 맞죠?

캐리: (치료자가 맞게 짚었음을 인정하는 듯한 옅은 미소를 짓는다.)

치료자: (부드럽고 따뜻하게 묻는다.) 당신이 뒤로 물러서지 않고 조금 더 앞으로 다가간다면 어떨까요? 왜냐하면 당신의 다이어리 카드에서도 볼 수 있듯이 우리는 당신을 정말 힘들게 하는 많은 문제를 가지고 있거든요(과제를 내담자의 목표와 연결한다).

여기서 치료자는 두 가지 이유 때문에 더 명시적으로 작업하지 않기로 빠른 결정을 내렸다. 첫째, 곧 자살 위기가 닥칠 가능성이 있으므로 이를 다루기 위한 시간을 확보하기를 원했다. 둘째, 캐리는 수치심에 대한 민감성이 높아서 여기에서 이것을 직접적인 목표로 삼으면, 캐리의 수치심이 너무 높아져서 감정 조절이 어려워지고 그러면 다른 것에 대한 작업을 전혀 못할 염려가 있었다. 따라서 치료자는 상호 존중 스타일로 약간의 강조하기를 선택했고, 이것은 효과가 있었다. 캐리는 적극적으로 참여하기 위한 몸의 자세와 눈맞춤으로 전환했다.

과제 1: 임박한 자살 위험을 평가하기

이제 회기를 시작한지 약 10분 정도가 경과했다. 치료사와 캐리는 임박한 자살 위험을 신속하게 평가한다. 치료자는 다이어리 카드 검토를 하면서 위험 평가를 집어넣는다. "그럼 일요일에 자살 생각 항목이 '5'점일 때는 무슨 일이 있었나요? 자살할 계획을 했었나요?" 캐리는 아무런 계획도 의도도 없었으며 단지 자살 생각이었을 뿐이라고 치료자를 안심시켰다. 그러나 캐리는 직장을 얻지 못하고 이번 주 룸메이트와 일이 잘 풀리지 않을 경우에는, 자신을 통제할 수 있을지 걱정된다고 말한다.

이것은 직장 구하기와 룸메이트 문제가 치료자와 캐리가 작업해야 하는 주요 영역임을 확인해 준다. 그러나 우선순위를 확실히 하기 위해 치료자는 캐리의 비자살적 자해 행동은 얼마나 위험했었는지를 평가할 필요가 있다.

과제 3: 담뱃불 화상 자해를 분석하기-이 여정 중에 갈림길은 어디인가
과제 4: 협력 · 약속을 확인하기
과제 5: 개입하기

치료자는 간단한 사슬 분석(과제 3)을 해서 한 친구가 캐리의 아파트에 담배 라이터를 두고 온 다음 캐리의 자해 행동이 재발했다는 것을 알게 된다. 캐리는 그 라이터를 이미 버렸다. 캐리는 자기 앞에 자해 도구가 보일 때 의도치 않게 유혹되기 때문에, 다시 재발하지 않기 위해서는 이를 즉시 효과적으로 예방할 수 있는 현실적인 ①-②-③ 계획을 만들고 실행하는 작업을 한다(과제 5). 과거 경험으로부터 캐리는, ① 자해 도구를 없애거나 그 상황을 피해야 하고, ② 친구나 치료자에게 전화를 걸어 다시는 자해하지 않겠다는 약속을 재확인하고 도움을 요청함으로써 지원과 책임을 얻어야 하고, ③ 필요한 경우 기술 매뉴얼을 가지고 근처 24시간 카페로 가서 자신이 자해하지 않을 것이라고 100% 확신할 때까지 기다려야 한다는 것을 알게 된다. 이것을 계획하고 실행을 신속하게 강화하는 것(과제 4)은 비록 5분밖에 걸리지 않지만 화상을 입히는 의도적 자해의 임박한 가능성을 줄이기에 충분한 작업이다.

치료자는 '충분한' 작업을 지향해야 한다는 점을 기억하라. 표적의 우선순위가 항상 필요한 시간과 바로 일치하는 것은 아니다. 우선순위가 높은 표적이라도 이와 같이 치료자와 내담자가 길을 빨리 찾고 재빠르게 움직이면 5분만으로 충분할 수도 있다. 중요한 점은(그것만 다룰 필요는 없겠지만) 우선순위가 제일 높은 표적을 충분히 다루어야 한다는 점이다. 치료자는 매 순간에 그리고 새로운 정보를 만났을 때 우선순위의 균형을 잡고 다시 정리해야 한다.

과제 3: 자살 생각 급증을 분석하기-이 여정 중에 갈림길은 어디인가

이제 회기가 시작된 지 20분이 지났고, 그들은 사슬 분석을 시작하여 자살 생각의 급증과 연관이 있는 조절 변수를 찾는다. 캐리가 지난번에 한 심각한 자살 시도를 참고로 하여, 치료자는 캐리에게 가장 힘든 일이 부모에게 도움을 요청해야 할 때

궁지에 몰린 느낌과 굴욕감이라고 추정한다. 치료자는 이런 생각을 캐리에게 물어
본다.

> 치료자: 캐리, 당신이 경제적 도움이 필요할 때 궁지에 몰린 느낌이 들고 굴욕감을 느끼기 시작하
> 면, 자살 생각이 급증하는 것을 몇 번 보았어요.
>
> 캐리: (바로 감정이 타오른다.) 난 그들에게 도와달라며 굽신거리지 않을 거예요! 나는 못 해요.
> 차라리 죽을 거예요. 정말 싫어요!
>
> 치료자: (캐리에게 오리엔테이션을 제공한 다음, 두 가지 치료 과제의 선택지를 제시한다. 이것을
> 할 때 목소리 톤과 몸 자세를 극적으로 바꾸어서, 몸을 앞으로 기울이고, 낮은 목소리로,
> 그러나 강렬하게 말하여 캐리의 주의를 사로잡는다. 그리고 캐리의 고통을 매우 매우 심
> 각하게 받아들이고 있다는 것을 표현한다.) 잘 들어 봐요, 캐리. 당신은 수치심을 느끼면
> 자살 생각이 증가해요. 수치심과 자살 생각은 짝을 이루고 있어요. 당신이 수치심을 두려
> 워하면 바로 그로부터 도망치고 싶고 그 방법으로 당신의 뇌는 "자살"이 해결책이라고 말
> 해요. 그게 맞아요? (협력을 확인한다.) 지금 내가 이런 이야기를 하는 것만으로도 감정
> 적으로 동요될 수 있어요. 그렇죠? 부모님께 도움을 청하는 걸 생각만 해도 당신은 두려
> 움과 수치심이 솟구치고, 그렇게 공황 상태에 빠지는 것 같아요(수준 3의 수인, 완전히 표
> 현되지 않은 감정을 언급해 준다).
>
> 캐리: 나는 안 할 거예요!
>
> 치료자: 그래요. 그래도 괜찮아요. 들어 보세요, 잠시만 나를 보고요, 지금 당신의 모든 감정이 불
> 타오르고 있어요, 그렇죠? 말해 줄 수 있나요? (미세-오리엔테이션을 한다.) 내 말이 맞
> 다면 공포, 공황, 그런 것일 텐데 지금 어떤 감정을 느끼고 있나요?
>
> 캐리: 나의 온 몸이 아니라고 말하고 있어요! 나는 비명을 지르고 싶어요.
>
> 치료자: 그래요. 그래서 당신의 몸 전체가 위협에 반응하고 있네요. 지금 자살 생각은 몇 점 정도
> 일까요?
>
> 캐리: 챠트를 뚫고 올라갔죠. 5+++점처럼요.
>
> 치료자: 그래서 당신의 뇌는 부모로부터 수치심을 느낄 수 있는 위협을 느끼자마자 탈출구로 자
> 살을 택하려고 하고 있어요. 알아차리셨나요? (강조하기)
>
> 캐리: (고개를 끄덕인다.)
>
> 치료자: 지금 내 이야기를 잘 따라오고 있나요, 아니면 감정적 마음에 너무 빠져 있나요? 당신이
> 감정 조절을 잘 하고 있는지 알고 싶으니 당신이 내 말을 들은 것을 다시 나에게 말해 주

시면 좋겠어요(캐리가 치료자의 말을 잘 따라가서, 자신의 패턴을 이해하였음을 보여 준다. 이런 정도의 협력과 오리엔테이션을 얻은 다음, 치료자는 치료 과제를 제공한다).

과제 5c: 회기 중 감정 조절의 어려움, 기술 개입

치료자: 방금 아주 잘했어요. 조금 전에 당신은 감정의 큰 파도를 만났지만, 이제는 안정되어 나를 잘 따라왔어요. 그렇죠? 좋아요. 여기서 당신의 신체 반응을 진정시키기 위해 어떤 기술을 사용할 수 있습니까? 우리는 정말로 함께 작업할 수 있어야 합니다. 그럼 지금 사용할 수 있는 기술은 뭐가 있죠? (과제 5c)

캐리: 탄산수가 있는데, 가방에서 꺼내서 한 모금 마실게요. 호흡하기도 도움이 돼요. 호흡 수를 세는 것이요.

과제 5b: 룸메이트와의 대화 및 직장 면접을 위한 해법 분석

치료자: 훌륭해요.

캐리: (탄산수를 꺼내서 더 진정시키고, 진정하는 깊은 숨을 몇 차례 쉰다.)

치료자: 지금 사용한 기술 아주 멋져요. 당신은 스스로의 신체 반응을 아주 훌륭하게 진정시킨 거예요. 이제 우리는 당신의 뇌가 다른 해결책을 찾도록 도울 차례예요. 괜찮죠? 두 가지가 필요해요. 하나는 수치심을 겪을 일을 줄여야 합니다. 즉, 당신을 취약하게 만드는 문제에 대해 작업하는 것인데, 당신의 룸메이트와 문제를 해결하고 취업 면접을 잘 볼 수 있게 최대한 준비를 하는 겁니다. 이해가 되시나요? (협력을 확인한다.)

캐리: 네.

치료자: 그게 선택지 1이고, 상황을 바꾸는 거예요. 당신의 몸이 "안 돼!"라고 외칠 때, 당신은 "좋아, 어떤 게 위협하는 일이지? 수치심을 느끼는 상황을 피하려면 어떻게 해야 할까?" 라고 생각해요. 문제를 해결하고 위험 상황을 줄이는 거죠. 당신이 이걸 당신 나름대로 다시 한번 말해 보세요. 내가 말한 것을 잘 이해하셨는지 볼 수 있게요.

캐리: (치료자의 말을 반복해서, 이해하고 있음을 분명히 보여 준다.)

치료자: (일어서서 캐리의 말을 사용하여 향후의 치료 과제를 칠판에 적는다. 이것은 캐리의 감정 조절에 더 도움이 된다.) 이제 다음은 선택지 2예요. 우리는 당신이 수치심과 굴욕감을 조

절할 수 있게 도와야 해요. 지금 당신의 뇌는 이것을 도망치고 있어요. 그 느낌을 피하려
고 무엇이든 하는 거죠. 내 말 이해하시나요?

캐리: 네.

치료자: 더 많은 선택지를 가지려면 그런 느낌을 다룰 수 있는 방법이 필요해요. 이해하시나요?
그것이 선택지 2인데, 당신이 강한 감정을 느끼는 것을 받아들이고, 자살 생각으로 도피
하지 않고 스스로를 돕는 거예요. 이것은 위기 생존 기술과 완전한 수용이고, 마음을 많
이 돌리는 것이죠. 내 생각에 여기서 완전한 수용을 적용해야 할 부분은 (여기서 치료자
는 목소리 톤을 사실 중심적 말투에서 아주 깊게 부드러운 말투로 근본적으로 변화시키
고, 말의 속도를 늦추고, 중간중간 길게 침묵하기도 한다.) 당신에게 부모님과의 현재 관
계가 매우 큰 고통이고, 정말 어렵고, 깊은 상처라는 것입니다. 맞나요?

캐리: (눈물을 머금고, 끄덕인다.)

치료자: 그래서, 여기서 우리에게는 수용이 필요해요. 고통을 피하지 않고 고통에 허우적거리지
않고 고통을 수용하는 것, 이것이 선택지 2예요. 자살 생각으로 도피하지 않고, 강한 감정
을 깊이 받아들이고 수용하는 것이죠. (칠판에 선택지 2를 치료 과제에 추가한다.) 좋아
요. 다시, 당신의 말로 나에게 말해 보세요. 예를 들면, 이렇게요. "그래, 나는 굴욕을 당
할까 두렵다. 그런 일이 생기면 내 뇌는 항상 자살을 생각한다. 그것이 내 위험 신호. 여
기서 나는 두 가지 선택지를 가진다. ① 굴욕을 당하지 않도록 문제를 해결하는 것과, ②
완전히 수용하고 내 신체 반응을 진정시키며, 감정을 조절하는 것이다."

캐리: 알겠어요.

치료자: 좋아요. 당신 자신의 말로 표현해 보세요. 바로 지금 당신은 가장 중요한 단계를 밟고 있
어요. 당신은 자신의 신체 반응을 진정시키고, 스스로를 진지하게 대하고, 문제를 해결하
고 있습니다. 이제 당신 차례예요. 이 모든 것을 자신의 말로 정리해 보세요.

캐리: (탄산수를 조금 마시며, 호흡을 세면서, 자신의 말로 다시 말한다.)

치료자: 어떤 것부터 시작하고 싶나요?

과제 5c: 개입하기

캐리는 우선, 가능한 한 최선을 다해 룸메이트와 이야기할 계획과 면접 준비를 할
계획을 세우는 쪽을 선택했다. 이 작업은 순조롭게 진행되었다. 결과가 좋지 않았

을 때는 무엇을 할지에 대해 생각하자, 자연스럽게 표적은 캐리가 수치심과 굴욕감을 어떻게 견딜 수 있는지로 이동했다. 제4장에서 설명한 바와 같이 치료자는 수인을 사용하여 캐리가 부모에게 도움을 요청해야 하는 것의 의미를 논의함으로써, 짧고 비공식적인 노출을 진행하였다. 치료자는 인지 수정 전략을 사용하여 자신에 대한, 그리고 도움을 청하는 것에 대한 캐리의 비현실적 기대를 다루었다. 캐리의 기술 집단 리더가 감정 조절 기술 중 반대 행동하기를 다루었기 때문에, 치료자와 캐리는 수치심이 정당한지 여부를 결정하는 데에 수치심에 대한 기술 훈련 유인물을 쉽게 활용할 수 있었다. 캐리는 이 상황을 집단 숙제에 사용하기로 동의하여 기술 훈련 치료자의 도움도 받을 수 있었다. 더 나아가, 치료자는 회기 내의 수반성을 사용하였는데 캐리가 자신의 1차 감정을 표현했을 때 치료자는 따뜻하고 지지적이었으나, 캐리가 자살이나 다른 극단적인 해결책으로 도피하려고 할 때 치료자의 목소리 톤은 차가워졌다. 요약하면, 치료자는 캐리가 의도적 자해로 도피하지 않고 수치심을 조절하는 능력을 증가시킬 수 있도록 기술 훈련, 노출, 수반성 관리 및 인지 수정의 네 가지 변화 전략을 잘 혼합하여 사용하였다.

이 회기에서 치료자는 평가하고, 동기 부여하고, 움직이는 동일한 기본 과정을 여러 번 반복해서 수행했다. 치료자는 또한 회기 전반에 걸쳐 다양한 방식으로 변화, 수인 및 변증의 핵심 전략을 잘 결합하여 사용했다. 전략들의 정확한 조합은 그 순간에 적합하도록 다양화되어서, 때로는 변증에 기대고 때로는 변화나 수인에 더 기대어 매 치료적인 상호작용에서 가능한 한 커다란 움직임을 만드는 것을 목표로 한다. 핵심은 A 지점에서 B 지점으로 이동하는 길은 여러 개가 존재한다는 것이다. 어떤 길에서는 마치 실제 여행을 하는 것처럼 편안하고 즐거운 시간을 보낼 수 있다. 타이어 펑크가 나거나 차가 약간 고장 난 경우에는 수리하는 동안 여행이 잠시 지연되기도 한다. 강조하기와 해법 분석은 이와 비슷하다. 협력에 작은 균열이 생겼을 때는 오리엔테이션, 직접 교육 전략, 혹은 수인을 통해 쉽게 고칠 수 있다. 하지만 어떤 험한 지형에서는 산악 자전거와 같은 다른 수단이 필요하다. 때때로 치료는 거의 통행이 불가능한 좁은 산길을 지나가는 것과 같을 수 있고, 치료자와 내담자는 긁혀서 무릎에 피가 날 수도 있다. 이런 경우에 진행은 느리고 고통이 따른다. 치료자는 여러 가지의 우선순위 가운데에서 균형을 잡아야 하기 때문에, 당신은 유연성을 유지해야 하고, 현재 위치에 적합한 작업을 선택해야 한다.

 이것은 어려운 작업일 수 있다. 수용과 변화 사이의 최상의 균형을 유지하기 위한 통합 전략들은 많은 기술을 필요로 하는데, 치료자로서 우리는 이것들을 다 가지고 있지 못할 수 있다. 또한 변화가 더딘 복잡하고 위험도 높은 문제 행동에 직면하였을 때 자신의 감정을 조절하는 능력은 가장 심오한 전문적 및 개인적 수준에서 치료자에게 힘겨운 도전이 될 수 있다. 그래서 자문 팀의 역할이 매우 중요한 것이다. 자문 팀은 지금까지 논의된 모든 치료 전략을 치료자에게 적용함으로써 치료자가 자신에게 필요한 기술과 동기를 개발하고 유지하도록 돕는다. 다음 장에서 이를 설명한다.

제7장

개인 치료자와 자문 팀

DBT 자문 팀의 목적과 구성

DBT 자문 팀은 치료자를 어떻게 치료하는가

치료자는 어떻게 자신에게 DBT를 적용하는가

　내담자를 적절하게 돌보려면 우리가 가진 것보다 더 많은 기술과 감정적 역량이 필요하다. 사람이 만성적으로 자살을 생각하고 감정 조절 어려움에 빠져 있으면, 치료 중 발생하는 많은 문제와 느러터진 변화 속도 때문에 내담자를 치료하는 것만큼이나 치료자를 치료하는 것도 중요해진다. 변증행동치료(Dialectical Behavior Therapy: DBT)에서 치료 모델에 충실하기 위해서는 치료자를 치료하는 것이 필요하다. 자문 팀(consultation team)의 목적은 구성원 하나하나가 이러한 도전적인 일을 해내기 위해 필요한 동기와 기술을 지닐 수 있도록 하는 것이다. 이 장에서는 DBT 동료 자문 팀에서 어떻게 치료자에게 DBT를 적용하는지, 또 치료자가 어떻게 자신에게 DBT를 적용하는지 보여 주고자 한다.

　아마 우리가 내담자에 대해 설명하고 그다음에 동료들이 내담자의 자료를 살펴보는 장면에서 사례 자문회의라는 것을 다들 경험했을 것이다. 이는 마치 어떤 물체를 테이블 위에 올려놓고 모두 그 물체에 집중하는 것과 같은데, 다만 그 물체가 내담자인 셈이다. 때로는 우리가 내담자 사례를 발표할 때, 동료들이 그 문제를 지식적으로 논의하고 여러 이론적 접근을 비교하면서, 인정은 대충 해 주면서 심하게 비판함으로써 우리 기분을 불쾌하게 하고 도움이 되지 않을 때가 있다. 이런 환경에서는 우리가 진정 힘겨워하는 문제를 드러내기보다 유능해 보이는 척하게 될 뿐이다. 겉으로는 괜찮아 보이겠지만, 우리는 다시 꽉 막힌 상태에 홀로 놓이게 된다.

　DBT 동료 자문(peer consultation)은 이와는 다르다. 여러 전문가가 모여 내담자를 하나의 사례로 보면서 논의하기보다, 여러 내담자를 똑같이 보살피고 관심을 주며 철저하게 치료하기 위해 모여서 협력하는 동료들의 집단이 DBT 자문 팀이다. 여기에서는 치료자가 바로 내담자다. 치료자는 자신을 테이블 위에 올려놓고, 자신이 지금 어디에서 힘겨워하는지에 집중함으로써 보다 고품질의 DBT를 제공하려는 것이다. 팀은 치료자와 협력하면서 치료자의 동기와 역량을 늘리려고 애쓴다. 팀은 치료자에게 DBT를 적용한다. 잘 기능하는 DBT 팀은 많은 과학자나 예술가가 잘 협력하여 각자의 역량도 발전시키고 전체적으로도 효과적인 훌륭한 작업 집단과 같다.

DBT 자문 팀의 목적과 구성

전형적인 DBT 팀은 6~8명이고, 매주 또는 2주에 한 번, 60~90분 정도 만난다. DBT 팀원들은 보통 서로 두 가지 약속을 한다. 하나는 팀 모임에 참여하는 것이다. 예를 들어, 팀은 얼마나 참여해야 하는지, 지각 문제, 팀원이 되려면 개인 DBT 사례가 있어야 하는지 등 '참여 자격'을 명확히 해야 한다. 더 중요한 점은 팀에 합류한다는 것이 참여 동의 밑에 깔려 있는 기본 정신, 즉 DBT 치료자로서 자신과 다른 팀원의 역량을 강화시키기 위해 최선을 다할 것이라는 데 동의하는 것이라는 점을 확고히 해야 한다. 달리 말하자면 DBT 자문 팀의 목적은 팀원들이 다른 치료 말고 DBT의 원칙을 적용하도록 돕는 것이다. 이는 자문 팀에서 다른 모델의 아이디어나 논란을 소개하기보다 DBT를 고수하고 역량 개발을 위해 서로 돕고 노력하라는 의미다. 팀원들이 다른 상황에서는 다른 치료 모델을 사용할지라도, DBT 모임 중에는 공통의 언어를 사용하고 하나의 치료 모델을 공유하는 데 동의한다는 것을 말한다.

'최선을 다 한다'는 것은 문제를 해결하기 위한 비판단적인 분위기를 조성함으로써 자기 노출과 자기 비판을 격려하고 각자 기꺼이 민감하고 직접적인 피드백을 주고받는 것처럼 기본적인 것들을 포함한다. 어떤 치료 관계든 내담자의 치료 과정을 치료자가 책임지듯이 이 집단에서도 내담자(여기서는 치료자)를 각 팀원들이 책임져야 한다. 각자 적극적으로 경청하면서 치료자가 자문하고자 하는 바에 정확하게 초점을 맞추고 옆길로 새지 않으며, 간결하려고 애쓰면서 자제력을 발휘한다. 참여한다는 것은 특히 서로 의견이 다를 때 이해하려고 노력하는 데 동의한다는 것을 의미하며, 우리는 팀의 진전을 방해하는 문제를 해결하려고 정말 최선을 다한다. 예를들어, 치료 시간에 지각하기, 내담자가 있는데 문서 작업하기, 상담 중 문자나 전화하기 같은 것을 용납하지 않듯이 모임에 전념해서 참여하고, 방해하는 것이 있다면 적극적으로 그 문제를 해결하기 위해 애쓴다. 예를 들어, 한 팀원이 모임에 늦은 경우에 잘 기능하는 팀이라면 그 팀원은 스스로 원인을 평가하고 같은 문제가 다시 발생하지 않도록 해결책을 찾아내며 사과를 하는 등 내담자와의 관계를 회복할 때와 동일하게 팀원들과의 관계를 회복하려 할 것이다. 만약 이런 과정이 자발적으로 일어나지 않는다면, 팀 동료들은 무슨 일이 있었으며 계획은 어떻게 되는지 묻고, 치료자는 방어적이지 않은 태도로 문제를 인식하고 해결하려고 할 것이다.

두 번째는 자신이 개인적으로 치료하는 내담자만이 아니라, 이 팀에게 치료받는 모든 내담자의 결과에 대해 책임지는 데 동의하는 것이다. 이 말은 팀 내 다른 어떤 치료자의 내담자가 자살을 하더라도, "내담자가 자살한 적이 있느냐"고 누가 물으면 모든 치료자가 "그렇다"고 대답할 것이라는 의미다. 내담자에게 네 번 결석 규칙을 적용할 때처럼, 이러한 약속은 팀원들로 하여금 문제에 대해 걱정하고 문제 해결을 도우려는 책임감이 생기게 만든다. 그런데 만약 팀원들이 이 책임을 주저한다면, 이는 팀이 서로 신뢰하는 데 있어서 해결해야 할 진짜 문제가 있음을 보여 준다. 예를 들어, 복잡한 이혼 과정으로 인해 엄청난 재정적 압박을 받게 된 치료자가 내담자를 더 많이 봄으로써 이 문제를 해결하려 한다고 해 보자. 그는 아주 고위험의 내담자라도 거절할 수 없을 것이다. 궁지에 몰린 그는 자신의 행동을 정확히 이해하려는 동료들의 노력을 방어적으로 차단할 것이며 동료들에게 걱정을 끼치게 될 것이다. 모든 내담자에 대한 책임을 공유하겠다는 약속이 없으면, 우리 대부분은 "저, 조심스럽게 제 걱정을 전하고 싶지만, 괜히 참견하고 싶지는 않네요."라며 수동적이고 공손한 방식을 선택하게 될 것이며, 결국 치료자 혼자 고군분투하고 이것저것 정신없이 건드리다가 심각한 실수를 저질러 팀을 더 큰 책임에 노출되도록 할 수도 있다. 이와 달리, 책임을 공유한다는 것은 다음과 같이 적극적 문제 해결 수준을 촉구한다. "캐롤, 당신이 수행하고 있는 너무 많은 짐을 스스로 감당하고 어떻게든 고군분투하는 모습에 나는 많이 걱정되네요. 나는 어떻게든 돕고 싶은데, 왜냐하면 사람이 이렇게 정신없이 많은 것을 하면 반드시 중요한 것을 빠뜨리게 되고, 결국 자살 같은 일들이 일어날 수도 있기 때문이에요. 그런 일이 캐롤이나 캐롤의 내담자에게 일어나지 않길 바라고, 나나 우리 팀에도 일어나지 않으면 좋겠어요. 그러니 최대한 정중하게 부탁하는데, 지금 당신이 이 고위험 사례들과 어디서 고군분투를 하고 있는지 팀에게 좀 더 자세히 알려 줘요."

DBT의 다른 치료 모드와 마찬가지로, 팀원들은 처음부터 서로 어떻게 협력할지 다음의 자문 팀 동의 목록에 분명하게 동의하면서 시작한다(Linehan, 1993a).

① **변증적 동의(Dialectical agreement):** 우리는 변증적인 철학을 받아들이는 데 동의한다. 절대적인 진실은 없다. 두 가지 갈등하는 견해에 마주했을 때, 두 위치 모두에서 진실을 찾고 "무엇을 놓쳤지?"와 같은 질문을 던짐으로써 합을 찾는 데 동의한다.

② **환자에게 자문하기 동의(Consultation-to-the-patient agreement):** 우리는 이 집단의 1차 목적은 DBT 치료자로서 우리 자신의 기술을 향상시키는 것이며, 다른 치료자의 환자를 위해 끼어드는 것이 아니다. 우리는 환자나 서로를 취약하다고 대하지 않는 데 동의한다. 다른 팀원들도 자신의 이익을 위해 말할 수 있다는 믿음을 가지고 다른 팀원들을 대하는 데 동의한다.

③ **일관성 동의(Consistency agreement):** 변화는 인생에서 자연스레 일어나는 것이기에 우리는 다양성과 변화는 자연스럽게 나타나는 것임을 수용하는 데 동의한다. 이는 특정 환자를 어떻게 대할지에 대하여 다른 사람의 의견에 동의할 필요는 없다는 것이며, 자신의 행동을 다른 사람들의 행동과 일관되게 맞춰야 할 필요도 없다는 뜻이다.

④ **한계 준수 동의(Observing limits agreement):** 우리는 자신의 한계를 지키는 것에 동의한다. 치료자이자 팀원으로서 다른 팀원이 나오는 다른 한계를 가지고 있다고 해서 판단하거나 비난하지 않는 데 동의한다(예: 너무 넓다, 너무 좁다, "딱 맞아").

⑤ **현상학적 공감(Phenomenological empathy):** 모든 것은 평등하며, 우리는 우리 환자에 대해, 우리 자신에 대해, 서로의 행동에 대해 경멸적이지 않고 현상학적으로 공감적인 해석을 추구하는 데 동의한다. 우리와 환자들이 최선을 다하고 있으며 나아지려 한다고 가정하는 데 동의한다. 우리는 세상을 환자의 눈을 통해, 다른 사람의 눈을 통해 보려고 애쓰는 것에 동의한다. 우리는 환자와 서로에게 비판단적인 입장을 취하는 데 동의한다.

⑥ **실수 가능성 동의(Fallibility agreement):** 우리는 모두 불완전하며 실수를 한다는 데 미리 동의한다. 우리는 아마도 비난받을 만한 문제가 될 일을 할 수 있음에 동의하고, 그러므로 우리의 장점이나 능력을 증명하기 위해 방어적 태도를 취할

필요가 없음에 동의한다. 우리는 실수할 수 있기 때문에 필연적으로 이 모든 동의를 깰 수도 있다는 데 동의하며, 이런 일이 발생하면 우리는 서로에게 의지하여 그 극단적 입장을 찾아내고 합으로 이동할 것에 동의한다.

새로운 사람이 팀에 합류하길 원하면, 팀의 목적과 구성이 그 치료자의 전문적인 목표와 어떤 부분은 맞고 어떤 부분은 다른지 신중하게 충분히 토의한다. 새로운 팀원이 처음 합류하면, 지켜야 할 조건에 동의하고 그것을 최선을 다해 지킬 필요가 있다. 팀의 리더 또는 새 팀원을 교육할 사람(어쩌면 전체 팀일 수도)은 합류 이전에 그를 만나서 그의 전문가로서의 목표나 개인적 목표에 대해 알아보고, 팀의 목표와 작동 방식이 그의 목표와 어울릴지 아닐지 살펴봐야 한다. DBT 팀에 참여하는 것은 자발적이어야 한다. 전념 전략, 문제점 해결(trouble shooting), 기타 다양한 전략이 전념과 약속을 강화하기 위해 사용될 수 있다. 그 팀원이 이런 약속들을 잘 따를 것이라고 모두가 기대할 수 있으면 명시적인 계약이나 약속을 한다.

자문 팀 모임의 구성

자문 팀 모임은 팀원 중 한 명이 조력자 역할을 맡아서 5분 동안 마음챙김 연습을 이끌면서 시작한다. 연습 내용은 DBT 기술 매뉴얼이나 다른 자료에서 구할 수 있을 것이다(Linehan, 1993b). 어떤 활동이든 마음챙김이 될 수 있기 때문에 팀의 필요에 따라 그날의 연습 주제와 연결지을 수도 있다(예: 탈진으로 고생하는 팀원을 위해 시 낭독을 마음챙김으로 듣거나 "지금 나는 임상적으로 어디가 어렵지?" 또는 "오늘 자문에서 나는 무엇을 원하지?"라고 질문을 던지고 자유롭게 마음챙김 쓰기를 할 수도 있다). 디미지안과 리네한(Dimidjian & Linehan, 2003)을 보면 임상적 맥락에서 마음챙김을 가르치는 데 있어 중요한 핵심을 훌륭하게 설명하고 있다. 다음은 기초적인 명상 지침의 간단한 예다(Salzberg, 2006).

"편한 자세를 취하세요. 양발은 바닥에 대고, 손은 편하게 내려놓으세요. 편안하게 앉아서 밖에서 나는 소리를 들을 수도 있고, 안에서 나는 소리를 들을 수도 있고, 어떤 소리도 들리지 않을 수도 있습니다."(15~30초가량 침묵)

"소리를 들으면서, 여러분이 집중하는 소리의 특성에 주목하세요. 그저 듣는 동안의 마음의 상태를요. 열려 있고 여유롭게요. 소리라는 대상이 나타나고 우리에게 그저 들릴 뿐, 들을 뿐임을 알아차리세요. 우리가 소리가 오거나 가도록 만들 필요는 없어요. 그 소리가 무엇인지 확인하거나 더 잘 들으려고 무언가를 할 필요도 없습니다. 소리라는 대상이 나타나고, 우리가 있고, 우리는 그 소리에 연결됩니다. 마음이 이완되고 여유로워집니다."(30초간 멈춤)

"이제 지금과 비슷한 느낌으로, 이완되고 열려 있고 여유로운, 호흡이 어디에서 가장 강하게 느껴지건 그곳에서 호흡의 감각을 알아차리세요. 이전에 어떻게 숨 쉬었건, 일부러 깊게 쉬거나 길게 쉬거나 다르게 쉬려고 애쓸 필요 없습니다. 그저 한 번에 한 호흡씩 알아차립니다."(10초간 멈춤)

"내 주의 집중이 흐트러진 것을 알게 되었다면, 아주 편하고 느긋하게, 그냥 호흡의 감각으로 되돌아오면 됩니다. 이제 종을 세 번 울려서 시작하고, 마칠 때 마지막으로 한 번 울리겠습니다."(모두 3~4분 동안 앉아 있음)

팀원들은 마치 즉흥극의 무용수나 음악가가 최고의 공연을 위해 만반의 준비가 된 것처럼 이 마음챙김의 집중 상태 그대로 이후 모임에 참여한다. 각 팀원들은 집중하고 경청할 준비가 되어 치료자가 자신의 어려움을 기꺼이 드러낼 수 있도록 지지하는 분위기를 만든다.

마음챙김 연습 후에 조력자는 팀원들에게 "어느 분이 자문하시겠어요?"라고 묻고, 개인 상담에서와 똑같이 집단 시간에서도, 임상적 필요성에 따라 의제 시간을 분배하고 표적 위계를 사용하여 집단 시간 사용의 우선순위를 정한다. 팀마다 다른 방식일 수는 있지만, 요점은 생명 위협 행동을 치료하는 데 대한 도움이나 곧 치료 탈락이 될 것 같은 경우가 우선이며, 그 다음으로 다른 급한 문제, 집단 방해 행동, 치료 방해 행동 등을 다룬다. 어떤 팀은 시간 배분을 완전히 각 치료자가 필요하다고 요청하는 시간 만큼으로 하기도 한다. 또 다른 클리닉이나 수련 팀에서는 모든 내담자의 상태를 알 필요가 있기에 우선순위가 높은 사례들을 빨리 보고하는 방식을 개발하기도 한다(예: 칠판에 1단계 표적들이 나열되어 있고, 각 치료자는 회의실에 들어올 때 지난 모임 후 표적 행동이 발생한 환자나 자기 이름의 약자를 적는다).

각 치료자는 고품질의 DBT를 하기 위해서는 모임에 올 때 지금 자신이 당면한 문제들을 간결하게 기술할 준비가 되어 있도록 노력한다. 이렇게 함으로써 팀은 치료자가 자문받고자 하는 핵심에 바로 다가갈 수 있게 되며, 제한된 시간을 가장 효과적으로 사용할 수 있다. 요약하자면 치료자는 "나는 여기에 있고, 저기에 가려 하는데, 그러려면 어떤 도움이 필요하다."라고 말하는 셈이다. 예를 들어, 치료자는 이렇게 말한다. "나는 개념화가 좀 더 명확하면 좋겠습니다.", "치료 계획에 아이디어 좀 도와주세요.", "공감하기가 어려워요. 이유 찾는 걸 좀 도와주세요.", "이번 주에 내 내담자가 이룬 성취를 여러분과 나누고 싶습니다. 그래서 다음 주 내가 절망할 때 치료가 진전될 때도 있었다는 걸 여러분이 내게 상기시켜 주세요!" 치료자들이 가장 자주 도움을 요청하는 부분은 치료를 방해하는 것이 무엇인지, 내담자가 원하는 것은 무엇인지에 대한 평가와 명료화다. 모든 팀원은 집단의 과정을 지켜보면서 치료자의 요구가 충족되었는지 확인한다. 조력자가 시간을 재도록 한다.

▌DBT 자문 팀은 치료자를 어떻게 치료하는가

팀은 자문을 요청하는 치료자를 팀의 내담자라 보고 치료하면서, 그 치료자를 돕기 위해 DBT를 적용한다. 팀원들은 동료의 말을 들으면서 내담자에게 하듯이 똑같은 체계를 사용한다. "그 사람이 가고 싶어 하는 곳을 고려할 때, 뭐가 가로막고 있는 거지? 잘 되고 있는 것은 뭐지?", "그 사람은 동기가 충분한가?", "치료자가 필요한 방향으로 변화하는 데 있어 우리가 도울 수 있는 것은 무엇일까?" 우리는 또한 같은 도구들을 사용한다. 조절 변수를 찾기 위한 사슬 분석, 강조하기와 해법 분석, 변화 절차의 조합, 수인, 변증 전략 등이 그것이다. [그림 7-1]은 자문 요청을 개념화하고 그에 반응하는 데 있어서 팀원들이 사용하는 단계들을 간결하게 보여 준다.

치료자에게 자문하기에서 처음 할 일은 조력자와 팀원들이 치료자가 원하는 것을

1. 문제 정의 및 치료 과제는 명확한가?	
2. 치료 과제를 수행할 동기가 충분한가?	
3. 무엇이 방해가 되나?	4. 방해를 없애는 데 무엇이 도움이 될까?
3a. 기술 부족?	4a. 기술 훈련을 수행한다.
3b. 수반성?	4b. 수반성 관리를 사용한다.
3c. 감정?	4c. 노출을 사용한다.
3d. 인지적 내용 또는 과정?	4d. 인지 재구성, 탈융합 등을 사용한다.

[그림 7-1] 치료자가 도움을 필요로 하는 지점을 개념화하기

제대로 이해했는지 확인하기 위해, 자문 질문을 다시 따라 말해 보는 것이다. 자문 질문은 명확할 필요가 있다. 가끔 치료자가 필요로 하는 것이 문제 정의를 명확히 하는 것이 전부여서, 일단 문제가 명료화되면 자연스레 무엇을 해야 할지 알게 되는 경우도 있다. 그렇지 않은 경우에는 내담자에서와 마찬가지로 치료자가 치료를 하고 문제를 해결할 만큼 충분한 동기와 기술을 가지고 있는지에 대한 행동치료 평가를 팀원들이 적용하게 된다.

때로는 치료자가 문제를 해결하는 데 조금만 도와주면 되는 경우가 있다. 치료자가 딜레마를 언급하고, 팀원들은 해결책을 제시한다. 예를 들어, 자신이 새로운 내담자에게 필요한 문제점 해결, 오리엔테이션, 전념 작업을 충분히 한 것인지 확인하고 싶은 치료자가 있었다. 그 내담자는 정신과 의사와의 관계가 복잡했다. 매주 1시간씩 진료 약속을 잡고 있었는데, 표면으로는 약물치료 때문이라지만 과거에 치료자들이 그녀를 떠나게 했던 많은 자살 위기 때문에 정신과 의사도 억지로 떠맡은 상황이었다. 치료자는 내담자에게 동시에 두 명의 1차 치료자를 두고 있는 부분에 대한 염려를 표현했고, 내담자의 기꺼이 하는 마음(willingness)을 탐색하고, DBT 프로그램으로 옮기는 것을 예약해 주었다. 치료자는 자신과 내담자가 나눈 매우 협력적인 대화를 잘 요약하였으며, 내담자는 치료자의 염려를 이해하고 치료를 옮기는 것에 대해 함께 생각하였다. 이후 내담자는 정신과 의사에게 이 부분을 말하고, 정신과 의사가

개인 치료자 역할을 넘기고 약물치료만 하는 계획에 진심으로 동의했다고 전해 주었다. 이 시점에 한 팀원이 말했다. "아주 잘한 것 같은데요. 그런데 당신 표정은 여전히 걱정스러워 보여요. 무엇이 걱정되나요?" 치료자는 자신이 가진 정보라곤 내담자의 보고뿐이라, 정말로 내담자가 계획을 제대로 전달했는지, 정신과 의사도 진짜로 함께하고 있는 건지 자신이 없다고 말했다. 팀은 내담자에게 자문하기 전략을 써서 환자와 함께 정신과 의사에게 편지를 쓰고, 이후 각자 분명하게 역할 분담이 되고 위기에 어떻게 대처할지 모두 동의한 게 맞는지 추가로 확인 전화를 하면 어떻겠냐고 아이디어를 제시했다. 이 사례에서 필요했던 것은 명료화, 치료자의 염려에 대한 수인, 해결책을 찾기 위한 브레인스토밍을 약간 한 것이 전부였다.

어떤 경우에는 기술 부족이 치료자의 발목을 잡을 때가 있다. 이럴 때 팀은 치료자가 필요한 치료 기술을 습득하고 숙달하고 일반화하는 것을 돕는다. 예를 들어, 치료자가 성인 주의력결핍/과잉행동장애(Attention-Deficit Hyperactivity Disorder: ADHD)를 평가하는 방법이나 가정 폭력 문제가 있는 내담자에게 적절한 안전 계획을 세우는 방법 등과 같이 당장 필요한 치료 과제를 수행하는 방법을 모를 수도 있다. 또 공황이나 사회 불안, 문제성 음주처럼 동시에 흔히 발생하는 문제를 다루는 방법을 모를 수도 있다. 아니면 이미 알고 있지만 새로운 상황에서 어떻게 대인관계 기술을 일반화할지 도움이 필요한 경우도 있다(예: 민감한 내담자에게 치료자가 임신 중이며 조만간 출산휴가를 가야 한다는 소식을 전하는 가장 좋은 방법). 치료자는 약간의 행동 리허설이 필요한 것일 수도 있다. 예를 들어, 상담 중 수치심으로 감정 조절이 안 되고 해리 상태가 되는 내담자에게 어떻게 코치해 줄지 모델링을 하고, 직접 역할극을 해 보고, 피드백을 받기를 원하는 경우도 있다. 변화 지향이 강한 치료자가 어려운 순간을 녹음한 음성 테이프를 가져와, 자신이 어떻게 하면 내담자에게 자꾸 변화하도록 하기보다 수인해 줄 수 있을지 조언을 구할 수도 있다.

때로는 치료자가 이미 기술을 가지고 있는데도, 감정 반응, 수반성, 인지 내용 및 과정 등의 문제가 치료자의 기술 사용을 방해한다. 이런 경우 팀은 적절한 변화 전략들을 조합해서 치료자를 치료한다. 예를 들어, 한 내담자와 전화 코칭을 하는 것이 두려워지기 시작했다며 자문 시간을 20분 요청한 치료자가 있었다. 팀은 어떤 조절 변수가 치료자를 두려워하게 만들었는지 확인하려 했다. 그 치료자는 재빨리 전날 밤에 했던 전화 코칭의 문제에 대해 사슬 분석을 했고, 통화의 길이가 문제였음을 딱 집어냈다. 팀 동료들의 통찰력 있는 질문은 그녀가 전화를 끊으며 매우 죄책감을 느꼈다는 사실을 인식하도록 도와주었다. 이 죄책감은 전화 통화를 10분 이내로 하려는 그녀를 방해했던 것이다. 치료자와 팀이 이 순간을 보다 자세히 평가하면서, 치료자는 자신이 통화를 오래한 것이 단지 죄책감 때문만은 아니라는 것을 알게 되었다. 내담자는 명백하게 수반되는 결과를 제공했다. 치료자가 통화를 오래 허용하면 내담자는 진심으로 감사함으로써 이것이 정적 강화가 되었다. 게다가 내담자는 전화 코칭을 사용하여 많은 위기를 피한 적이 많았다. 반면에 치료자가 전화를 시간에 맞추어 끊으면 내담자는 자신이 상처받고 실망했다며 강하게 표현했다. 통화를 오래 하는 것이 이런 고통스러운 결과를 피하려는 것에 의해 부적 강화된 것이었다. 이 순간 한 팀원이 불쑥 끼어들며 외쳤다. "정당하지 않은 죄책감에는 반대 행동하기가 필요해요. 타이머를 설정해서 10분이 되면 바로 전화를 끊어요!" 치료자는 짜증과 수치심을 느끼며 움찔했다. 이 조언은 문제를 과도하게 단순화하고 치료자가 그 문제를 이미 해결했어야만 한다는 의미를 내포한 것으로 들렸다. 다른 팀원들은 이 반응을 읽고 한 걸음 물러나 문제 정의를 제시했다. "그래서 지금 당신의 딜레마는, 치료자가 지금까지 그렇게나 도와주었기에 정말 많은 변화가 가능했고 그런 수준의 도움이 없었다면 내담자는 도저히 벗어날 수 없었을 것이라는 거죠. 그렇긴 하지만 요즈음 당신의 가장 큰 관심사, 그러니까 내담자에게도 가장 큰 이슈가 되는 것은 당신이 통화 시간을 줄이는 것인데요. 맞죠?" 치료자가 그렇다고 답하자 조력자가 덧붙인다. "또 하나는요, 당신은 이제 죄책감이 가끔 당신을 방해한다는 것을 알았어요. 그렇다면 이제 당신은 어떤 때는 그 순간에 내담자에게 최선은 무엇일까라는 것을 죄책감 없이 평가할 수 있다는 거예요."

이 새로운 문제 정의와 수인을 통해 치료자는 이해받는 느낌을 느끼며 말했다. "네. 전화를 끊는 마음이 편하지가 않아요. 계속 통화해야 할 것 같은 느낌이에요. 그게 괴로운 거예요. 그리고 나선 내담자를 취약하게 취급했고 더 단호하지 못했다고 자신을 판단하고, 그리고…… (치료자의 눈에 눈물이 맺힌다.) 지금 나는 자문 팀에서도 나에게 주어진 시간에 주목하고 있네요. 이러면 어떨까요? 내가 자기 관찰을 좀 해 보고, 이런 일이 생기는 경우를 모아 본 다음에, 해법 분석을 해서 어디서부터 다르게 할 수 있을지 알아볼게요."

다음 모임에서 치료자는 내담자가 통화 시간을 보다 효율적으로 사용할 수 있도록 조형하기 위한 치료 전략을 고안하는 데 자문 시간을 사용했다. 이때 고안된 전략으로는, 내담자가 전화하기 전에 생각을 정리하는 방법을 잘 가르쳐 주어서 전화 후 바로 문제점과 전에 배운 기술을 말하는 것부터 시작하게 하는 방법이 있었다. 치료자는 자기 관찰도 사용했으며, 그 결과 자신이 일반적인 대인관계에서도 사람들을 실망시킬까 봐 불편해서 대처에 문제가 있다는 것을 깨닫게 되었다. 죄책감이 들면 당장 불편함을 해결하려고 하지 않고 잠시 멈춰 마음챙김을 했다. 팀에서는 상대가 실망하는데도 전화를 끊는 역할극을 여러 번 반복해서 치료자가 탈감작되도록 도왔다. 팀은 치료자에게서 과잉학습 반응이 나올 때까지 다양한 다른 결과를 실험해 볼 수 있도록 도왔다. 치료자와 팀 모두, 치료자가 고품질의 DBT를 하는 데 방해되는 문제를 해결하기 위해 적극적으로 노력하였다.

팀이 잘 기능하게 하는 방법: 흔한 문제들 다루기

집단은 시간 압박 때문에 자문가로서 엄청난 기술을 필요로 한다. 해결해야 할 문제는 너무나 복잡한데도 우리는 대화에 계속 집중해야 한다. 치료자가 감정적으로 고조되었을 때, 특히 교정적 피드백을 주거나 듣는 것이 힘들 때는 기술이 필요하다. 팀은 크게 두 가지 예측 가능한 문제에 주목해야 한다. 하나는 집단에서 문제에 대해 얘기하다 주제에서 벗어나 버리는 짜증 나는 인간적인 특성이고, 다른 하나는 타당하지만 나와 다른 다양한 의견이 나오면 필연적으로 갈등을 피하려 하거나 극단적인 반응을 보이는 것이다.

주제에서 벗어날 때: 주제에 머무르기
집단의 대화에서 집중이 유지되는 것은 드문 일이다. 우리는 누구나 장황하고 주제에 집중하지 않는 모임에 참석한 적이 있을 것이다. 몇몇 짜증 나는 인간적인 습관들이 유용한 자문 모임을 방해하기 마련이다. 치료자가 잘 정리되지 못한 자문을 요청할 때, 특히 그 내용이나 치료자의 태도가 팀원들에게 걱정을 유발한다면 비효율적인 자문이 된다. 도움이 되길 바라는 기대와 달리, 종종 요청을 명료화하거나 문제를 평가하기 전에 팀원들이 불쑥 끼어들어 문제 해결식 제안을 던지기도 한다. 치료자가 아주 명료했더라도, 팀원들이 자신의 조언이 지금의 문제에 잘 집중된 것인지 스스로 살피지 않는다면 집단 대화의 흐름이 여기저기 헤매는 것은 당연하다. 때로는 모두 집중하려고 분명히 최선을 다하고 있는데도 여전히 부족한 경우가 있다. 이런 일은 문제 자체가 너무 복잡해서 집단에서 짧은 시간 동안 다루기에 너무 어려운 경우 발생할 수 있다. 하지만 문제에 대한 완전히 다른 개념화에 기초해 제안된 네 가지 다른 적법한 방향이 제시되기 전까지 집단은 이 사실을 깨닫지 못할 수도 있다. 이러면 자문 시간이 끝난 후 치료자는 처음 시작할 때보다 더욱 혼란스러운 채 남겨지게 된다.

이처럼 치료자 자문을 방해하는 행동에 얽이는 성향에 대하여, 리네한은 팀원들이 자문의 핵심 원칙과 정신을 기억할 수 있게 돕는 방법을 제시했다. 예를 들어, 팀원 중 한 명에게 '관찰자'의 역할을 주고, 만일 팀을 방해하는 행동이 관찰되면 마음챙김 종을 울려서 팀에게 스스로 바로잡도록 신호를 주는 것이다. 하지만 대부분의 팀은 통찰만으로 스스로 바로잡기가 어렵다. 스스로 바로잡을 수 있기 위해서는 팀원들이 그 구성 기술들을 열심히 연습했어야 한다. 예를 들어, 자문 질문을 명료하게 정리하는 것은 어떤 도움이 필요한지 모든 팀원이 볼 수 있기 때문에, 보다 나은 자문을 이끌어 낼 수 있다. 치료자는 자신의 자문 요청을 보다 명료하게 표현하고 그 다음에 다른 팀원이 그 요청을 제대로 이해했는지의 피드백을 듣는 연습을 의도적으로 할 필요가 있다. 팀원들은 자문 주제를 제대로 파악했는지 확인하지도 않은 채 그저 성급하게 자문해 주는 경향이 있다. 다시 말하지만 치료자가 원하는 것이 무엇인지 확인하기 위해 습관적으로 멈춰서 다시 말하고 맞는지 확인하고, 정확하다면 그 다음에 자문으로 들어가는 절차를 찬찬히 연습할 필요가 있다. 이와 비슷하게 팀이 제대로 된 평가도 없이 문제 해결로 갑자기 들어가는 경우도 있다. 어떤 해법을 제시하던, 그 전에 다시 말하고 문제를 행동적으로 정의하며, 치료자나 내담자를 수인하는 등 몇 가지 언급하는 것을 아예 원칙으로 의무화할 수도 있다.

또한 팀원들이 원래의 자문 요청 주제를 놓치고 흐름에서 벗어나는 경우도 드물지 않다. 자문을 요청한 치료자와 조력자는 자문 요청을 정확히 기억하고 대화가 계속 주제를 따라가는지 추적 관찰할 1차적인 책임이 있다. 다른 팀원들도 물론 자문의 흐름이 주제에서 벗어나지 않는지 관찰하고 살펴봐야 한다. 대화의 고삐는 대부분 치료자의 손에 머무르게 되는데 어쩔 수 없이 우리도 인간이다 보니 주제에서 벗어나는 일이 생긴다. 치료자가 너무 자세하게 말하느라 헤매면서 요청 주제에서 벗어나고, 팀원들은 자신만의 생각의 흐름에 사로잡힐 수 있다. 팀과 치료자가 표류하게 되면(아마 이런 일이 생길 수밖에 없겠지만), 이를 알아챈 사람이 누구건 고삐를 다시 쥐고, 치료 시간에 내담자에게 하듯이 처음 자문 요청이나 지금 다루던 문제의 정의를 다시 말함으로써 고삐를 그 치료자의 손에 돌려줘야 한다.

또한, 여기서 팀은 주제의 흐름에 머무는 연습을 함으로써 도움을 받을 수 있다. 한 사람이 자문 요청을 한 후, 한두 명에게 주제에서 벗어나는 얘기를 하는 역할을 맡긴다. 먼저 치료자가 "여러분, 이건 내가 원한 주제가 아니에요. 나는 ○○를 원해요."라고 자신의 요구를 말하며 대화의 고삐를 되찾아오는 연습을 한다. 팀이 자문 주제로 돌아올 수 있도록 치료자가 '고장난 레코드'나 다른 대인관계 효율성 기술을 연습할 수도 있다. 약간의 변형으로 치료자가 대화 주제에서 벗어나 너무 자세하게 말하거나, 좌절한 척하거나, 누가 말한 조언을 듣고 감정적으로 위축된 역할을 하는 방법도 있다. 그 다음 촉진자나 다른 팀원이 이 과정을 바로잡는 연습을 하는 것이다. 이는 원래의 자문 질문을 다시 언급하거나 현재 다루던 문제의 정의를 다시 말한 다음, 이 주제가 맞는지 치료자에게 물으면서 대화의 흐름을 치료자에게 다시 돌려주는 방식으로 할 수 있다. 특히 팀의 규모가 크거나 사례의 부담이 큰 팀의 경우, 적절한 주제에 몰두하고 있지만 역시 시간이 부족할 수 있다. 팀은 치료자의 자문 요구를 충족시키려는 더 큰 목표를 위해 스스로 자제하고 주제로 돌아오고 또 돌아오는 연습을 할 필요가 있다.

다른 다양한 관점을 다루어야 할 때: 변증적 자세로 돌아가기

치료자가 "나는 여기 있고, 저기로 가야 해요."라고 말했는데, 다른 팀원은 지금 치료에서 벌어지고 있는 일이나 그래서 어떤 조치가 필요한지에 대해 다른 관점을 가지는 경우가 있다. 각 치료자는 자기의 자문 시간 동안에 의제를 자신이 통제하기 때문에, "고마워요. 나는 이것에 대해 그렇게 생각해 본 적이 없네요."라고 말하며 팀원의 아이디어를 받아들일 수도 있고, 아니면 "고마워요. 하지만 이런 이유에서 그건 좀 벗어난 이야기 같아요."라고 말할 수도 있다. 후자는 치료자가 그 부분을 고려해 보았지만 대화의 흐름은 다른 쪽으로 가는 것이 낫겠다고 판단했다는 것을 보여 준다. 팀이 아름다운 것은 많은 다른 의견이 제안된다는 점이다. 사실 내담자는 한 명 가격에 여섯 혹은 여덟 명의 유능한 치료자를 가진 셈이 된다. 하지만 다른 팀원이나 리더는 어떤 문제를 꼭 다루어야 할 중요한 문제라고 생각하지만, 치료자는 동의하지 않는 경우가 종종 있다. 유용한 다양성이 경직된 대립이 될 위험이 있는 것이다.

제5장에서 기술한 이베트의 사례에서, 치료자는 이베트가 자해와 관련하여 웅얼거리며 보낸 음성 메시지를 받고 다음 상담을 하기 전에 자문 팀과 만난 상황이었다. 치료자가 자문을 요청하자, 이베트와 주간 치료 프로그램을 했던 경험이 적은 팀원이 그녀의 행동에 대해 비공감적인 설명을 제시했다. 그는 이베트가 한 간호사에게서 "안 돼요."라는 말을 듣고, 바로 다른 간호사를 졸라서 진통제를 달라고 요구하여 결국 "그래요."를 얻어 내는 것을 보았다고 말했다. 그의 말투는 치료자가 다소 순진하게 이베트가 얼마나 '조작적인 사람'인지 잘 모른다는 뜻을 암시했다. 팀 상호작용에 있어 변증적 입장과 전략이 작동하기 시작했다. 치료자는 과감하고 단순하게 자신의 경험을 비판단적이고 사실 중심적인 억양으로 말했다. "나는 그 이야기가 도움이 된다고 느껴지지는 않네요. 저는 이베트가 조작적이고 내가 그걸 모를 정도로 순진하다고는 생각하지 않아요. 내게 주어진 짧은 자문 시간을 그 문제에 쓰고 싶지는 않아요." 경험이 풍부한 한 팀원이 앞으로 나선다. "자, 좋아요. 이 지점에서 우리가 양극으로 좀 갈라졌네요! 여러분이 각각 코끼리의 다른 부분을 만지고 있는 것 같아요. 그런데 당신의 (치료자를 향해 고개를 끄덕이며) 코끼리가 위기인 걸 감안

해서, 당신은 어떤 도움을 받고 싶다고 했는지 우리한테 다시 말해 줄래요?" 다른 팀원은 자문하는 문제의 정의를 제공한다. "내가 당신이라면 내 생각을 정리할 시간이 필요할 것 같아요. 왜냐하면 이베트가 입원하지 않고 자살 위기를 넘기려면 어떻게 코치해 주어야 할지 고민 중이기 때문이죠. 맞죠? 우리를 당신의 고민 속으로 데려가 줄래요? 그리고 어느 지점에서 도움이 필요한지 우리한테 말해 줘요."

이 예처럼 팀원들이 양극화되었을 때, 팀원들은 자신이 치료자를 치료하고 있다는 점을 기억할 필요가 있다. 판단적이거나 주제에서 벗어난 언급에서 고삐를 당겨 모든 팀원이 효과적인 문제 해결 대화로 돌아가도록 방향을 바꿈으로써, 치료자를 돕기 위해 필요한 것을 해야 한다. 일반적으로 대화가 양극화되어 도움이 되지 않기보다 다양한 다른 의견으로 인해 유용하게 흘러갈 수 있도록, 팀이 실질적인 절차를 마련해 놓는 것도 도움이 된다. 이 중 하나로 팀이 따르기로 했던 가이드라인을 되새기는 의미로 각 모임이 시작할 때마다 자문 동의 목록을 다 읽거나 최소 하나라도 읽는 방법이 있다(Linehan, 1993a). 또 다른 유용한 아이디어로는 상대의 관점을 제대로 이해했는지 계속 다시 표현함으로써 상대가 고개를 끄덕일 때까지 열심히 다른 관점을 수인하는 방법이 있다. 사례가 복잡할수록 대화를 구조화하는 것이 도움이 되는데, 팀원들에게 주도권을 주고, 한 번에 한 사람만 말하게 하고, 다양한 관점을 시각적으로 보여 주기 위해 칠판을 사용하고, 집단이 다양한 관점을 이해하고 수인하는 쪽으로 되돌아오도록 지속적으로 요구하는 식으로 그렇게 할 수 있다.

치료자의 치료 방해 행동을 팀은 어떻게 치료할 것인가

팀원들이 서로 돕는 가장 중요한 방법은 스스로는 보지 못했던 치료 방해 행동을 짚어 주는 것이다. 치료자의 개인적 문제나 약점이 내담자를 상담할 때나 팀에서 주요 장애물이 될 수 있다. 치료자의 우울, 만성 통증, 너무 많은 사례로 인한 집중력 저하, 습관적인 대처 방식이나 감정 조절 방식으로 인해 치료자가 제공할 수 있는 치료의 질이 저하될 수 있으며, 이는 당연히 팀의 치료 표적이 될 수 있다.

물론 문제는 우리 모두 동료에게 문제가 있다고 생각해도 막상 그걸 말하는 것은 어렵다는 점이다. 우리는 아무 것도 말하지 않는다. 예를 들어, 한 치료자가 자주 결석해서 짜증을 부르는 내담자에 대해 말하며, 거우 한 번 올 때에도 어찌나 늦게 오는지 남은 시간 동안은 출석 문제밖에 이야기할 수 없었다고 하였다. 그러면서 내담자가 똑같은 문제로 회사에서 수 차례 잘렸으며 이전 치료도 종결되었다고 팀에게 상기시켜 주었다. 이제 내담자를 프로그램에서 탈락시킬 때인 것 같다고 말하며 말을 마쳤다. 팀은 지금까지 함께해 오면서 치료자 자신이 건강과 병원 진료 문제로 몇 번 결석한 뒤부터 내담자의 출석 문제가 시작됐다는 것을 기억하고 있다. 치료자를 가장 잘 아는 팀원들은 치료자의 짜증, 신체 통증, 가벼운 우울이 그들의 우정에도 영향을 미쳤다는 것을 알고 있었다. 그 치료자는 전에 비해 덜 따뜻하고 감정적으로 메말라 갔으며 동료들은 이것이 치료 관계에도 영향을 미쳤을 것이라 추정했다. '방에 있는 코끼리'를 말하기 어려운 것이 인지상정이다. 내담자가 자꾸 결석하는 데 있어서 치료자가 일부 영향을 미쳤을 가능성을 생각하면, 내담자가 변하려면 결국 치료자 자신이 변해야 할지도 모른다.

　이런 상황에서 필요한 만큼 자유롭게 말하는 것은 어렵고, 이를 어렵게 만드는 것들은 정말 많다. 첫째, 우리는 부정적인 피드백을 직접적으로 해도 된다는 동의를 받았다고 느끼지 못한다. 둘째, 치료자들은 매우 민감하다! 만약 치료자를 괴롭히고 싶다면, 지금 치료자가 환자에게 도움이 되지 못하고 있다고 말해 보라. 스스로가 '좋은 치료자'라는 개념을 가지고 있다면, 이런 피드백은 위협적일 수 있다. 그런 다음에 시간이 별로 없기에 이것은 다음 문제로 이어진다. 만약 당신이 동료의 작업을 비평하면, 이것이 기술적으로 잘 표현되었든 의도치 않게 기술적이지 못하게 표현되었든 간에 상황은 악화될 수 있다. 동료는 당신의 피드백에 저항하고, 당신이 완전히 잘못 짚었다고 말하거나 간접적으로 자신이 상처받거나 화났다고 표현할 것이다. 물론 당신은 다시 말하려 하겠지만 대부분 누군가가 끼어들어서 또 이야기가 한 바퀴 돌고 대체로 수습이 잘 되지 않는다. 결국 누군가 항복하며 말한다. "아, 됐어. 그냥 넘어가자." 하지만 이런 상황은 대개 괜찮게 끝난 것이 아니며 억울함을 남긴다. 방어적이지 않게 이 주제를 다시 *끄집어내기도* 어렵고, 그냥 잊을 수도 없다. 이렇게 솔직한 피드백을 주는 것이 안전하지 않다면, 진정한 친밀감, 위험 감수, 성장은 있을 수 없으며, 결국 팀은 갈라지고 팀원들은 떠날 것이다.

듣기 힘든 피드백을 들어야 할 사람이 바로 팀 리더인 경우에는 이 모든 문제가 훨씬 심각할 수 있다. 만약 팀 리더가 가장 나이가 많고 지식이 많다면, 팀원들은 아무리 팀 리더가 피드백에 개방적이어도 필요한 피드백을 주지 못한다. 팀원들은 더 이상 유용한 조언을 추가할 것이 없다고 느낄 수 있다. 그들은 리더의 전문성에 그냥 따르려 하거나, 진짜로 리더가 생각하는 것 이상의 새로운 생각이 없어서일 수도 있다. 다른 경우에는 리더가 피드백을 잘 받아들이지 않아서 자문 모임 동안 계급장을 떼고 진짜 동료가 되는 것이 어려운 경우도 있다. 이런 인지상정인 장애물을 극복하려면 팀 리더와 팀원 모두의 노력이 필요하다. 필요한 피드백을 듣는 동안 느껴지는 불편함을 견디는 법을 배워야 한다. 게다가 팀 리더라면 사례를 의논하고 가능하면 팀 모임에 참여해 조언해 줄 수도 있는 외부 자문가를 가지는 것도 도움이 될 수 있다.

이런 어려운 상황을 피하고 싶은 것이 인간의 본성이긴 하지만, DBT 팀에서는 그래서는 안 된다. 우리는 책임과 임상적 위험을 함께 공유한다. 자문가로서 필요한 기술은 예민한 내담자를 대할 때 필요한 기술과 똑같으며, 우리는 치료 방해 행동을 다룰 방법을 협력적·변증적으로 추구한다. 이런 상황에서 거친 피드백을 주고받을 때, 수인과 스타일 전략은 모든 것을 달라지게 한다. 모든 팀원에게는 가볍고 편안하게 문제 있는 것을 비추고 비판단적으로 서술하는 기술이 필요하다. 자문을 요청하는 사람은 자기 주장적이어야 하고, 특히 방어적이지 않은 태도로 진실한 비판을 요청하는 '고장난 레코드'처럼 주장하고, 동료들이 날린 펀치에 대한 맷집과 회복력을 보여 줄 필요가 있다. 그래야 동료들이 펀치를 거두지 않을 것이다. 예를 들어, "내가 어떤 문제 있는 행동을 하고 있다고 생각하는지 말해 주세요. 알겠어요. 그 외에 내가 더 발전해야 할 부분은 무엇일까요? …… 훌륭하네요. 또 작업해야 할 부분이 있을까요?"와 같은 말을 하는 것이다.

건강 문제와 내담자 출석 문제가 있었던 치료자로 돌아가 보자. 다 듣고 난 후, 한 팀원이 진심을 담아 친절한 목소리로 "아, 그 내담자 정말 엄청 좌절감을 주네요! 도대체 인생에서 최선을 다한 적이 있기나 한 건지 모르겠네요."라고 말하자, 이 말에 팀에서 가장 직설적인 사람이 무표정하게 다음과 같이 말했다. "근데 이렇게 문제 있는 사람을 왜 여기 두는 거야?" 치료자를 포함해서 전체 팀이 웃음을 터뜨렸다. 터져 나오는 웃음을 가라앉히며 다른 팀원이 과감하게, 하지만 비판단적인 어조로 말한다. "메리, 당신의 건강 문제로 인한 결석이 내담자의 출석에 영향을 미친 건 아닐까 물어보기 망설여지네요. 하지만 난 당신을 약한 사람으로 대하고 싶지는 않아요. 당신이 방어적으로 대응할 거라고 추측하고 싶지는 않아요. 그래서 내가 궁금한 건, 당신도 일부 그런 측면이 있다고 생각하는지 궁금해요." 여기서 동료는 치료자가 판단과 방어 없이 자신을 보도록 초대한 것이며, 그가 이 도전에 응하기를 기대하는 것이다. 다른 팀원들도 일부 역할에 참여한다. 즉, 치료자를 구하러 나서지 않는 것이다. 이후 치료자의 몸 자세나 표정을 보아 이 상황을 감당하지 못하는 것으로 보이면, 다른 동료들이 수인과 자기 노출을 통해 비판단과 결속력을 보여 줄 필요가 있다. 이때, 누군가 이런 말을 할 수도 있다. "아시겠지만, 내 아이가 사춘기라 학교에서 엄청 사고만 치고 다닐 때, 내가 치료하던 말라가 치료를 그만두었던 것이 떠오르네요. 내 생각에 이렇게 자꾸 결석하는 사람에게는 팀이 도와줄 딱히 좋은 방법은 없어요. 더구나 치료자도 지금 간신히 버텨 내고 있어서 도움이 필요한 경우라면."

하지만 대화가 계속되자 팀의 노력에도 불구하고 치료자는 방어적으로 반응하면서 자신의 인생이 얼마나 힘들어졌는지, 자신의 한계치를 늘려서 그 내담자를 다시 오게 한다는 게 얼마나 불가능한 일인지 말했다. 그러자 팀은 양극화되어 이런 대화까지 하는 것은 팀이 치료자를 너무 밀어붙였다고 하는 사람들과, 내담자를 걱정하면서 치료자가 헤매는 대신 제대로 된 치료 계획을 적용할 필요가 있다는 사람들로 나뉘었다. 아주 긴장된 순간 한 팀원이 말했다. "들어 보세요. 난 너무 밀어붙이고 싶진 않아요. 하지만 여기서 우리가 현실적이 될 필요가 있다고 느껴요. 당신이 이런 건강 문제로 고통받는 것을 보는 것도 엄청 힘들었어요. 지금까지 당신은 이 팀의 기둥이었어요. 그런데 오늘까지 나는 이게 이렇게 힘든 것인지 몰랐어요. 그래서 지금 너무 가슴이 아파요. 당신은 여기서 도움이 필요해요. 다음 달에 내가 집단을 시작하거나 사례를 받을 수도 있어요." 그러자 치료자가 답했다. "당신 말을 들으니 내가 너무 방어적인 것 같은 느낌이 드네요. 난 병약자는 아니에요!" 팀은 다 함게 숨을 죽이고 모두 긴장했다. 방 안의 코끼리에게 이름이 붙여졌다. 그 믿음직하고 직설적인 사람이 말했다. "물론, 당신이 병약자는 아니에요. 당신은 페라리예요. 갑자기 도요타 차체를 뒤집어쓰고 경기장에서 마세라티인 내담자를 따라잡으려고 애쓰고 있는…… 자세히는 모르겠지만 당신과 내담자가 걱정돼요. 내 생각에 우리는 속도 조절이 필요한 거 같아요. 속도를 줄이고, 당신이 지금 건강이 안 좋으니까 당신의 현재 실제 한계치가 어디까지인지 잘 생각해 볼 필요가 있어요. 그리고 이것이 내담자에 대한 당신의 치료 계획에 어떤 의미가 있는지도." 그러면서 그는 굉장히 부드럽게 말했다. "우리는 방법을 찾아내야 해요. 당신이 이전처럼 체력이 좋은 척을 하면서 아무 문제도 없다고 하는 것을 그냥 내버려 둘 수는 없어요. 우리는 팀이고 어떻게든 협력해야 해요. 그리고 그 내담자도 싸워 보지도 않고 탈락시킬 수는 없어요. 다음 단계는 어떻게 하면 좋겠어요?"

그 치료자는 이 문제에 대해 생각해 보고 싶다고 말했다. 결론을 내리지 못한 것이 힘들었지만 치료자는 팀을 신뢰했다. 그 주에 치료자는 슈퍼바이저를 만났으며 그는 팀의 해석이 맞다고 확인해 주었다. 치료자는 온전히 현존하지 못했으며 자신의 신체 역량 내에서 일하지도 못했다. 치료자 자신의 개인 치료에서 자신의 쇠약해지는 건강의 영향을 수용하는 고통스러운 작업이 시작되었고, 최상의 상태로 상담하기 위해 필요한 새로운 한계에 대해 생각하였다. 상담을 반으로 줄이고 오전에만 일하기로 결정했다. 그 내담자가 다음에 왔을 때 치료자는 자신의 건강이 치료에 부정적인 영향을 미친 것 같다는 점을 말했다. 치료자가 자신의 한계에 대해 내담자에게 솔직하게 말하면서, 그들은 자꾸 결석하는 문제를 해결하기 위해 각자 노력할 수 있는 것으로 뭐가 있을지 함께 문제 해결 및 협상을 하기 시작했다. 치료자가 오전에만 상담할 수밖에 없다는 것을 내담자는 이해하고 인정했지만, 이는 야간 근무를 하는 내담자로서는 분명 어려운 일이었다. 내담자의 직장에서 일정을 변경하려면 수개월은 걸릴 게 뻔했다. 대화 중 여러 번 내담자는 공포와 치료자에 대한 분노로 극심한 감정 조절 어려움에 빠져 절망적이고 수동적으로 반응했다. 이런 일이 발생하면, 치료자는 위로하고 수인하고 감정 조절 어려움을 치료하였고, 계속하여 치료자의 건강 한계로 인한 문제 해결에 노력하였다. 많은 노력에도 불구하고 그들은 막다른 길에 도달했다. 치료자의 한계가 내담자의 관점에서 더 이상 용납되지 않는 것이다. 치료자에게 잠깐이라도 한계를 확장하는 게 어떻겠냐고 권유한 적이 몇 번 있었지만 이 경우 실행 가능한 해법이 되진 못했다. 치료자는 자신의 건강과 한계가 달랐더라면 하는 바람을 진심으로 표현하며 계속해서 내담자에게 깊이 전념했지만, 내담자는 위축되어 냉정하고 사무적인 태도로 체념했다. 치료자는 자신이 보기에 부적절한 회피처럼 보이는 부분을 기술하고 이 순간이 내담자에게 너무나 상처가 되고 화나고 두려울 것임을 수인하면서, 충동적으로 전체 프로그램을 완전히 그만두는 것보다는 내담자가 가장 좋아하는 기술 훈련 치료자와 일단 한두 번 만나 보는 것이 더 나은 선택 아니겠냐며 권유했다. 모두에게 상처가 없었던 것은 아니었지만, 그래도 결국 내담자는 새로운 치료자에게 성공적으로 의뢰되었다.

여기서 주목해야 할 핵심은 DBT에서 한계를 수용하는 과정은 형식적인 규칙이라기보다는 실제로 관계 속에서 협상하는 것이라는 점이다. 치료자는 내담자의 행동과 치료자 자신의 인생 문제로 인한 영향을 알아차리고 있으며, 그래서 사실 어떤 관계에서도 비슷하겠지만, 내담자와 치료자는 가능한 한 최선을 다해 양측의 요구와 바람을 고려하며 협력해야 한다. 이 사례에서 내담자와 치료자는 둘 다 수용 가능한 합의에 이르지는 못했지만, 문제가 무시되었을 경우와 비교하면 각자 훨씬 긍정적인 결과를 얻을 수 있었다. 이러한 결과는 팀이 변증적으로 균형을 잡고, 깊이 수인하고, 강력하게 변화를 촉구하는 등 자문을 잘 수행했기에 가능했다.

▎치료자는 어떻게 자신에게 DBT를 적용하는가

치료자는 내담자와의 치료 시간 중이나 그 외의 시간에도 불편한 감정을 반복해서 경험한다. 불편한 감정은 내담자의 행동이나 상황(예: 내담자 인생 속 엄청난 비극) 때문일 수도 있지만, 우리 치료자의 실수, 한계 준수의 실패, 개인적인 문제 때문일 수도 있다. 우리가 감정을 조절하려다 실패하는 경험도 습관적으로 쌓이면 탈진으로 귀결될 수 있다. 그래서 내담자만 그런 게 아니라 치료 방해 행동 중 다수가 치료자의 감정 조절 어려움에서 비롯되기도 한다. 예를 들어, 치료 시간이 끝날 무렵 내담자가 치료자에게 치료가 과연 효과가 있는지 의심스럽다고 말했다. 치료자는 이것을 중요한 피드백으로 보아야 할지, 내담자의 문제 중 하나로 보아야 할지(예: 이것이 회피로 기능한다고 가정해야 할지), 아니면 둘 다인지 애매하였다. 치료자는 내담자의 언급에 대한 조절 변수를 이해하기 위해 여러 질문을 던져보았다. 그러다 시간을 관리하지 못하고 치료를 늦게 끝내게 되었다. 이 때문에 치료자는 아들의 야구 경기에 서둘러 갔지만, 결국 늦게 도착해서 첫 회에 아들이 홈런 치는 모습을 놓쳤다. 야구장 객석에 앉은 치료자는 오후의 사건으로 인해 기분이 좋지 않았지만, 게임을 즐기려고 애썼다.

　DBT에서 치료자는 DBT 기술과 치료 원칙을 자신에게도 적용함으로써, 자신의 치료 방해 행동을 적극적으로 치료한다. 시작은 자기 관찰부터 한다. 너무 공식적이거나 멋지게 해야 할 필요는 없다. 그냥 종이봉투 뒤나 포스트잇에 적은 것이면 충분하다. 예를 들어, 앞의 사례에서 치료자는 자신이 몇몇 내담자에게 의욕이 처지는

날짜: 5월 10일	상황: 오늘의 마지막 치료 시간. Z(내담자)가 진전이 없다며 절망적인 말을 던짐. 이것을 이해하려 애쓰다 지각함(J의 홈런 놓침)				
힘든 개인적 반응(예: 생각, 느낌, 감각)	짜증남. "내가 이럴 필요가 있나?" 혼란, 자신이 없어. "그 내담자는 더 좋은 치료자가 필요해." 가슴이 답답함				
고통 / 장애 수준(처음 발생했을 때)	고통/장애(-)				고통/장애(극심)
	1	2	3	④	5
대처 전략(내 개인적 반응에 대한 나의 대처)	치료 작업을 때려 치는 상상함. 아들 경기에 늦은 자신에 대해 몹시 화남. 늘 이런 식이라는 생각. 수치심/좌절감. 더 잘했어야 하는데. 이런 느낌을 방치하고 저녁을 즐기기				
단기 효과	전혀 효과 없음				엄청 효과적
	1	2	③	4	5
장기 효과	전혀 효과 없음				엄청 효과적
	①	2	3	4	5

[그림 7-2] 대처 전략 일지 기록. Hayes(2006) 참조

것을 알아차렸다. 그래서 자신의 치료 작업과 관련되어 기분이 힘들어지는 경우와 그때 자신이 어떻게 대처했는지를 추적하기 시작했다. [그림 7-2]는 그녀가 사용한 자기 관찰 기록지의 한 예다.

몇 주간 자기 관찰을 다시 점검한 후 치료자는 두 가지 관련 문제를 찾아냈다. 첫째, 여러 상황의 공통분모는 치료 진행이 느리거나 잘 되지 않을 때 내담자가 절망적인 언급을 하면 이를 어떻게 이해하고 반응해야 할지 잘 모르겠다는 것이었다. 하루 일과가 거의 끝나 다소 지쳤을 때 이런 일이 발생하면, 이는 그녀에게 막대한 부정적인 감정적 영향을 미쳤다. 둘째, 쉽게 나아지지 않는 환자를 보며 미묘하게 환자를 탓하거나 자기 탓만 반복하는 방법으로는 자신의 힘든 감정에 대처하려고 노력해도 효과가 미미하며, 그래 봐야 제자리라는 것을 알게 되었다. 감정적 마모로 인하여 치료에 쓸 에너지를 뺏기는 것을 줄이려면 미니 치료 계획이 필요했다. 치료자는 사슬 분석을 두 개 그렸는데, 첫째는 내담자의 절망적인 언급에 대한 조절 변수를, 둘째는 이런 내담자의 말에 치료자가 보인 반응상의 문제에 대한 조절 변수를 찾는 것이었다. 이 문제들에 대한 해결책을 만들기 위해, 치료자는 이 사슬 분석을 치료 팀에 가져갔다. 팀은 브레인스토밍을 통해서 [그림 7-3]에서 보듯이 치료자의 치료 방해 행동에 대한 실질적인 해결책을 찾아냈다.

이 사례에서 보듯이 DBT 치료자들은 모든 DBT 기술 모듈의 기술을 적극적으로 연습한다. 많은 임상 상황에서 변화는 불가능하거나 어렵고, 느리다. 치료자는 이런 순간을 있는 그대로 받아들이고 포용하는 기술이 필요하다. 따라서 DBT에서 여러분(치료자)은 핵심 마음챙김 기술, 기꺼이 함, 마음 바꾸기, 철저한 수용, 알아차림 증진을 연습해야 한다. DBT는 치료자에게 공식적인 마음챙김 훈련을 요구하지는 않는다(DBT 자문모임을 시작할 때마다 짧게 공식적인 마음챙김을 하지만, 매일 45분간 정좌 명상을 요구하지는 않는다). 하지만 최소한 DBT 치료자라면 그저 지적인 이해만이 아니라 기술을 사용해 본 경험에 기초해서 가르치기에 충분할 만큼 기술을 훈련해야 한다(Dimidjian & Linehan, 2003, p. 427). 공식 훈련 시간을 더 길게 하는 것은 선택의 자유이며, 나의 견해는 치료자의 마음챙김 기술 훈련이 우리가 DBT 치료자로서 하는 모든 것의 기반이 된다고 생각한다. 모든 상호작용 속에서 여러분은 관찰하기,

사슬 분석	해법 분석
취약성 요인 하루 일과의 끝, 지친 상태 **촉발 사건** 내담자가 치료가 도움이 되지 않는다는 절망적인 언급을 함 **연결 고리** 혼란/의문 1. 이것은 이 사람에게 문제인가 진전인가? 2. 지금 치료는 효과가 있는가? **표적이 되는 문제 행동** 평가 및 문제 해결로 바로 뛰어듦. 시간 관리에 실패. 비생산적인 걱정과 반추. 이런 일이 다시 반복될 가능성을 줄이기 위한 조치를 아무 것도 하지 않은 채 고통을 회피함 **결과** 아주 가끔 내담자가 희망을 표현하여 매우 드문 강화. 마치 라스베가스의 슬롯머신 같다!	**내담자에 대한 대안 반응** • "바로 지금 이 순간"을 관찰하고 기술한다. • 기본 대처 문장을 사용한다. "당신의 그 말은 나에게 아주 중요하게 느껴지네요. 너무 중요해서 지금은 끝날 무렵이라 시간이 없는데도 달려들어야 할 것처럼 느껴져요." 그러고 나서 언제 어떻게 이것을 상의할지 계획을 세운다. • 치료 계획을 점검해야 하는 신호로 사용한다. 팀에 자문해서 치료의 효과에 대한 나의 의문을 다룬다. • 사례 개념화를 명확히 한다. 이 행동은 이 내담자에게 어떤 기능을 하나? • 아들의 경기가 있는 날에는 쉬운 내담자만 보도록 일정을 조정한다. 마지막 일과 시간에는 내담자를 보기보단 서류 업무를 하는 시간으로 사용한다. **나에 대한 대안반응** • 혼란과 의문이 생길 때마다 이것을 그날의 마음챙김 훈련으로 삼아서, 실제 경험을 관찰하고 기술한다. • 의문과 혼란도 내 작업의 일부로 철저하게 수용한다. • 치료가 힘들었던 날에는 자기 돌봄을 늘린다.

[그림 7-3] 치료자의 치료 방해 행동에 대한 사슬 분석 및 해법 분석

서술하기, 참여하기(지혜로운 마음으로 직관적으로 행동하기)를, 비판단적 태도를 수행하면서(어느 쪽도 좋거나 나쁘지 않은), 하나에 마음챙김하며('그 순간에'), 효과적이 되도록 할 것이다(실제로 작용하는 것에 집중하여).

마음챙김, 철저한 수용, 알아차림 기술을 사용하는 것은 임상 작업의 상황에 따

라 다양한 형태가 있을 수 있다. 풀턴(Fulton, 2005)은 치료자 자신의 마음챙김 훈련이 내담자에게 은밀하게 영향을 미치는 경우부터, 명백하게 내담자와 함께 마음챙김을 하는 경우까지 치료자의 마음챙김이 치료에 영향을 미치거나 포함되는 정도가 다양하다고 주장하였다. 그리고 암묵적인 측면으로는 마음챙김 훈련을 통해 집중력, 공감 능력, 보다 넓은 관점에서 고통을 보는 능력이 배양된다고 하였다. DBT 치료자는 개방적이고 넓은 관심을 가지고, 습관적 판단과 집착과 회피를 감지하여 놓아 버리면서, 내담자와 자신의 경험에게 다시 또 다시 접촉하고 연결한다. 치료자는 태양이 만물에 똑같이 빛을 비추듯이 모든 경험을 우호적으로 환영하는 마음가짐을 쌓기 위해 신중하게 훈련한다. 치료자는 상호작용에서 일어난 일들을 비판단적으로 듣고 관찰하고 서술하면서, 호흡을 알아차리고 살짝 미소 짓는 훈련을 꾸준히 한다(Linehan, 1993b, 이 외에도 치료자를 위한 훌륭한 서적이 많이 출간되었다. Wilson & DuFrene, 2008)

때때로 마음챙김 훈련은 다른 기술과 함께 사용된다. 예를 들어, 치료자에게 지각을 미리 알리지 않고 20분이나 늦게 온 내담자의 행동 때문에 치료 시간에 짜증이 난 치료자가 있었다. 전화 통화를 하거나 밀린 기록 작성을 할 수 있는 시간이 20분이나 있었는데, 대기실이나 살피다 시간을 낭비했다는 점이 마음을 괴롭혔다. 내담자가 설명하기 시작하자, 치료자는 자신의 짜증의 강도를 낮추기 위해, 달리 어찌 할 방법이 없었겠다고 내담자에게 큰 소리로 수인해 주면서 반대 행동하기를 사용했다. 자신의 감정에 대하여 마음챙김을 하면서, 분노는 보통 자신에게 2차 반응임을 알았기에, 치료자는 자신의 1차 감정이 실망감과 걱정이었음을 알아차렸다. 치료자는 한층 누그러져서 자신의 실망감을 내담자에게 표현했고, 다음에 비슷한 일이 발생하지 않으려면 어떻게 해야 할지 함께 이야기했다.

때로는 치료 방해 행동에 영향을 줄 수도 있는 미묘한 요인을 이해하기 위해 마음챙김을 의도적으로 사용할 수도 있다. 예를 들어, 한 치료자가 두 내담자로부터 왠지 모르게 치료자에게 무시당하는 굴욕적인 느낌이 든다는 말을 들었다. 이는 치료자에게 매우 괴로웠는데, 자신의 의도와 실제 감정은 완전히 반대였기 때문이다. 그는 한 팀원과 전형적인 치료 장면에 대한 역할극을 하였고, 자주 멈추면서 각자의 경험을 표현하였다. 동료가 비판단적으로 알아차리고 기술해 준 덕분에, 치료자는 흥미를 느낄 때 자세를 똑바로 고치고 눈에서 레이저를 쏘듯이 매우 집중한다는 것을 알게 되었다. 이것은 받아들이는 쪽에서는 취조나 추궁처럼, 너무 빛이 강해서 숨을 곳이 없는 것처럼 느껴졌다. 이런 때에는 치료자의 평소의 따뜻함도 경험하기가 더 어려운 것 같았다. 역할극 중 마음챙김 집중을 함으로써, 치료자는 미묘하지만 아주 강력한 그러면서도 내담자에게는 부정적인 영향을 미친 개인적인 버릇을 알아낼 수 있었다. 이 통찰과 길버트(Gilbert, 2009)의 초기 연구와 생각에 영향을 받아 그는 즉시 변화를 시도하여, 따뜻한 언어 표현을 늘리고, 속도를 낮추며, 흥미와 호기심이 불붙을 때 과도하게 나타나는 고도의 집중을 상쇄하기 위해 보다 부드럽고 위로하는 듯한 몸의 자세를 적극적으로 도입하였다.

때로 치료자는 자신의 치료 방해 행동을 완전한 수용으로 치료한다. 예를 들어, [그림 7-3]에서 보았듯이 탈진과 싸우는 치료자는 자신의 힘든 반응을 마음챙김 훈련의 대상으로 사용하기 시작했다. 시간이 지나면서 치료자는 자기 의심이 강해지고 있으며, 의심이 나타날 때마다 자신의 마음이 불안한 원숭이처럼 날뛰고 있음을 알아차리게 되었다. 치료자는 이를 병으로 보지 않고, 풀턴(Fulton, 2005)이 "자기 축하의 진자"라고 부른, 내담자가 잘하면 치료자도 기분이 좋고, 내담자가 안 좋으면 치료자도 '기분을 망치는' 현상을 그저 관찰하였다. 이는 쉽게 예측 가능했고, 몇 주간 관찰해 보니 정말 지루할 정도로 예측이 잘 됐다. 그러다가 시애틀의 어느 비 오는 우울한 금요일, 다가올 주말 내내 폭풍이 예보된 상태에서, 한 팀원이 빗소리를 듣는 마음챙김 연습을 하자고 제안했다. 그는 몇 년 만에 동생이 놀러 온 이야기를 하면서 마음챙김을 시작했다. 그는 어릴 때 했던 것처럼 골프장에 함께 가기로 계획했고, 지금 동생이 와 있는데 비가 계속 내렸다. 매일 아침 그는 빗소리를 들으며 완전한 수용을 연습하고 있고, 여기에 팀을 초대하였다. 그는 빗소리를 들으면서, 자신이 그 순간과 싸우는 것을 알아차리면, 다음과 같은 조용한 마음속 노트를 만들려고 한다. "그래, 이게 바로 지금 일어나는 일이지, 비 오는 것." 그는 목에 덩어리가 있는 것 같은 감각과, 실망감이 솟구칠 때 숨이 막히는 듯한 느낌을 단순히 기술하였고, 조용히 마음속에 노트하였다. '답답함', '슬픔', 그는 단순히 '지금 여기에' 떠오르는 생각과 반대 생각과 계획을 마음속에 노트하였다. 그리고 그는 자신의 치료 작업과의 유사점을 짚어 냈다. "진짜 고통스러워하는 사람들과 작업하는 것은 당신에게도 힘든 일이다. 당신은 혼란스럽고, 무력하고, 패배감 같은 매우 많은 힘든 감정을 느낄 것이다. 여기에 비가 오고 사람들은 고통을 받는다." 팀은 수 분간 빗소리를 들으며 어떤 일이 벌어지건 완전하게 수용하는 훈련을 그와 함께하였다. "그래, 이 또한 (지나가리라)."를 조용히 마음속에 노트하며……

치료자는 이 완전한 수용 훈련을 매일 근무를 마칠 때마다 하기로 하였다. 달력을 5분 동안 보면서, 잠시 각 내담자를 떠올리며 "비가 오는지 본다". 이는 내담자에게 무슨 일이 생기건 그것을 느끼고 수용하고, 어떤 어려움이든 그저 있는 그대로 철저하게 수용하는 것이다. 그리고 훈련 마지막에는 멋지고 친절한 미소를 자신의 마음에 보내곤 했다. "이것이 바로 지금 일어나는 일이지."

이처럼 완전한 수용 훈련에 기반을 두자, 그 치료자의 변화 지향적인 대처 전략들은 훨씬 편안하고 유연한 느낌을 가지게 되었다. 이 분야를 그만두고 싶다는 치료자의 회피 공상도 변했다. 치료자는 이런 생각을 신호 표시로 사용하기 시작했다. 이 신호가 켜지면 뭔가 문제가 발생하고 있다는 뜻이었다. 무엇 때문에 신호가 켜졌지? 또 치료자는 이 신호를 어떤 즐거운 활동을 하면 자신의 삶에 더 균형이 잡힐지에 대한 힌트로 사용했다. 힘든 감정의 빈도는 그다지 변하지 않았지만, "다 괜찮아. 이 순간 무슨 일이든 처리할 수 있어."라는 자세는 그녀를 엄청나게 자유롭게 했다. 가장 기본적인 의미에서 DBT 자문 팀원들은 그들의 기술과 감정적 역량을 발전시키기 위해 애쓴다.

이러한 자문의 정신과 환자 공동체를 치료하는 치료자 공동체의 정신이 모두 모여 최고의 DBT 팀을 만든다. 우리는 모두 인간이라는 한 배에 탔으며, 우리에게 주어진 조건하에서 할 수 있는 최선을 다하고 있다. 보기에는 달라도 서로 비슷한 우리는 취약함을 느끼고, 고통스러워하며, 우리의 길을 찾는다. 가장 완전한 의미에서 우리가 내담자나 팀 동료와 가장 힘든 순간을 함께할 때, 다음과 같이 느낀다. "신의 은총이 없었다면, 나도 그랬을 거야."

참고문헌

Allen, L. B., McHugh, R. K., & Barlow, D. H. (2008). Emotional disorders: A unified protocol. In D. H. Barlow (Ed.), *Clinical handbook of psychological disorders* (4th ed., pp. 216-249). New York: Guilford Press.

Antony, M. M., & Barlow, D. H. (Eds.). (2010). *Handbook of assessment and treatment planning for psychological disorders* (2nd ed.). New York: Guilford Press.

Barlow, D. H., Farchione, T. J., Fairholme, C. P., Ellard, K. K., Boisseau, C. L, Allen, L. B., et al. (2011). *The unified protocol for transdiagnostic treatment of emotional disorders: Therapist guide.* New York: Oxford University Press.

Beck, A. T., Rush, A. J., Shaw, B. F., & Emery, G. (1979). *Cognitive therapy of depression.* New York: Guilford Press.

Becker, C. C., & Zayfert, C. (2001). Integrating DBT-based techniques and concepts to facilitate exposure therapy for PTSD. *Cognitive and Behavioral Practice, 8*, 107-122.

Bohart, A. C., & Greenberg , L. S. (Eds.). (1997). *Empathy reconsidered: New directions in psychotherapy.* Washington, DC: American Psychological Association.

Cloitre, M., Koenen, K. C., Cohen, L. R., & Han, H. (2002). Skills training in affective and interpersonal regulation followed by exposure: A phase-based treatment for PTSD related to childhood abuse. *Journal of Consulting and Clinical Psychology, 70*, 1067-1074.

Crowell, S. E., Beauchaine, T. P., & Linehan, M. (2009). A biosocial developmental model of BPD: Elaborating and extending Linehan's theory. *Psychological Bulletin, 135*, 495-510.

Dimeff, L. A., & Koerner, K. (Eds.). (2007). *Dialectical behavior therapy in clinical practice: Applications across disorders and settings.* New York: Guilford Press.

Dimidjian, S., & Linehan, M. M. (2003). Mindfulness practice. In W. O'Donohue, J. E. Fisher, & S. C. Hayes (Eds.), *Cognitive behavior therapy* (pp. 229-237). New York: Wiley.

Ebner-Priemer, U. W., Badeck, S., Beckmann, C., Wagner, A., Feige, B., Weiss, I., et al. (2005). Affective dysregulation and dissociative experience in female patients with borderline personality disorder: A startle response study. *Journal of Psychiatric Research, 39*, 85-92.

Fairburn, C. G. (2008). *Cognitive behavior therapy and eating disorders.* New York: Guilford Press.

Feeny, N. C., Zoellner, L. A., & Foa, E. B. (2002). Treatment outcome for chronic PTSD among female assault victims with borderline personality characteristics: A preliminary examination. *Journal of Personality Disorders, 16*, 30-40.

Foa, E. B., & Kozak, M. J. (1986). Emotional processing of fear: Exposure to corrective information. *Psychological Bulletin, 99*, 20–35.

Foa, E. B., Hembree, E. A., Cahill, S. P., Rauch, S. A. M., Riggs, D. S., Feeny, N. C., et al. (2005). Randomized trial of prolonged exposure for posttraumatic stress disorder with and without cognitive restructuring: Outcome at academic and community clinics. *Journal of Consulting and Clinical Psychology, 73*, 953–964.

Foa, E. B., Riggs, D. S., Massie, E. D., & Yarczower, M. (1995). The impact of fear activation and anger on the efficacy of exposure treatment for posttraumatic stress disorder. *Behavior Therapy, 26*, 487–499.

Foa, E. B., Rothbaum, B. O., Riggs, D., & Murdock, T. (1991). Treatment of post-traumatic stress disorder in rape victims: A comparison between cognitive–behavioral procedures and counseling. *Journal of Consulting and Clinical Psychology, 59*, 715–723.

Frijda, N. H. (1986). *The emotions*. London: Cambridge University Press.

Fruzzetti, A. E., Santisteban, D. A., & Hoffman, P. D. (2007). Dialectical behavior therapy with families. In L. A. Dimeff & K. Koerner (Eds.), *Dialectical behavior therapy in clinical practice: Applications across disorders and settings* (pp. 222–244). New York: Guilford Press.

Fulton, P. R. (2005) Mindfulness as clinical training. In C. K. Germer, R. D. Siegel, & P. R. Fulton (Eds.), *Mindfulness and psychotherapy*. New York: Guilford Press.

Gladwell, M. (2008). Outliers: *The story of success*. New York: Little, Brown.

Goldfried, M. R., & Davison, G. C. (1976). *Clinical behavior therapy*. New York: Holt.

Goldfried, M. R., Burckell, L. A., & Eubanks-Carter, C. (2003). Therapist self-disclosure in cognitive–behavior therapy. *Journal of Clinical Psychology, 59*, 555–568.

Golier, J. A., Yehuda, R., Bierer, L. M., Mitropoulou, V., New, A. S., Schmeidler, J., et al. (2003). The relationship of borderline personality disorder to posttraumatic stress disorder and traumatic events. *American Journal of Psychiatry, 160*, 2018–2024.

Greenberg, L. S. (2002). *Emotion-focused therapy: Coaching clients to work through their feelings*. Washington, DC: American Psychological Association.

Harned, M. S., & Linehan, M. M. (2008). Integrating dialectical behavior therapy and prolonged exposure to treat co-occurring borderline personality disorder and PTSD: Two case studies. *Cognitive and Behavioral Practice, 15*, 263–276.

Hart, J. (2007). A writer's coach: *The complete guide to writing strategies that work*. New York: Anchor Books.

Hayes, S. C. (2006). *Get out of your mind and into your life*. Oakland, CA: New Harbinger.

Hayes, S. N., & O'Brien, W. O. (2000). *Principles of behavioral assessment: A functional approach to psychological assessment*. New York: Plenum/Kluwer Press.

Hembree, E. A., Cahill, S. P., & Foa, E. B. (2004). Impact of personality disorders on treatment outcome for female assault survivors with chronic posttraumatic stress disorder. *Journal of Personality Disorders, 18*, 117-127.

Izard, C. E. (1991). *The psychology of emotions.* London: Plenum Press.

Jaycox, L. H., & Foa, E. B. (1996). Obstacles in implementing exposure therapy for PTSD: Case discussions and practical solutions. *Clinical Psychology and Psychotherapy, 3*, 176-184.

Juengling, F. D., Schmahl, C., Hesslinger, B., Ebert, D., Bremner, J. D., Gostomzyk, J., et al. (2003). Positron emission tomography in female patients with borderline personality disorder. *Journal of Psychiatric Research, 37*, 109-115.

Koons, C. R., Robins, C. J., Tweed, J. L., Lynch, T. R., Gonzalez, A. M., Morse, J. Q., et al. (2001). Efficacy of dialectical behavior therapy in women veterans with borderline personality disorder. *Behavior Therapy, 32*, 371-390.

Linehan, M. M. (1993a). *Cognitive-behavioral treatment of borderline personality disorder.* New York: Guilford Press.

Linehan, M. M. (1993b). *Skills training manual for treating borderline personality disorder.* New York: Guilford Press.

Linehan, M. M. (1996). Dialectical behavior therapy for borderline personality disorder. In B. Schmitz (Ed.), *Treatment of personality disorders* (pp. 179-199). ermany: Psychologie Verlags Union.

Linehan, M. M. (1997a). Behavioral treatments of suicidal behaviors: Definitional obfuscation and treatment outcomes. In D. M. Stoff & J. J. Mann (Eds.), *Neurobiology of suicide: From the bench to the clinic* (pp. 302-328). New York: Annals of the New York Academy of Sciences.

Linehan, M. M. (1997b). Validation and psychotherapy. In A. Bohart & L. Greenberg (Eds.), *Empathy reconsidered: New directions in psychotherapy* (pp. 353-392). Washington, DC: American Psychological Association.

Linehan, M. M., Armstrong, H. E., Suarez, A., Allmon, D., & Heard, H. (1991). Cognitive-behavioral treatment of chronically parasuicidal borderline clients. *Archives of General Psychiatry, 48*, 1060-1064.

Linehan, M. M., Bohus, M., & Lynch, T. R. (2007). Dialectical behavior therapy for pervasive emotion dysregulation. In J. Gross (Ed.), *Handbook of emotion regulation* (pp. 581-605). New York: Guilford Press.

Linehan, M. M., Comtois, K. A., Murray, A. M., Brown, M. Z., Gallop, R. J., Heard, H. L., et al. (2006). Two-year randomized controlled trial and follow-up of dialectical behavior therapy vs. therapy by experts for suicidal behavior and borderline personality disorder. *Archives of General Psychiatry, 63*, 757-766.

Linehan, M. M., Dimeff, L. A., Reynolds, S. K., Comtois, K., Shaw-Welch, S., Heagerty, P., et al.

(2002). Dialectical behavior therapy versus comprehensive validation plus 12-step for the treatment of opioid dependent women meeting criteria for borderline personality disorder. *Drug and Alcohol Dependence, 67*, 13-26.

Linehan, M. M., Heard, H. L., & Armstrong, H. E. (1993). Naturalistic follow-up of a behavioral treatment for chronically parasuicidal borderline clients. *Archives of General Psychiatry, 50*, 971-974.

Linehan, M. M., Schmidt, H., III, Dimeff, L. A., Craft, J. C., Kanter, J., & Comtois, K. A. (1999). Dialectical behavior therapy for clients with borderline personality disorder and drug-dependence. *American Journal of Addiction, 8*, 279-292.

Linehan, M. M., Tutek, D. A., Heard, H. L., & Armstrong, H. E. (1994). Interpersonal outcome of cognitive behavioral treatment for chronically suicidal borderline clients. *American Journal of Psychiatry, 151*, 1771-1776.

Lynch, T. R., Cheavens, J. S., Cukrowicz, K. C., Thorp, S. R., Bronner, L., & Beyer, J. (2007). Treatment of older adults with co-morbid personality disorder and depression: A dialectical behavior therapy approach. *International Journal of Geriatric Psychiatry, 22*, 131-143.

Lynch, T. R., Morse, J. Q., Mendelson, T., & Robins, C. J. (2003). Dialectical Behavior Therapy for depressed older adults: A randomized pilot study. *American Journal of Geriatric Psychiatry, 11*(1), 33-45.

Lynch, T. R., Trost, W. T., Salsman, N., & Linehan, M. M. (2006). Dialectical behavior therapy for borderline personality disorder. *Annual Review of Clinical Psychology, 3*, 181-205.

Marlatt, G. A., & Donovan, D. M. (Eds.). (2005). *Relapse prevention: Maintenance strategies in the treatment of addictive behaviors* (2nd ed). New York: Guilford Press.

McDonagh, A., Friedman, M., McHugo, G., Ford, J., Sengupta, A., Mueser, K., et al. (2005). Randomized trial of cognitive-behavioral therapy for chronic posttraumatic stress disorder in adult female survivors of childhood sexual abuse. *Journal of Consulting and Clinical Psychology, 73*, 515-524.

Meadows, E. A., & Foa, E. B. (1998). Intrusion, arousal, and avoidance: Sexual trauma survivors. In V. M. Follette & J. I. Ruzek (Eds.), *Cognitive-behavioral therapies for trauma* (pp. 100-123). New York: Guilford Press.

Miller, A. L., Rathus, J. H., DuBose, A. P., Dexter-Mazza, E. T., & Goldberg, A. R. (2007). Dialectical behavior therapy for adolescents. In L. A. Dimeff & K. Koerner (Eds.), *Dialectical behavior therapy in clinical practice*. New York: Guilford Press.

Nock, M. K. (2009). Why do people hurt themselves?: New insights into the nature and functions of self-injury. *Current Directions in Psychological Science, 18*, 78-83.

O'Donohue, W., & Fisher, J. E. (Eds.). (2009). *Cognitive behavior therapy: Applying empirically supported techniques in your practice* (2nd ed.). Hoboken, NJ: Wiley.

Porr, V. (2010). *Overcoming borderline personality disorder: A family guide for healing and change.* New York: Oxford University Press.

Rittel, H. W. J., & Webber, M. M. (1973). Dilemmas in a general theory of planning. *Policy Sciences, 4,* 155-169.

Robitschek, C. G., & McCarthy, P. R. (1991). Prevalence of counselor self-reference in the therapeutic dyad. *Journal of Counseling and Development, 69*(3), 218-221.

Rogers, C. R., & Truax, C. B. (1967). *The therapeutic conditions antecedent to commitment approach to mindfulness in psychotherapy.* Oakland, CA: New Harbinger.

Wright, J. H., Basco, M. R., & Thase, M. E. (2006). *Learning cognitive-behavior therapy: An illustrated guide.* Washington, DC: American Psychiatric Publishing.

Zanarini, M. C., Frankenburg, F. R., Dubo, E. D., Sickel, A. E., Trikha, A., Levin, A., et al. (1998). Axis I comorbidity of borderline personality disorder. *American Journal of Psychiatry, 155,* 1733-1739.

Zanarini, M. C., Frankenburg, F. R., Hennen, J., & Silk, K. R. (2004). Mental health service utilization by borderline personality disorder clients and Axis II comparison subjects followed prospectively for 6 years. *Journal of Clinical Psychiatry, 65,* 28-36.

Zanarini, M. C., Frankenburg, F. R., Reich, B., Hennen, J., & Silk, K. R. (2005). Adult experiences of abuse reported by borderline clients and Axis II comparison subjects over six years of prospective follow-up. *Journal of Nervous and Mental Disease, 193,* 19-27.

Zayfert, C., DeViva, J. C., Becker, C. B., Pike, J. L., Gillock, K. L., & Hayes, S. A. (2005). Exposure utilization and completion of cognitive behavioral therapy for PTSD in a "real world" clinical practice. *Journal of Traumatic Stress, 18,* 637-645.

Zimmerman, M., & Mattia, J. I. (1999). Is posttraumatic stress disorder underdiagnosed in routine clinical settings? *Journal of Nervous and Mental Disease, 187,* 420-428.

Zinbarg, R. E., Craske, M. G., & Barlow, D. H. (2006). *Mastery of your anxiety and worry: Therapist guide* (2nd ed.). New York: Oxford University Press.

찾아보기

▌저자 소개

켈리 코너(Kelly Koerner, PhD)

Evidence-Based Practice Institute의 설립자이자 크리에이티브 디렉터다. 여기에서 그녀는 치료자가 더 좋은 임상 결과를 얻을 수 있도록 배우고 협력하는 데 기술을 어떻게 활용할 수 있는지 탐색하고 있다. 그녀는 변증행동치료(DBT)의 임상 전문가, 임상 지도감독자, 교육자이고, 이 외의 다른 근거기반치료에서도 수련을 받았다. 마샤 리네한과 여러 연구를 함께 하였으며, 근거기반치료를 보급하기 위한 인터넷 기반 학습을 개발하였고, DBT 수련을 제공하는 회사인 Behavioral Tech의 공동 설립자이자 첫 CEO였다. 현재 워싱턴 주립 대학교의 임상 교수 요원이고 시애틀에서 임상 자문 상담을 계속하고 있다.

▌역자 소개

김원(Kim Won)

가톨릭대학교 의과대학 졸업
정신건강의학과 전문의
인지행동치료 전문가
변증행동치료연구회원
현 인제대학교 상계백병원 교수

인지행동치료에서의 메타포(2013), 조울병의 변증법적 행동치료 워크북(2014), 우울증(2018), 양극성장애(2019), 현대 자연주의 철학(2021) 등의 책 저술이나 번역에 참여했다. 전반적인 인지행동치료와 정신의학의 철학에 관심이 많다.

김도훈(Kim Do Hoon)

경북대학교 의과대학 졸업
정신건강의학과 전문의
변증행동치료연구회원
현 김도훈 정신건강의학과 의원 원장

인격장애 환자를 위한 마음헤아리기 치료(2022) 번역에 참여하였다.
좀 더 쉽고, 효과가 즉각적이고, 무엇보다 실질적으로 조금이나마 도움이 될 만한 정신치료를 하려고 노력 중이다.

박준성(Park June Sung)

한양대학교 의과대학 졸업

정신건강의학과 전문의

변증행동치료연구회원

현 두드림 정신건강의학과 의원 원장

아동청소년의 분노조절사회기술훈련(2014), DSM-5에 준하여 새롭게 쓴 소아정신의학(2014), 인간행동의 ABC(2016), 아동청소년의 분노조절부모교육(2019), 청소년 및 성인을 위한 ADHD의 인지행동치료(2019), 청소년발달과 정신의학(2021) 등의 책 저술이나 번역에 참여했다.

변증행동치료와 부모교육에 관심이 많다.

백지현(Baek Ji Hyun)

성균관대학교 의과대학 졸업

정신건강의학과 전문의

변증행동치료연구회원

현 성균관대학교 의과대학 삼성서울병원 조교수

자살, 자해 문제를 흔히 보이는 양극성장애 환자들을 돕기 위해 변증행동치료에 관심을 갖게 되었다.

유재현(Yoo Jae Hyun)

성균관대학교 의과대학 졸업

정신건강의학과 전문의

변증행동치료연구회원

현 가톨릭대학교 서울성모병원 임상조교수

소아청소년 자해와 자살 문제의 치료를 위해 변증행동치료에 매료되었다.

이성철(Lee Sung Chul)

대구가톨릭대학교 의과대학 졸업

정신건강의학과 전문의

변증행동치료연구회원

현 가로수 정신건강의학과 의원 원장

변증행동치료를 통해 경계성 성격 장애와 자해, 자살 행동을 보이는 환자를 돕는 것에 마음을 다하고 있다.

이현욱(Lee Hyun Wook)

부산대학교 의과대학 졸업

정신건강의학과 전문의

변증행동치료연구회원

현 이현욱 정신건강의학과 의원 원장

자해, 변증행동치료에 관심이 많다.

임미정(Lim Mi Jeong)

이화여자대학교 의과대학 졸업

정신건강의학과 전문의

변증행동치료연구회원

현 도담 정신건강의학과 의원 원장

청소년 및 성인을 위한 ADHD의 인지행동치료(2019), 자해 청소년을 위한 DBT 워크북(2021) 번역에 참여했다.

임상에서 주효한 정신치료 전반에 관심을 두고 있다.

변증행동치료 잘하기
실행 가이드
Doing Dialectical Behavior Therapy: A Practical Guide

2023년 9월 1일 1판 1쇄 인쇄
2023년 9월 10일 1판 1쇄 발행

지은이 • Kelly Koerner
옮긴이 • 김원 · 김도훈 · 박준성 · 백지현 · 유재현 · 이성철 · 이현욱 · 임미정
펴낸이 • 김진환
펴낸곳 • (주)**학지사**

　　　　04031 서울특별시 마포구 양화로 15길 20 마인드월드빌딩
대표전화 • 02)330-5114　　　팩스 • 02)324-2345
등록번호 • 제313-2006-000265호

홈페이지 • http://www.hakjisa.co.kr
인스타그램 • https://www.instagram.com/hakjisabook

ISBN 978-89-997-2977-5 93180

정가 20,000원

출판미디어기업 **학지사**

간호보건의학출판 **학지사메디컬** www.hakjisamd.co.kr
심리검사연구소 **인싸이트** www.inpsyt.co.kr
학술논문서비스 **뉴논문** www.newnonmun.com
교육연수원 **카운피아** www.counpia.com